「新聞」で読む黒船前夜の世界

諸田 實

日本経済評論社

はしがき

　ペリー提督の率いる米国東インド艦隊の軍艦4隻（いわゆる黒船）が浦賀沖に姿を現したのは1853年、そのちょうど10年前の1843年に、日本から遠く離れた南ドイツのアウクスブルクという町で1つの週刊新聞が発行された。発行所は国際的に有名なコッタ書店、編集者は異色の国民経済学者フリードリッヒ・リスト、それが『関税同盟新聞』（1843-49年）で、6年半の間に通算339号を発行している。1号は標準16ページであるが、増ページの号や付録号もあるので、合計すると6,000ページに近い。本書の記述は、2、3の例外を除いて、すべてこの『新聞』に掲載されている記事からとったものである。

　ベルリンとかライプツィヒとかケルンとか発行地の地名をつけた新聞が多いなかで、『関税同盟新聞』というやや硬い紙名は、この『新聞』が、19世紀にドイツの統一の基盤になった「関税同盟」の発展を目指して、その進路と政策とを示して世論に訴えようとしたからである。1834年に発足した「ドイツ関税同盟」は41年に第1期8年間を終え、ドイツの18の国が同盟を延長する条約に調印して、53年まで12年間の第2期に入ったところだった。第2期の後半（1848-53年）は「三月革命」の時代、関税同盟にとって「最初の危機」の時代であり、この『新聞』が発行されていたのは、危機の時代へと雪崩れ込む「あの緊張にみちた激動の10年間」の真っ最中であった。

　この時代はまた、産業革命を遂行した覇権国英国が帝国経済（「パクス・ブリタニカ」）という「1つの独自の世界」の形成を目指して「本国・植民地・保護システム」（「自由貿易帝国主義」）の貿易政策を進め、資本主義が世界的膨張へ向かう時期であった。さらに、新世界では米国が「西半球の巨大勢力」へと急速に発展を続け、アジアでは「アヘン戦争」に敗れた清国が門戸開放を迫られ、やがて日本にも黒船がやって来ようという時代であった。このように世界貿易の激変が予想されるなかで、この『新聞』は、関税同盟（ドイツ）の

経済発展(英国からの自立、"Los von England")のために「国民的貿易政策」を主張し、世界経済の最新の事情を伝えていたのである。

　ちなみに、『関税同盟新聞』を主題とする『リスト全集』第7巻の序論で、編集者の1人レンツは、この『新聞』は、当時の世界情勢を展望してドイツの進路を示した晩年のリストの「伝声管」の役割を果たし、「根本的な内容の点でドイツのあらゆる定期刊行物を凌ぎ」、「世界政治と世界経済とのドイツにおける最も早い記録」であり、英国の定期刊行物に匹敵する、とその重要性を述べている。地理学者で『ケルン新聞』の編集者でもあったアンドレーは、この『新聞』を「世界のパノラマ」と評している。

　『新聞』の創刊者であり編集者であったリストは国民経済学者であるが、「鉄道事業の先駆者」でもあり、これまでに7つの新聞や雑誌の編集に携わり、ドイツ、フランス、北米の20ほどの新聞や雑誌に700編ともいわれる時論や通信を発表したジャーナリストでもあった。スイス、北米、フランスで10年余暮らしたことがあり、新旧2つの世界を知り、ドイツの統一を目指す「在野」の政策論者で「行動の人」であった。そのリストは『新聞』を発行する2年前に、著書『経済学の国民的体系　第1巻、国際貿易、貿易政策、ドイツ関税同盟』を出している。国民経済学の体系の第1巻に貿易問題を選んだのは、貿易問題が当時、関税同盟(ドイツ)にとって差し迫った大問題であったからである。実はリストは、著書の最後の章、第4編「政策」第36章「ドイツ関税同盟の貿易政策」をもっと詳しく論じ、自由貿易論からの攻撃に対する反論も加えて、国民経済学の体系の第2巻にしようと考えていた。ところが結局、新しい「貿易の新聞」を作ってこの差し迫った問題を「時論」として発表することにした、それが『関税同盟新聞』だ、とのちに説明している。本書が第Ⅰ部に世界貿易に関連する問題を選んだのはそのためである。

　また、第Ⅱ部10で説明するように、この『新聞』には、リストが編集した4年間に限れば、編集者であるリストと彼の協力者たちの論説や通信のほかに、半数ぐらいの号に「雑録」という欄があって、そこに世界中の50を優に超える新聞や雑誌からとった興味深いニュースが紹介されている。『関税同盟新聞』

はひと口で言えば「貿易の新聞」であるが、この「雑録」欄のニュースがそれに限らないことは、本書を読んでいただけば明らかである。リストの主張を知るうえには彼の論説が重要であるが、今日では忘れられた当時の社会、世相を知るうえで「雑録」欄のニュースは興味深いと思われるので、本書ではできるだけたくさん「雑録」欄のニュースを利用するように心がけた。

　その意味では、本書は『関税同盟新聞』で読む「黒船前夜の世界」であるが、それと同時に、少々オーバーな言い方を許していただければ、「世界中の新聞・雑誌」で読む「黒船前夜の世界」でもある。

目　　次

はしがき　i

第Ⅰ部

1. 世界の貿易 …………………………………………………………… 3

    (1) 貿易港の「番付」　3

    (2) 英国の貿易　6

    (3) 自由貿易と保護主義　8

    (4) フランスと米国の貿易　14

    (5) オランダの貿易　17

    (6) 「関税同盟」の貿易　20

    (7) ハンブルクとブレーメン　25

    (8) オーストリアとロシアの貿易　29

    (9) その他諸国の貿易　33

    (10) ブラジルと清国の貿易　37

2. 商船隊と艦隊 ………………………………………………………… 45

    (1) 英・仏の商船隊　45

    (2) オランダの商船隊　49

    (3) ドイツの旗（船旗）とドイツの商船隊　52

    (4) 3つのニュース——膠（にかわ）、避雷針、氷の輸送　59

    (5) 英国の艦隊とフランスの艦隊　60

    (6) ロシアと米国の艦隊　64

（7）ゆりかごのなかのドイツの艦隊　65

　（8）ドイツの艦隊計画（1848年）　67

3．植民（国外移住） ………………………………………………… 71

　（1）脚光を浴びる植民（国外移住）問題　71

　（2）「北米への移住について」（1843年第30号付録、第31号）　73

　（3）英国の植民地は世界中に71　76

　（4）開発が始まったオーストラリア　80

　（5）ニュージーランド、喜望峰、ジャマイカ　84

　（6）インドとカナダ　89

第Ⅱ部

4．鉄道と運河 ……………………………………………………… 99

　（1）「鉄道時代」の到来　99

　（2）株式会社による鉄道建設　100

　（3）鉄道の影響　103

　（4）「ドイツの鉄道システム」ほか　106

　（5）時刻表　110

　（6）大気圧（空気）鉄道　111

　（7）馬、馬車、汽車——旅の乗り物　116

　（8）運河　119

　（9）ヴェーザー川　122

　（10）スエズ運河とパナマ運河　123

5．郵便と電信 ……………………………………………………… 129

　（1）英国の郵便改革Ⅰ　129

（2）英国の郵便改革Ⅱ　131

　　（3）郵便の改革者ローランド・ヒル、その受難から名誉回復まで　134

　　（4）フランスとベルギーの郵便改革　137

　　（5）ドイツの郵便事情——ハンブルク　139

　　（6）郵便会議と均一料金制度　141

　　（7）電信の登場　144

　　（8）電信が泥棒を捕まえた、その他のニュース　145

6．英国の農業革命 …………………………………………………… 149

　　（1）農業革命への関心　149

　　（2）囲い込みと分与地制度　150

　　（3）グアノの争奪戦とリービヒの農業化学　154

　　（4）穀物の輸入、家畜の富、その他の農業記事　159

　　（5）農業の国際比較　162

7．産業社会の点描 …………………………………………………… 165

　　（1）綿工業と紡績工場——その光と影　165

　　（2）1847年の恐慌を見る目　169

　　（3）発明と工業博覧会　171

　　（4）内陸の大市（おおいち）——内陸の中継貿易港　175

8．物価と消費 ………………………………………………………… 181

　　（1）ドイツの穀物と北米の穀物　181

　　（2）北米西部の物価の安さ　182

　　（3）英国の鉄の価格の変動　183

　　（4）綿花の消費と綿製品の輸出　186

　　（5）食肉の消費　189

　　（6）砂糖の輸入と消費——甜菜糖と甘蔗糖　191

（7）コーヒー、紅茶、その他　196

9．市民生活、発明・発見、その他 …………………………………… 203

　　（1）道路の舗装　203
　　（2）水道、井戸、公衆浴場　204
　　（3）銀行　207
　　（4）託児所と学校　210
　　（5）時計の製造、その他　212
　　（6）発明、発見、探検　215
　　（7）空を飛ぶ夢　219

10．『関税同盟新聞』——本書のニュース・ソース ……………………… 221

　　（1）6年半、通算339号、5,916ページ　221
　　（2）発行元と発行部数、コッタとリスト　222
　　（3）記事と紙面　224
　　（4）『新聞』の創刊者リスト　228

あとがき　231
人名索引　233
定期刊行物索引　239

凡　例

1．本書では多用する文献について次のように略記する。
　　『全集』：『リスト全集』Friedrich List. Schriften, Reden, Briefe. Hrsg. v. E. v. Beckerath, K. Goeser, F. Lenz, W. Notz, E. Salin, A. Sommer, 10 Bde., 12 Tle., Berlin, 1927-35.
　　『新聞』：『関税同盟新聞』Das Zollvereinsblatt.
　　『国民的体系』：F. List, Das nationale System der politischen Ökonomie, 1841. 小林昇訳『経済学の国民的体系』岩波書店、1970年
2．関連する筆者の著書は、『フリードリッヒ・リストと彼の時代』（有斐閣、2003年）、『晩年のフリードリッヒ・リスト』（有斐閣、2007年）、『リストの関税同盟新聞』（私家版、2012年）。ごく僅かだが、これらの本と重複する個所がある。
3．『新聞』に掲載されている記事の見出しには「　」をつけ、（　）のなかに年度と号数を記した。
4．外国人の人名はカタカナ表記を原則とし、「人名索引」に原綴と生没年を可能なかぎり記した。人名は『新聞』に出ている人名と当時の人物に限った。リストと家族は省いた。
5．「定期刊行物索引」の原綴は、『シドニー新聞』（Sydney-Zeitung）のように、『新聞』の記事の表記にしたがった。
6．[　] 内は筆者の注もしくは補足説明である。
7．ポンド（ス）はポンド・スターリング、ポンド（重）は重量ポンドである。

第Ⅰ部

1. 世界の貿易

(1) 貿易港の「番付」

　産業革命を遂行して「世界の工場」「最初の工業国家」となった英国は、また「世界の貿易商人」「世界の金融業者」にもなった。この『新聞』が発行されていた1840年代には、世界の貿易額の4分の3（75％）ぐらいをヨーロッパが占め、英国1国だけでも世界の5分の1から4分の1（20-25％）ぐらいを占めていた。

　「世界の主要貿易港の海上交易の概観」（1844年第53号）は、世界の主要貿易港138港を、Ⅰ．貿易額4,000万グルデンを超える貿易港29、Ⅱ．2,000万-4,000万グルデンの貿易港25、Ⅲ．1,000万-2,000万グルデンの貿易港34、Ⅳ．100-1,000万グルデンの貿易港50、の4つのグループに分けて、それぞれの港の入港船と出港船の数とトン数、輸入額と輸出額、合計の貿易額を記載した一覧表である。世界の主要貿易港の「番付」のようなものである。

　貿易額4,000万グルデンを超える第Ⅰグループの29港のうち、ヨーロッパの国とその植民地、北米合衆国を除くと、僅か4港にすぎない。広東（カントン、清国、第13位）、リオ・デ・ジャネイロ（ブラジル、第14位）、ブエノス・アイレス（リオ・デ・ラ・プラタ、第24位）、コンスタンチノープル（トルコ、第28位）である。

　第Ⅰグループの29港のうち1億グルデンを超える大貿易港は、ロンドン、リヴァプール、ハンブルク、グラスゴウとグリーノック、アーブル、マルセイユ、ニューヨーク、サンクト・ペテルスブルクとクロンシュタット、アムステルダム、カルカッタ、ボンベイ（ムンバイ）の11港である。英本国が3港と英国領インドが2港、残りの6港はフランスが2港、ドイツ、米国、ロシア、オランダが1港ずつである（正確にはハンブルク港の国名はドイツでなく自由市ハンブルク）。アヘン戦争に敗れて直前に開港した清国では広東（カントン）が第

世界の主要貿易港の海上交易の外観

1.	ロンドン	800,000,000	44. ヴェネツィア	24,088,340
2.	リヴァプール	444,100,400	45. バルパライソ	24,000,000
3.	ハンブルク	215,500,000	46. ケープタウン	23,830,800
4.	グラスゴウ	184,851,000	47. ポルト	23,278,000
5.	アーブル	168,750,000	48. レイト	23,290,000
6.	マルセイユ	157,150,000	49. ダンケルク	22,750,000
7.	ニューヨーク	156,582,000	50. リューベック	22,550,000
8.	サンクト・ペテルスブルク	151,100,000	51. モビーレ	22,537,000
9.	アムステルダム	141,674,500	52. モーリシャス	21,387,000
10.	カルカッタ	127,119,000	53. シドニー	21,459,000
11.	ボンベイ	104,218,800	54. スミルナ	20,576,000
12.	トリエステ	99,004,200	55. ダンツィヒ	19,267,000
13.	広東	85,600,000	56. バヒア	18,879,000
14.	リオデジャネイロ	84,800,000	57. マニラ	18,868,000
15.	ニューオーリンズ	72,646,000	58. ケーニヒスベルク	18,713,000
16.	ダブリン	70,500,000	59. ボルチモア	18,604,000
17.	ジェノバ	69,489,000	60. リマ	?
18.	アントウェルペン	64,791,000	61. サンチャゴ	18,306,000
19.	ハバナ	63,690,000	62. ナント	18,100,000
20.	ボルドー	61,000,000	63. モンテビデオ	18,041,000
21.	コーク	57,600,000	64. ベイルート	17,764,600
22.	リボルノ	50,000,000	65. アルジェ	17,206,000
23.	ブレーメン	48,941,000	66. モントリオール	16,770,000
24.	ブエノスアイレス	48,763,000	67. コペンハーゲン	16,650,000
25.	ロッテルダム	45,800,000	68. オステンデ	16,510,000
26.	ウォーターフォード	43,035,000	69. ニース	15,200,000
27.	ナポリ	42,750,000	70. ポルト・プリンス	14,955,000
28.	コンスタンチノープル	41,000,000	71. ペルナムブク	14,763,000
29.	ボストン	40,430,000	72. アンコナ	14,489,000
30.	シンガポール	38,000,000	73. ニューキャッスル	14,000,000
31.	アレキサンドリア	37,739,600	74. ルーアン	13,500,000
32.	バタビア	35,400,000	75. タンピコ	13,250,000
33.	マドラス	34,510,000	76. バルセロナ	13,150,000
34.	フィラデルフィア	34,500,000	77. ストックホルム	12,367,000
35.	トラペツント	32,024,400	78. マタンザス	12,324,000
36.	リスボン	31,635,000	79. キングストン	12,100,000
37.	シュテッティン	31,050,000	80. ジブラルタル	11,816,000
38.	ベラクルス	30,600,000	81. スエズ、コセール	11,600,000
39.	カディス	29,095,000	82. マルタ	11,250,000
40.	オデッサ	28,602,000	83. ゲバダ	?
41.	プエルトリコ	26,322,000	84. マラガ	11,476,000
42.	リガ	24,702,000	85. コロンボ	10,438,000
43.	ケベック	24,750,000	86. ポアンタピート	10,200,000

1. 世界の貿易　5

87.	シーラ	10,126,000		113.	カリヤリ	3,000,000
88.	ベリーズ	10,050,000		114.	チオギア	2,896,870
89.	ラグアイラ	9,060,000		115.	パラ	2,822,000
90.	テュニス	8,858,000		116.	フィリップビル	2,890,000
91.	サンタンデール	8,850,000		117.	モガドール	2,673,600
92.	タガンログ	8,792,000		118.	サロニキ	2,658,100
93.	メーメル	6,276,000		119.	ポンテラゴスクロ	2,654,300
94.	ゴーテンブルク	5,900,000		120.	ニューポート	2,266,000
95.	ホノルル	5,944,000		121.	アルゴストリ	2,135,100
96.	シュトラールズンド	5,845,000		122.	トリニダード	2,052,000
97.	ベルゲン	5,550,000		123.	デュラッツォ	2,000,000
98.	キビタベチア	5,823,000		124.	リバウ	1,936,000
99.	ブライラ	5,382,400		125.	コルフィア	1,443,000
100.	ゲント	5,300,000		126.	ケスリン	1,870,000
101.	フィウメ	5,084,080		127.	マカライボ	1,701,000
102.	ガラツ	4,990,100		128.	ツェング	1,686,610
103.	アルハンゲリスク	4,800,000		129.	アンゴストゥラ	1,675,000
104.	オラン	4,821,000		130.	バルディアンスク	?
105.	コビハ	4,240,000		131.	バソラ	1,375,520
106.	プエルトカバロ	4,064,000		132.	カルタヘナ	1,270,000
107.	ビルバオ	3,863,000		133.	ラグーザ	1,146,200
108.	ザンテ	3,257,000		134.	イスメイル	1,129,200
109.	アレッポ	3,286,800		135.	パトロス	1,163,400
110.	ボナ	3,203,000		136.	タルスス	1,115,000
111.	カネア、カンジア	3,530,500		137.	マリアノーペル	1,187,000
112.	ガルベストン	3,150,000		138.	ピレウス	1,048,200

注：原表には貿易港の所属する国名、統計の年度、出入港船の数とトン数、輸出入額と合計の貿易額が記載されているが、ここでは、貿易港名と貿易額だけを記し、原表にない順位を加えた。ただし、順位の違うところがあるが原表どおりの順番にした。貿易港の所属する国名は当時のものであるから、たとえば、ジェノアとニースはサルディニア、ナポリはシチリア、ヴェネツィアはオーストリア、コロンボはセイロン、ホノルルはサンドウィッチ諸島である。
出典：『オーストリア・ロイド雑誌』。

13位、アジアではカルカッタ、ボンベイに次いでいる。日本の港は138港のうちに入っていない。

　第1位のロンドンは1842年に入港船が5,864隻（119万7,284トン）、輸入額5億500万グルデン、出港船が3,103隻（72万4,871トン）、輸出額2億9,500万グルデン、貿易額合計8億グルデンで、第2位のリヴァプールの4億グルデン余、第3位のハンブルクの2億グルデン余を大きく引き離している。

　この表はトリエステで発行されていた『オーストリア・ロイド雑誌』から転

表1-1　上位10港の貿易額

貿易港	輸入額	輸出額	貿易額
ロンドン	505,000,000	95,000,000	800,000,000
リヴァプール	215,286,800	228,813,600	444,100,400
ハンブルク	135,000,000	80,500,000	215,500,000
グラスゴウとグリーノック	52,020,800	132,831,200	184,851,000
アーブル	92,500,000	76,250,000	168,750,000
マルセイユ	82,500,000	74,650,000	157,150,000
ニューヨーク	107,319,000	49,263,000	156,582,000
サンクト・ペテルスブルクとクローンシュタット	90,800,000	60,300,000	151,100,000
アムステルダム	79,449,500	62,225,000	141,674,500
カルカッタ	54,859,000	72,260,000	127,119,000

載したもので、貿易額の単位はオーストリア・グルデン（1グルデン＝1シリング6ペンス）である。「海上交易の概観」とあるように、海上貿易だけで陸上貿易は入っていない。年度は1842年の数字が多いが、貿易港によっては1839、40、41、43年の数字を使っているところもある。参考までに上位10港の貿易額は表1-1のとおりである。

　入超額3,000万グルテン以上の港は、ロンドン、ハンブルク、ニューヨーク、サンクト・ペテルスブルクの4港、出超額3,000万グルテン以上の港はグラスゴウ1港である。

（2）英国の貿易

　「最近9年間の大ブリテン国の輸出」（1845年第12号）は1836年から44年までの公称額による輸出の一覧表である。上位の5品目を見ると、輸出額第1位はすべての年度で綿織物、第2位は1836年と44年を除いて綿糸、続いて毛織物、麻織物、鉄・鋼である。綿織物と綿糸とで輸出額全体の55％前後、繊維品（綿、羊毛、亜麻、絹の糸と織物）だけで80％近くを占め、繊維品を中心に工業製品の輸出国であることをはっきりと示している。

　各年度の輸出額とそのうち綿糸・綿織物の輸出額とその比率だけを表示すると、表1-2のとおりである。

　単年度の数字については、「大英帝国の貿易動向、1842年」（1843年第13号）

と「英国の貿易の増加、1844年」(1845年第30号)がある。前者によれば、1841/42年の輸出額は4,460万9,358ポンド(ス)、うち綿糸・綿織物は2,349万9,478(52.7％)。また、後者によれば、1844年の輸出額は5,061万5,265ポンド(ス)[前年は4,481万2,020]、その関税収入は約2,400万[前年は2,250万]、海運は423万1,334トン[前年は368万66]である。

表1-2 輸出額と綿糸・綿織物の額および比率

(単位：ポンド・スターリング)

	輸出額	綿糸・綿織物の額と比率
1836年	4,646万3,529	2,463万2,058 (53.0％)
37年	3,622万8,468	2,059万6,123 (56.9％)
38年	4,334万4,631	2,414万7,725 (55.7％)
39年	4,530万7,409	2,455万0,376 (56.7％)
40年	4,395万9,614	2,466万8,618 (56.1％)
41年	4,454万5,505	2,347万1,781 (52.7％)
42年	4,073万8,151	2,166万2,760 (53.2％)
43年	4,479万0,563	2,344万0,629 (52.3％)
44年	5,061万5,265	2,583万1,586 (51.0％)

　このような英国の輸出が、当時、国民経済建設の途上にあったフランス、米国、ドイツなどで、英国との貿易をめぐって自由貿易と保護主義との激しい論争を引き起こしたことはよく知られている。『モーニング・クロニクル』紙は、英国では自由貿易問題は穀物と生活必需品の輸入問題であるが、米国では自由貿易派は関税率の引き下げを、保護主義の側は引き上げを求めて、関税率が死活問題になっており、大統領選挙の勝敗をも左右するであろう、と述べている。(「英・仏・米の自由貿易問題」1844年第16号)。国務長官のウェブスターはボストンで行った演説で、「関税率の問題は国民的な問題であって党派の問題ではない」と保護制度の存続を訴えたという(「保護制度についてウェブスター」1843年第4号)。

　ドイツでは『新聞』の創刊者であるリストが、英国製品の流入に反対して「国内工業のための保護関税」の必要を唱えていた。「大ブリテン・アイルランド連合王国からプロイセンとドイツへの国産品の輸出額、1844年」という表(1848年第41号)によると、ドイツへの輸出は綿糸・綿織物が311万ポンド・スターリング、これに羊毛と麻の糸と織物を加えると510万ポンドで83％を占めている。このほかにオランダとベルギーを中継してドイツへ入ってきたものもあり、この頃のドイツは英国の繊維製品の最大の輸出先であった。

表1-3 英国の穀物輸出

(単位:クォーター)

	小麦	大麦	燕麦	豆	粉
英国船で	314,322	22,585	50,918	58,664	284,896
外国船で	622,301	158,006	34,859	34,849	80,530
合計	936,623	180,591	85,777	93,513	365,426

これに対して、輸入の大部分は食糧と原材料であった。穀物と綿花の記事をあげてみよう。

「英国の穀物輸入」(1844年第23号)は、議会で報告された小麦、大麦、燕麦、豆(いんげん、えんどう)、粉の1843年1月5日から1年間の輸入量を報じている。表示すると表1-3のとおりである。

この5品目の輸入量の総計は166万1,930クォーターで、「この穀物輸入は、関税、輸送費、商業利潤を差し引いて高く見積って約2,500万グルデン」とある。ちなみに、当時の英国の需要は通常200万-300万クォーターであった。

なお、上記「英国の貿易の増加、1844年」によれば、小麦の輸入量は1843年が94万120クォーター、1844年が110万305クォーターで、うち、消費分は83万1,271クォーター(75.5%)であった。

綿工業の原料である綿花は大部分を米国から輸入していた。「英国と北米との間の綿花貿易」(1845年第50号)によると、北米から英国への綿花の輸出量は1825年には35万6,618バレンであったが、1844年には115万8,323バレンと3倍以上にふえた。英国の綿花消費量をおよそ150万バレンとすると北米はその4分の3か5分の4を供給していたことになる。この記事――どの新聞かは不明――は、もし英国と北米との間に戦争が勃発すると綿工業は一気に原料不足の危機に陥ること、インドからの輸入量約24万バレンではせいぜい8週間分で、インドの綿花を全部(最高50万バレン)輸入しても消費量の3分の1、エジプト、西インド、ブラジルなどからの25万バレンを加えて英国の必要量のやっと半分になること、を記している。

(3) 自由貿易と保護主義

① 「貿易の自由」の輸出

繊維製品、特に綿製品の輸出(「この英国のキャリコ世界主義」Calico-Kosmopolitismus、1844年第9号）とともに、英国が外国に輸出していたのが「貿易の自由」という理念（いわゆる「世界主義の経済学」）であった。

19世紀前半にフランスや北米や関税同盟（ドイツ）で自由貿易と保護主義の論争が盛んになったのは、北米では南部の綿花プランター（農園主）、ドイツでは北ドイツのユンカー（貴族農場主）が貿易商人と手を組んで自由貿易を主張し、一方、国内工業の陣営は英国の歴史から学んで、自国の工業のための保護主義（保護関税論）を唱えていたからである。英国は「貿易の自由」の理念をふりかざしてこれを押さえ込もうとしていた。特に、政治的・経済的に分裂していたドイツは英国の繊維製品の重要な輸出先であったが、1830年代に関税同盟が生まれて国内市場の統合が進むと、英国は政府も産業界も関税同盟の動向に注目し、総会（関税会議）の開催に合わせてマグレガーやコブデンやバウリングがドイツを訪れて自由貿易論を宣伝した＊。

＊「それ［英国の自由貿易制度］はイギリスのたいていの工業製品と同様に、国内で使用するためよりも輸出するためにつくられたものである」。リスト『経済学の国民的体系』小林昇訳、140ページ。リストはこのボールドウィンの「適切な警句」を、「アメリカ経済学概要」（1827年）や「英国の穀物法とドイツの保護制度」「外国貿易の自由と制限、歴史的考察」（1839年）でも使っている。

ドイツの保護主義の代弁者と見られ、みずから『新聞』を作って関税同盟の貿易政策を論じたリストは英国の自由貿易をどのように見ていたのだろうか。北米に住んでペンシルヴェニアの保護関税運動に参加したことがあるリストは、1837年秋から40年春までにパリで主著『経済学の国民的体系』を書いて「世界主義の経済学」に対して「国民経済学」を唱えた。ドイツへ戻って翌41年に主著がドイツで出版されて大きな反響を呼ぶと、ドイツではライプツィヒやシュテッティンやベルリンなどの北ドイツの自由貿易論者からリストと南ドイツの保護主義に反対する批評が次々と発表され、英国でも『タイムズ』紙はリストを激しく攻撃したブリュッゲマンの著書を好意的に取り上げて掲載し（1842年10月）、『エジンバラ・レビュー』誌は、リストを批判して英国の貿易政策を擁護するオースティンの論争的な書評を掲載した（1842年7月）。リストはオー

スティンに対して、「英国は政治において、あらゆる有用な知識、科学、技芸においてわれわれの教師」であり、「とりわけ、その製造業、海運、貿易を隆盛に導いた巧妙な手際（Kunst）、持続性、力に尊敬する」が、「われわれが憎むのは……あのジョンブルの貿易専制（Handelstyrannei）のみ」と、オースティンのレトリックを使って反論した。（「反対者たち」1843年第3号）。リストの目には英国が主張する「貿易の自由」は「貿易専制」と映ったのである**。

** 『国民的体系』に反対する批評については、諸田「『国民的体系』のリストと『ライン新聞』のマルクス」服部正治・竹本洋編『回想　小林昇』日本経済評論社、2011年を参照。

リストは同じような考えを、自由貿易に賛成する北ドイツの貴族農場主ビューロウ＝クンメロウに対しても述べている。「英国民ほど工業と直接貿易と自国の海運の重要性をよく知る国民はない。彼らほど、諸国民を文化と富と勢力と国民的価値と独立という根本条件において、低い段階からより高い段階へと導くことのできる方策と道筋とをよく知る国民はない。英国民はこの方策を数百年にわたって実行してこんにちの偉大さに達したからである。それにもかかわらず、彼らは貪欲さから国民的諸力の調和的完成を使命とする他の諸国民を、むろん粗野な暴力の行使ではなくもっと危険なもの、すなわち誤った教理の利用によって、説得と外交的術策とによって、その形成過程において阻止し妨害しようと誤った方向に導いている。この点でのみわれわれは英国の［偉大さを乱用する貿易政策への］反対者である」。（「ビューロウ＝クンメロウとドイツの国民経済学」1843年第32号）。引用文中の「誤った教理」が「貿易の自由」の理念（「世界主義の経済学」）を指すことはいうまでもない。「英国の敵」（Feind Englands）ではないが、「英国の［自由貿易政策に対する］反対者」（Gegner von England）、というのがリストの基本的なスタンスであった。

②英国は「１つの独自の世界」

ところで、リストは『新聞』を発行する少し前から、英国の貿易政策の変化に気付いていた。英国が工業製品の輸出先として、また食糧や原料の輸入先として

植民地の重要性に注目するようになったことである。そのために、諸外国との貿易より植民地との貿易を「差別関税」によって優遇しはじめている。1842年

表1-4 英国の差別関税の実例

	熱帯諸国からの輸入関税	植民地からの輸入関税	
綿花	ツェントナー当り 2 sh. 11d.	4 d.	約1/9
コーヒー	ポンド当り 8 d.	4 d.	1/2
カカオ	ポンド当り 4 d.	1 d.	1/4
砂糖	ツェントナー当り 63sh.	24sh.	約1/2.6
米	ツェントナー当り、脱穀 6 sh.	6 d.	1/12
	未脱穀 7 sh.	1 d.	1/84

出典:「ビューロウ=クンメロウと関税同盟の通商条約」1844年第6号。

秋の「農・林業者大会」で提出した「動議」とインドに関する「草稿」、とりわけ43年1月の『新聞』の創刊号に発表した論文からその点が明らかである。

英国は投資と植民によって植民地を開発し、富と勢力との新たな源泉として「1つの独自の世界」の形成を進めている。『エクザミナー』紙によれば、植民地からの輸入額はこの10年間に6倍半にふえ、1851年には現在の諸外国からの輸入額の2.5倍になるという。インドは北米より多くの綿花を20％安く供給し、オーストラリアとタスマニアの羊毛生産は4～5年ごとに倍増し、カナダの小麦は英国の人口が2倍にふえても十分賄うことができる。他の植民地産品（麻と大麻、砂糖、コーヒー、インディゴ……）もこれに続く。英国は植民地によって本国の需要を充足する「本国・植民地・保護システム」の形成を目指し、植民地からの輸入を差別関税によって優遇している。

翌年書いた論文から英国の差別関税の実例をあげてみよう（表1-4参照）。

晩年のリストは英国のこういう政策に対して関税同盟（ドイツ）も差別関税を採用すべきだ、と考えていた。たとえば、国民的貿易政策を実行するためにわれわれが採るべき手段は、「工業を発展させ熱帯の原産国と直接貿易を行うためにフランスと英国が採ってきた手段、すなわち、国内の紡績業に対する十分な保護関税およびドイツの工業製品の輸出と直接の海運［直接貿易］とのための差別関税である」（前掲論文、1844年第7号）。

1844年9月に関税同盟を代表してプロイセンがベルギーと結んだ通商条約は、ベルギーの銑鉄の輸入関税を英国の銑鉄より50％優遇する差別関税制度を採用した。リストは東欧旅行中にウィーンで書いた「新年の所感と希望」（1845年

第1号)で、この条約の締結を「健全な常識が学派の偏見に勝利」したと高く評価し、この夏の関税会議では綿糸と亜麻糸の関税引き上げという「第2の勝利」が続くであろうと述べている。しかし、プロイセンは差別関税の採用を進めず、リストのこの期待は実現しなかった。

③ブリュッセルの自由貿易会議

　1847年秋にブリュッセルで自由貿易会議が開かれて、英、仏の自由貿易論者など154人が出席した。『新聞』にはこの会議の記事が4編載っているが、どれも保護主義の立場から論評したものである。その点をお断りしたうえで、内容を紹介しよう。

　国民経済学者の会議であるのに、貿易の中心問題の議論より権威を前面に出した「党派の道具」に終始した。議長の1人ダルコール公(パリ自由貿易協会会長)は保護主義者を「大ぼら吹き」「手品師」と非難して喝采を浴びた。自由貿易は諸国民を結び付け、従属させない。生産を拡大し、工業を恐慌から守り、労働者の生活を改善する。バウリングは労働者階級の救済は自由貿易から生まれると乾杯の辞を述べた。ドイツからの出席者はプリンス＝スミス以外は静かな傍観者であった(「ブリュッセルの自由貿易会議」1847年第39号)。

　英・独の新聞各紙の報道はさまざまである。『エコノミスト』紙は、大陸の世論は英国の自由貿易政策を誤解していると憤慨し、自由貿易が英国の利益のみを追求しているという大陸の世論の偏見を攻撃している。出席者のなかには、フランスのドゥシャトウやドイツのリッティングハウスのような、自由貿易の条件付きの賛成者もいたが、『タイムズ』紙はリッティングハウスに放浪者、浮浪人という悪口を浴びせている。『アーヘン新聞』はこの悪口はコブデンに与えられるべきだと反論し、リッティングハウス氏をリストの継承者と擁護している(「ブリュッセルの会議と英国の貿易政策について『エコノミスト』紙と『タイムズ』紙」1847年第40号を参照)。

　『アーヘン新聞』の冷静な報道に対して、『ケルン新聞』はベルギーのドゥ・ブルーケル氏やフランスのシュヴァリエ氏の言説を伝えて、会議の開催は「制

限的・国民的理念に対する世界主義の理念の大きな勝利の日」の到来と述べ、同郷のリッティングハウス氏の意見をねじ曲げて報道している（「ブリュッセルの自由貿易会議について『ケルン新聞』」1847年第41号）。

表1-5　スペインへ密輸入された英国製の綿布1848年と（1847年）

	ジブラルタル経由	ポルトガル経由
白地	2,197万4,033ヤード (755万5,255ヤード)	3,725万6,471ヤード (2,084万0,730ヤード)
捺染ズミ	1,134万5,760ヤード (508万5,535ヤード)	1,582万0,167ヤード (1,177万9,033ヤード)
合計	3,331万9,793ヤード (1,264万0,791ヤード)	5,307万6,638ヤード (3,261万9,763ヤード)

　最後に、「密輸についてブリュッセルの自由貿易会議」（1847年第44号）は『モニトゥール』誌から次のような「滑稽きわまる話」を伝えている。パリの自由貿易派の新聞の編集者ウォロウスキー氏は9月に「密輸は計り知れない悪業であり、法律への尊敬を失墜させ、国家秩序の違反を常習化し、多くの犯罪の源である」と述べた。7月には英国議会でパーマストン卿が「密輸は国家の道徳を退廃させ、法律に対する憎悪と軽蔑をうみだす」と述べた。同じ人物や親しい友人はブリュッセルで何と言ったか。

　パリの自由貿易派の新聞の編集者ガルニエ氏は、国民的・経済的な点から密輸業者に重要な役割を与え、友人のブランキ氏は密輸が進歩を作り出すと喜ばしげに述べた。ウォロウスキー氏までが、密輸の「喜ばしい結果」を述べ、密輸業者は「関税の有害な影響を弱める」ために「摂理によって遣わされている」と言っている。バウリング氏も「密輸の善行」について述べたブランキ氏に同調している。

　貿易の歴史は密貿易の歴史である、といった経済学者（シュモラー？）がいたが、「貿易の自由」には「密貿易の自由」も含まれていたのだろうか。

　ブリュッセルの自由貿易会議（1847年）で出席者から密輸の「喜ばしい結果」が叫ばれていた頃、スペインへは英国製の綿布が大量に密輸入されていた。「ジブラルタルの密輸」（1849年第18号）から1848年と47年の数字をあげておこう（表1-5参照）。

　なお、オーストリアへの密輸については、1847年第13、19、20号にくわしい

表1-6　フランスの貿易額

(単位：フラン)

	1841年	1842年	1843年	1844年	1846年
輸入	11億2,100万	11億4,200万	11億8,690万	11億9,290万	12億5,600万
輸出	10億6,600万	9億4,020万	9億9,200万	11億5,340万	11億8,000万
合計	21億8,700万	20億8,220万	21億7,890万	23億4,630万	24億3,600万

報告が載っているが、ここでは省略する。また、清国へのアヘンの密輸入については後述する。

(4) フランスと米国の貿易

フランスと米国は、どちらも国内に英国との貿易に利害をもつ勢力と強硬な自由貿易論者がいたが、政府の貿易政策には保護関税論が強い影響を及ぼしていた。リストの主張に共鳴して『ドイツ関税同盟論』(1845年) を書いたリシュローや「アメリカ体制」派＝「国民主義」学派の経済学者の活躍はよく知られている。リスト自身もアメリカ時代の1827年に、保護関税運動の中心になった「ペンシルヴェニア工業技術振興協会」に協力し、インガーソルの依頼を受けて、「アメリカ経済学概要」(原題は「アメリカ体制」) を書いて南部の自由貿易論者クーパーを批判している。

フランスの貿易については、隣国ということもあってか記事が多い。「フランスの貿易システムと貿易、1841年」(1843年第13号)、「フランスの貿易の発展」(1843年第43号付録)、「フランスの貿易の比較概観、1842、43、44年『モニトゥール』紙から」(1845年第31号)、同じ号の「フランスの貿易」「フランスの外国貿易『ケルン新聞』から」(1845年第8号付録)、「フランスの外国貿易、1846年」(1847年第38号)など。記事の間で数字に僅かの違いはあるが、1841年から46年までの輸出入額は表1-6のようであった。

他の数字を省略してかんたんな表にしたので、2、3の説明を加えておこう。
1．1841年の港別関税収入では、マルセイユ (16％)、アーブル (12％)、パリ (11％)、以下ボルドー、ナントと続く。貿易港の「番付」6位のマルセイユが

5位のアーブルより関税収入が多いのは、輸出入商品の関税額の違いによるのだろうか。「番付」に載っていないパリが第3位である点も注目される。芸術の都は外国の貨物が集散する陸上貿易港（Entrepot）であったのだろうか。2. 1842-44年の金額は公称額（1826年5月29日の布告に従って当局が商品につけた価額）である。3. 1844年の輸入額上位の商品は、綿花、砂糖、穀粉、羊毛、生糸、輸出額上位は、絹織物、綿織物、毛織物、ワイン、獣皮である。4. 各年度を通して、陸上貿易は30％弱、海上貿易は70％強、海上貿易のうちフランス船の割合は輸入で45％程度、輸出で45-50％であった。5. 1846年には輸入額のうち国内消費分が73％で1827年の2.2倍、輸出額のうち国産品が72％で同じく1.7倍、北米との貿易がふえたからだということである。

　なお、フランスの港では植民地を含めて、アーブル、マルセイユ、ボルドー、ダンケルク、モーリシャス（ポート・ルイス）、ナント、アルジェ、ルーアン、オラン、ボナ、フィリップヴィル（スキクダ）の11港が貿易港の「番付」の138港に入っている。

　フランスの隣国スペインについて、「スペインの貿易、1843年」（1845年第28号）の数字をあげておこう。

　　スペインの輸入額：2億4,759万9,821レアル
　　　　うち陸路で：1,435万7,042レアル（6％）
　　　　海路スペイン船で：1億8,282万3,429レアル（74％）
　　　　外国船で：5,941万9,350レアル（20％）
　　スペインの輸出額：2億313万3,966レアル
　　　　うち陸路で：2,130万4,079レアル（10％）
　　　　海路スペイン船で：8,842万7,866レアル（44％）
　　　　外国船で：9,340万2,021レアル（46％）

　米国についても、「北米合衆国の貿易の比較概観、1840、41、42年」（1844年第3号）、「北米合衆国と英国、フランスとの貿易」（1844年第41号）、「北米合衆国の貿易」（1845年第8号）、「北米自由諸州の貿易」（1845年第37号付録）を

表1-7　米国の貿易額

(単位：ドル)

	1840年	1841年	1842年	1843年	1844年
輸入	1億0,714万	1億2,794万	1億0,016万	1億0,843万	1億0,843万
輸出	1億3,208万	1億2,185万	1億0,469万	1億1,112万	1億1,120万
合計	2億3,922万	2億4,979万	2億0,485万	2億1,955万	2億1,963万

参考に、輸出入額のかんたんな表を作ってみよう（表1-7）。

1．1840-42年の主要な相手国は輸入先は英国、フランス、キューバ、輸出先は英国、フランス、英領植民地で、第1位の英国が輸入で30-36％、輸出では40-44％を占めている。1842-43年の主要輸出品は綿花、穀粉、タバコ、製造品などで、綿花が断然多く、4,759万ドルと輸出額の45％を占めている。2．1843年の数字は1843年7月1日から1年間のもので、財務省が連邦議会に報告したもの。輸入額の77％が関税支払義務のある商品、輸出額の90％が国産品であった。また、43年最初の9か月間の英国および英領植民地との貿易額は貿易額全体の半分以上を占め、北米からの輸出が4,700万ドル、輸入が2,900万ドルで1,800万ドルの出超であった。同じ期間にフランスとその植民地へ1250万ドルを輸出し、400万ドルを輸入した。フランスとの貿易額は英国との貿易額の4分の1程度であった。3．1844年の数字は「7月30日で終わる1844年」のもので、1843年と同じ期間か不明。英国、オランダ、ハンザ諸都市に対しては米国からみて輸出超過であった。ハンザ諸都市（ドイツ）に対しては、米国からの輸出額が356万6,687ドル、米国への輸入額が213万6,286ドルである。一方、米国からみて輸入超過の国はスペインとキューバ、ブラジル、西インド、メキシコで、フランスに対してはやや輸入超過であった。

「北ドイツの英国との穀物貿易および英国穀物市場における北アメリカ人の競争」（1843年第5号）に、1840年の合衆国（29州とコロンビア自治区）の州勢一覧表が載っている。これによると、外国貿易への投下資本額ではニューヨーク州が4,958万ドルで断然多く、ルイジアナ州が1,677万ドル、マサテューセッツ州が1,388万ドルで続いている。他の州は600万ドル以下である。また、

米国の港では、ニューヨーク、ニューオーリンズ、ボストン、フィラデルフィア、モビール、ボルチモア、の6港が貿易港の「番付」に入っている。

最後に、「英国、フランス、米国の自由貿易問題」(1844年第16号)にある『モーニング・クロニクル』の記事にもう一度触れておこう。同紙によれば、英国では自由貿易問題はほとんど穀物と生活必需品との輸入に限られ、英国の新聞はこの問題の議論で溢れているのに対して、合衆国では関税率は死活問題になっており。最近の米国の新聞は、この問題が主として大統領選挙を決定するだろうと確言している。この点について、「保護か非保護かの問題のようにすべての階級の繁栄に密接に関わる問題」、つまり「関税率の問題」は「国民的問題であって党派の問題ではない」と主張したウェブスター──「ヘンリー・クレイと並んで疑いなく合衆国最大の雄弁家で政治家」──の演説を繰り返し取り上げていることは、『関税同盟新聞』の立場を示している*。

* 「国民銀行についてウェブスター」(1843年第1号)、「保護制度についてウェブスター」(1843年第4号)、「ボルティモアのダニエル・ウェブスターの演説」(1843年第27号、第27号付録)、「関税同盟についてダニエル・ウェブスター」(1845年第17号)、「北米合衆国の新関税率に反対するダニエル・ウェブスターの演説Ⅰ、Ⅱ」(1846年第43、44号)。

(5) オランダの貿易

世界の貿易といえば、18世紀に貿易国家として覇を唱えたオランダを忘れることができない。ジャワ島をはじめ東インドの島々を領有していたばかりでなく、その貿易・植民活動が世界中に広がっていたことはニューアムステルダム(現ニューヨーク)やニュージーランドなどの地名にも表れている。鎖国の時代を通じて長崎の出島の商館で日本とも貿易を続けていた。出島の商館を訪れるオランダ人からの情報は当時の日本人が世界を知る貴重な資料であった。

「オランダの外国貿易、1842、43年」(1845年第44号)は、フランス貿易省が作成したアムステルダムとロッテルダム両港の貿易動向である。アムステルダムとロッテルダムは、貿易額ばかりでなく出入港船の数と積載量からみても所

表1-8 アムステルダムとロッテルダムの貿易動向

(単位:フラン)

	両港の輸入額	両港の輸出額	合計貿易額
1842年	3億6,250万	3億0,750万	6億7,000万
1843年	3億7,933万	2億8,600万	6億6,533万
1834-43年平均	3億4,250万	2億5,000万	5億9,250万

表1-9 貿易相手地域別

(単位:フラン)

	1843年の貿易額	(1833年の貿易額)
ヨーロッパ諸国と	4億6,902万3,000	(2億8,168万2,000)
米国、中米の島と	5,109万1,000	(2,923万7,000)
清国と	802万7,000	(557万7,000)
東インド植民地と	1億3,720万9,000	(4,787万2,000)

有する大型船(平均541トン)の数と積載量からみても、第3位のドルトレヒト以下を大きく引き離して、オランダを代表する貿易港であった。すなわち、出入港船はアムステルダムが4,176隻、約71万トン、ロッテルダムが3,188隻、約66万トンに対して、ドルトレヒトは1,062隻、約15万トン、所有する大型船はアムステルダムが206隻、約10万トン、ロッテルダムが106隻、約6万トンに対して、ドルトレヒトは24隻、1万7,000トンに過ぎない。貿易港の「番付」ではアムステルダムは第9位、ロッテルダムは第25位で、ドルトレヒトは138港に入っていない。ジャワ島のバタビアは第32位である。

①表1-8は両港の貿易額である。マース川とライン川を含むが、その他の河川と陸上貿易は含まれていない。

②両港の貿易相手地域別の貿易額は表1-9のとおりである。

1833年と43年の貿易額を比べると、ヨーロッパが(77%)、70%と断然多いが、東インド植民地との貿易額が(13%)から22%へ増加している点が注目される。ヨーロッパ諸国のなかでは、英国に対しては大幅な入超で、オランダの両港はヨーロッパ大陸向けの英国工業製品の中継基地であり、また密輸基地でもあった。フランスとの貿易額は3,500万フランで、輸入が約3分の1、輸出が約3分の2、と出超。隣国のベルギーとは、ベルギー側の資料によれば大部分が陸上貿易で大幅な出超。ドイツとは輸入が6,300万、輸出が1億4,000万と大幅な出超で、これは英国の工業製品の(綿製品)の中継・再輸出が多かったためであろう。お人よしのミヘル(ドイツ人)は人口で10分の1ほどのミネール(オ

ランダ人)に搾取されている、というドイツの保護主義者の歯ぎしりが聞こえるようである。

ドイツとの貿易については、「オランダとドイツとの貿易」(1848年第31号)に1846年のオーストリア(輸出入とも2％強)を含んだ数字がある。それ

表1-10　オランダの貿易品

(単位：フラン)

	輸入額	輸出額
コーヒー、砂糖	1億2,700万	4,900万
繊維製品	8,300万	6,800万
タバコ、穀物、染料、金属	6,300万	4,200万
その他輸出、再輸出品	1億600万	1億2,700万

表1-11　ジャワ島の貿易

砂糖：140万2,358ピクル以上、コーヒー：91万6,876ピクル
インディゴ：175万1,964ポンド、錫：6万5,406ピクル
米（こめ）：50万344ピクル

によれば、単位が違うが、輸入が5,725万4,266グルデン、輸出が1億1,031万5,356グルデンと大幅な出超で、オランダの輸出額全体2億1,035万2,634グルデンの半分以上がドイツへの輸出である。英国への輸出の3倍、ベルギーへの6倍、フランスへの11倍、オランダ植民地への8倍だという。ドイツ諸国のうち特にハノーファー、ブレーメン、メクレンブルクが入超であるのに対して、ハンブルクと関税同盟が2倍余の出超である点が注目される。

③フランス貿易省の資料に戻って、オランダの貿易品(1843年)は、表1-10のとおりである。

ジャワ島は砂糖とコーヒーの特産地として、東西インドやブラジルと競争していた。

ジャワ島の貿易については、「ジャワの貿易と関税制度」(1847年第24号)に前年(1846年)の輸出量が載っている(表1-11)。

すべての品目で輸出量は前年よりふえているが、オランダ本国への輸出は、砂糖が81％、コーヒーが83％、インディゴが93％、錫が92％で、米(こめ)を除けば大部分がオランダ船で本国へ運ばれていた。米(こめ)だけは清国、フランス、英国への輸出が大部分を占めていた。

なお、前記のフランス貿易省の資料によれば、1844年に「オランダ商事会社」(Matschappy)は178隻で営業し、植民地産品の売上(販売量と価格)は表1-12

表1-12 植民地産品の売上（販売量と価格）
(単位：f=フラン、c=サンチーム)

砂糖	6,635f 9,500キロ	61 f. 61 c./100キロ
コーヒー	6,078f 6,840	101-
インディゴ	64万2,010	12f. 52c./1キロ
錫(ZinnBanca)	190万0,200	1 76
ジャワ茶	15万4,410	4 14
にくずくの種子	40万	5 58
コチニール	3万9,440	2 65
肉桂	5万7,150	4 64

のとおりであった*。

売上は9,550万フラン（？）で前年より750万フランの増加、配当は1,000グルデン株1株当り22と2分の1グルデンであったという。

*「オランダ商事会社の商業」(1845年第40号)、「オランダ商事会社の営業、1846年」(1847年第28号）も参照。「オランダ商事会社」は倒産した「オランダ東インド会社」に代わる巨大な民間株式会社（但し国策会社）であった。この点については石坂昭雄氏のご教示による。

(6)「関税同盟」の貿易

『関税同盟新聞』の創刊者であるリストは、『新聞』を発刊する2年前の1841年に『経済学の国民的体系 第1巻国際貿易、貿易政策、ドイツ関税同盟』を出版した。「世界主義」の経済学に反対して自分が構想した経済学（国民経済学）の体系の第1巻に貿易問題を選んだのは、関税同盟にとって貿易問題こそが国民の将来を左右する死活問題だと考えたからであった。そのリストが2年後に著書の最後の章「ドイツ関税同盟の貿易政策」を拡充して、また「世界主義」の経済学（自由貿易論）からの反対の批評に答えて、この問題を縦横に論じた『関税同盟新聞』を発刊したのも同じ思いからであった*。この『新聞』に毎号のように、「関税同盟」（ドイツ）が直面する貿易問題やそれに対して取るべき貿易政策に関する論文が掲載されているのは当然である。

*「関税同盟新聞に発表した論文の大部分、特にこんにちの重大問題についての手紙の大部分」は、第2巻「ドイツ関税同盟の貿易政策」のための「十分な材料」だ(1843年第50号、「物見櫓」欄)。リストはその後も国民経済学の第2巻以降のプランについて言及しているが、1846年に自死するまで第2巻以降を出版しなかったので、結局、この著書（第1巻）が主著となり、『関税同盟新聞』が「最後の仕事」になった。

表1-13 ドイツ関税同盟の貿易収支（1837-41年平均）

(単位：1万ターラー)

主要分類	金額			
	輸入	輸出	入超	出超
A. 外国産の消費対象物　国内産品との競争がない物	1,534	62	1,472	
B. 消費対象物　国内産品との競争がある物	3,508	3,798		290
C. 原材料と半製品	8,670	4,371	4,299	
D. 製造品	2,718	8,519		5,800
E. その他	148	101	48	
総計	16,578	16,850	5,819	6,090

注：1ターラー＝約3シリング。

　以下では、そのなかから「ドイツ関税同盟の貿易収支、1837-41年の平均」（1844年第42-43号）という詳細な貿易統計を選んで、その最後の「総括表」だけを掲げることにしよう（表1-13）。

　この資料は、「関税同盟」の関税率表のうち関税を払わない商品（第Ⅰ類）を除いて、それ以外の第Ⅱ類の商品を、A．外国産の消費対象物（同じ種類の国内産品との競争がない物）：コーヒーなど8品目（12種類）、B．消費対象物（国内産品との競争がある物）：穀物、油など35品目（51種類）、C．原材料と半製品：綿糸、亜麻、大麻、生皮、生糸、羊毛、インディゴなど76品目（87種類）、D．製造品：綿織物、絹織物、漂白・染色ずみの麻織物、毛織製品・靴下など53品目（86種類）、E．その他、に分類して、各品目、種類ごとに輸出入量と輸出入額とを16ページにわたって記載し、そのあとに総括表1ページがついた詳細な資料で、関税同盟の中央事務局が作成したものだという。

　輸出入額が特に多い品目をあげると、Aでは断然コーヒー（輸入額1,088万8,020ターラー）、Bでは小麦（輸出額1,637万4,895ターラー）、粗糖（国内精製用、輸入額803万8,340ターラー、赤砂糖を加えると1,151万5,090ターラー）、Cでは綿糸（未漂白で1-2回撚り、輸入額1,607万0,418ターラー）、羊毛（輸入額992万5,160ターラー、輸出額1,205万8,321ターラー）、Dでは綿織物（輸出額1,525万7,160ターラー）、麻織物（漂白・染色ずみ、輸出額1,413万8,730

ターラー)、絹織物(輸出額1,158万8,000ターラー)、毛織製品、靴下(輸出額1,300万2,400ターラー)、4品目の合計で約63％である。英国とは穀物や羊毛や木材を輸出して綿糸を輸入していたが、一方、東欧、ロシアへは織物を輸出していた。全体では約270万ターラーの出超で、ビーアザックの統計とほぼ一致している**。

** ビーアザックはヘッセン大公国の枢密財務顧問官、1836年からフランクフルト a. M. の関税管理局の局長。なお、この貿易統計がビーアザックの著書にある "Nebst der Handelsbilanz des deutschen Zollvereins von den Jahren 1837-1841" からとったものかどうか分からない。なお、「英国からドイツへの繊維製品輸出」(1847年第25号)を参照。

一方、「関税同盟の貿易収支」(1845年第10、11号)は当時の統計に疑義を挟み、英仏の領事報告などから関税同盟が大部分の国に対して入超であったという。特に、英国とハンブルクとの貿易では6,500万フランの入超で、綿・毛織物、綿糸、砂糖、インディゴ、茶で輸入額の92％を占め、オランダとは3,732万グルデンの入超で、輸入額のうちオランダ本国と植民地の産物は30％、残りの70％はオランダを通過する諸外国の産物である点が注目される。ブラジルとは850万マルク・バンコの入超、オーストリアとも800万オーストリア・グルデンの入超、バルト海の貿易も入超だという。

さて、産業革命が進むにつれて、19世紀の世界貿易では「温帯の工業国民」(ヨーロッパの国々)と「熱帯の原産国」との間で、製造品を輸出して食糧や原材料を入手する取引が大きな比重を占めるようになった。それまでに植民地を獲得していた英国やフランスやオランダは自国の植民地を基地にしてこのような貿易を拡大することができたが、植民地を持たない「関税同盟」(ドイツ)が世界貿易に参入するには、英国の「海運法」(航海条例)の制限が及ばない熱帯の自由な独立国と通商条約を結んで、入植(国外移住)や貿易を進めるほかなかった。「通商条約は……温帯の大きな工業国民と自由な熱帯諸国との間で結ばれる場合に、両国民に最も利益になる」(「ビューロウ＝クンメロウと関税同盟の通商条約」1844年第6号)と考えられていたのである。北海とバルト

海の海域（ヨーロッパ貿易）を越えて注目されたのは、米国の南部（綿花とタバコ）と特にブラジル（コーヒーと砂糖）であった。

米国がハンザ都市に対して出超であったことは前述したが、ドイツとハンザ都市の米国への製造品の輸出額は、英国の3,800万ドル、フランスの2,000万ドルと比べてわずかに350万ドルとひと桁少なかった。その理由は、ドイツが自国の製造品の輸出と引換に米国の綿花を入手するのではなく、「米国の綿花は英国を経由して、英国で綿糸に加工されてドイツへ入ってきた」からである。言い換えれば、米国の綿花は、ドイツの製造品ではなく、英国の製造品によって支払われていたのである（前掲論文、1844年第7号）。

ブラジルとの貿易でも、ドイツの輸入額は1,500万-1,600万グルデンで、英、仏の輸入額の合計より2倍も多いのに、輸出額は約400万グルデンと輸入額の4分の1で、英国の輸出額の10分の1、フランスの2分の1と極端な不均衡であった。英国は砂糖（ブラジルの輸出品）を自国の植民地（西インド）から輸入し、そのうえブラジルからの輸入品に植民地からの輸入品より何倍も高い差別関税をかけて、これをドイツへ再輸出していた。オランダ領ジャワ、マドゥラの産物（コーヒー、砂糖）は本国へ輸出された4,100万グルデンのうち2,000万-3,000万グルデンがドイツへ再輸出され、オランダはこの大きな利益で巨額の国債の利子を支払っていた。ドイツからの輸出は10万グルデンほどである。ドイツの保護主義者が、関税同盟の貿易の現状を憂えて「国民的貿易政策」を主張していたのは当然であった（「ブラジル、ハノーファー、関税同盟」1843年第21号、前掲論文、1844年第6号、諸田『晩年のフリードリッヒ・リスト』256ページ以下）。

ちなみに、米国と関税同盟との通商条約は1844年3月にベルリンで調印されたが、英国とハンザ都市が反対し、米国の上院が承認を引き伸ばし、プロイセンも後退して廃案になり、米国の代表を勤めたウィートンは解任された。ブラジルからはヴィスコンテ・デウ・アブランテスが1845年2月にベルリンを訪れたが、通商条約の交渉は進展せず、プロイセンも46年9月に拒否した。このように、関税同盟（ドイツ）は熱帯の自由な国として注目した米国ともブラジル

とも、「直接貿易」を実行して自国の工業製品の輸出と引換に綿花やコーヒーや砂糖をやすく入手することができなかった。『関税同盟新聞』でリストが訴えた「国民的貿易政策」(die nationale Handelspolitik) は、自由貿易を主張する内外の勢力に阻まれて実現できなかったのである。

なお、『関税同盟新聞』の記事ではないが、最近の研究によれば、ドイツの外国貿易の総額は1820年に8億マルク、1850年に11億マルク、1872年に65億マルク、人口1人当りでは1820年に約31マルク、1872年に約156マルクで、特に1850年代から急成長を遂げた***。

*** Jurgen Elvert/Sigurd Hess/Heinrich Walle (Hg.), Maritime Wirtschaft in Deutschland, 2012, S. 13.

お隣のベルギーも関税同盟 (ドイツ) と似たような状況にあった。
「ベルギーの貿易事情、1842年」(1843年第20号) によれば、
   輸入額：2億8,700万フラン、うち国内消費額は2億3,400万フラン
   輸出額：2億100万フラン、うち国産品は1億4,100万フラン

「ベルギーの貿易、1841-43年」(1845年第1号) では微差がある (表1-14)。
但し、ブラジルとの貿易 (1842年) をみると、
   輸入額：1,253万4,651フラン、輸出額：205万8,603フラン

ベルギーの産物のブラジルへの輸出が少ないのは主に英国の中継貿易のためで、これが国産品の輸出が伸びない原因になっているという。貿易港の「番付」では、アントウェルペンは中継貿易のために1841では輸入額が輸出額の5倍近い (「ベルギーとブラジルとの貿易」1845年第13号)。

ベルギー代議院でカッシール議員は次のように述べた (1843年3月27日の演説)。ベルギーは国内に工業資源を十分に持っているのに、フランスの圧力に屈してフランスに原料を輸出し、完成品を輸入している。ベルギーの工業製品の輸出先としてドイツに目を向け、そのために自国の工業を発展させる貿易政策をとるべきではないかと。ベルギーには他にも同様の主張を述べた政治家が

おり、リストは、「ドイツに目を向け」という点は別として、国内工業のための国民的貿易政策と共通するこの主張に賛成

表1-14　ベルギーの場合
(単位：フラン。輸入の特殊は国内消費であろう)

	輸　　入		輸　　出	
	(一般)	(特殊)	(一般)	(国産品)
1841年	2億7,700万	2億1,000万	2億1,100万	1億5,400万
1842年	2億8,800万	2億3,400万	2億0,100万	1億4,200万
1843年	2億9,400万	2億1,600万	2億2,200万	1億5,600万

していた(「ベルギーの貿易システム」1843年第19号)。リストは1844年第22号から第38号までの『新聞』のモットーに、ベルギーの政治家ノトームのドイツを評した同じ趣旨の演説の抜粋を掲載している(『晩年のフリードリッヒ・リスト』182ページ)。

(7) ハンブルクとブレーメン

ドイツの貿易の説明のなかに出てきた「ハンザ都市」はハンブルクとブレーメン、それとリューベックである。冒頭の貿易港の「番付」にはドイツの港が9港載っているが、国名はシュテッティン(第37位)など6港がプロイセンで、ハンブルク(第3位)はハンブルク、ブレーメン(第23位)はブレーメン、リューベック(第50位)はリューベックである。これらの3港は、もう1つのフランクフルト・アム・マインとともに、独立の都市国家であった。

3港のうち、19世紀には北海への門戸のハンブルクとブレーメンがドイツ・ハンザの伝統を受け継ぐドイツの2大貿易港として、関税同盟の盟主プロイセンや保護主義の基盤の南ドイツに対して、独自の利害を主張していた。当時、関税同盟はすでにドイツの80％余を統合していたが、その領域はまだ北海に達しておらず、中間にあるハノーファー王国も関税同盟に加盟していなかった。したがって、関税同盟(ドイツ)が「国民的貿易政策」を実行して世界貿易に進出するためには、まずハノーファーの加盟が、そのうえでハンブルクとブレーメンという2大貿易港が関税同盟に加盟して、名実ともに関税同盟(ドイツ)の世界貿易の母港になることが必要であった。『新聞』が発刊された1843年にはハノーファーの加盟問題が大詰めに差しかかっていたのである。

表1-15 2大貿易港の貿易額
(単位:オーストリア・グルデン)

	年度	輸入額	輸出額	貿易額
ハンブルク	1843年	135,000,000	80,500,000	215,500,000
ブレーメン	1842年	28,757,000	20,184,000	48,941,000

ちなみに、貿易港の「番付」では2大貿易港の貿易額は表1-15のとおりである。

まず、「ブレーメンとハンブルク、貿易統計上、貿易政策上の比較」(1848年第3号)をとりあげることにしよう。これは、「ヴェーザー川上流から」とあるように、ブレーメンから送られた記事であるが、ドイツの2大貿易港について、その貿易の違いを「海上貿易の道具」である船の航行から明らかにした興味深い記事である。ブレーメンの有力者で市長を勤め、1848年にはドイツ国の通商大臣になったドゥクヴィッツはリストの同志であり、『ヴェーザー新聞』は『関税同盟新聞』に好意的であったが、これを読むと、この記事の筆者(匿名)も「国民的貿易政策」に賛成していたと思われる。

ハンブルクは1847年現在、帆船243隻を所有し、その積載量は2万1,826商業ラスト(3万2,739ライ麦ラスト)、これに対してブレーメンは帆船246隻を所有し、その積載量は4万5,695ライ麦ラストである。前年からの増加はハンブルクが20隻、2,838商業ラストに対してブレーメンは19隻、6,390ラストである。貿易額3,200万金ターラーのブレーメンが積載量4万5,695ライ麦ラストの船を所有しているのに対して、その4倍以上の貿易額のハンブルクが所有する船の積載量は3万2,739ラストと逆に少ない。貿易の主力がハンブルクでは「外国船による外国貿易の仲介」であり、ブレーメンでは「直接の自営貿易」であった。

次に入港船を比べると、ハンブルクへは4,178隻が入港し、そのうちの2,005隻(48％)が梱包貨物を積んでいた。863隻が石炭、307隻がバラスト、293隻が鉄、特に鉄道レール、165隻が穀物、など。また、入港船のうち2,455隻(59％)に水先案内人(Lootsen)がついていたが、残りの1,723隻(41％)は大部分が沿岸航行の船で水先案内人なしで入港している。一方、ブレーメンへは2,762隻が沖合から海路入港し、そのうちの2,213隻(80％)がブレーメン行きの貨

物を積んでいた。水先案内人の数字は分からない。2つの港の大きな違いは英国からの入港船で、ブレーメンの332隻（入港船の12%）に対してハンブルクは1,822隻（5.5倍、入港船の44%）で、「ハンブルクの海上貿易のほぼ半分が英国との間で行われていた」。

ハンブルクでは入港船4,178隻のうちハンブルク船籍の船は547隻（13%）、つまり入港船の大部分が外国船で、貨物を積んで入港した船の積載量は20万2,496商業ラスト（30万4,444ライ麦ラスト）で、ハンブルクが所有する船の積載量の約10倍である。外国船が入港船の87%を占め、貨物の積載量もハンブルク船籍の船の10倍で、「この比率はヨーロッパの多くの港では見られない」。ハンブルクが差別関税や保護主義の主張に反対した理由が分かる*。

* ハンブルク人は自分の船に英国かドイツの産物を積んでいる場合に限って、直接、英国とハンブルクとの間を航行できるが、間接に、つまりフランスやブラジルの港へ寄ることはできなかった。これに対して、英国人は英国からもブラジルからも、英国船や外国船に両方の国の産物を積んでハンブルクへ、さらにバルト海のプロイセンの港へ航行することができた。英国人は何百もの自国の工業製品の積み荷をブラジルへ運んで砂糖やコーヒーと交換し、これをハンザ都市やオランダを経由してドイツ（関税同盟）へ売り込んでいる。——ハノーファーの関税同盟への加盟に賛成していたホルストはこのように述べているが、これが英国の自由貿易政策の現実であった（「北ドイツ諸国と諸都市の関税同盟への加盟」1843年第10号）。

海外からの入港船を比べると、ブレーメンでは米国、カナダ、メキシコから121隻、南米と西インドから117隻、これに対してハンブルクでは米国との貿易は46隻、西インドと144隻、南米と131隻である。ハンブルクは北海・バルト海海域の貿易（特に英国との貿易）と西インド、南米との貿易で優位を占め、ブレーメンは米国との貿易で勝っていた。ドイツ諸国の船旗を掲げてハンブルクへ入港した船は、ハンブルク船547隻、ブレーメン船56隻に対して、ハノーファー船1,144隻、オルデンブルク船99隻、ホルシュタイン船はデンマークの船旗を加えると234隻で、後3者の平均積載能力はハンブルク船の2分の1、ブレーメン船の3分の1である。北ドイツ沿海諸国の小型船が多い。

別の記事から2、3の点を補足しておこう。

　①海上輸入品の品目。ハンブルクの輸入品では（1846、47年）製造品と綿糸が断然多く、コーヒー、砂糖（シロップを含む）、綿花、タバコ、金属、インディゴ……と続いている。これに対して、ブレーメンでは直接貿易による原料と原産物の輸入の比率が高く、タバコは95％、綿花は97％、コーヒー、砂糖、生皮、茶、米も80％以上が直接貿易による輸入であり、大部分がブレーメンの船旗を掲げた船で運ばれていた（「ブレーメンの貿易とハンブルクの貿易、1847年」1848年第51、52号）。

　②ハンブルクからの輸出先は、陸路や水路（運河、河川）による分とアルトナとリューベックへの輸出を除くと、英国（アイルランドを含む）が3分の1を占め、残りを新大陸とヨーロッパが2分している。輸出額のうち製造品の割合は新大陸向けでは80-90％、英国への輸出では製造品は10％に満たないが、1846年には羊毛が46％を占めている（「ハンブルクの貿易統計、1846年」1847年第52号、「物見櫓」欄）。この記事の最初に、ハンブルクの商業界の「お偉方の秘密主義」のために、貿易統計を英国やフランスの領事報告に頼っていた時代からまだ5年もたっていない、と書いてある。なお、D. トーマスによれば、ドイツの海上貿易の記録は1820-30年頃から長期的な統計資料が増加し、1872年以降帝国統計に統一されたが、特に "Tabellarischen Übersichten des Hamburgischen Handels"（1845/48年以来）と "Tabellarischen Übersichten des Bremischen Handels"（1849-51年以来）の作成が画期的であった**。

　　** Daniel Thomas, Quellen zur Statistik der deutschen Seeschiffahrt im 19. und 20. Jahrhundert, in: Wolfram Fischer-Andreas Kunz (Hrsg.), Grundlagen der Historischen Statistik von Deutschland, 1991.

　③ブレーメンの輸出については、陸路による輸出の方が海路による輸出よりやや多かったようであるが、輸出先は『新聞』の記事からは分からない。ただし、18世紀にドイツの最も重要な輸出品であった麻織物については、シュレージエンとザクセンの製品は主にハンブルクから、ハノーファーとヴェストファーレンの製品は主にブレーメンから輸出されていたが、どちらも年々減少を

続けている。ハンブルクからの報告では、2つの都市からの麻織物の輸出額の合計は1839年の1,508万2,000バンコ・マルクから1844年には728万1,000バンコ・マルクと半分以下に減少している（「ドイツの麻織物貿易と英国の麻織物貿易」1845年第51号）。麻織物の生産地シュレージエンでは1844年6月に大規模な織布工の蜂起がおこり、リストは連載中の論文を一時中断してこの問題を論じている（「シュレージエンの窮乏と関税同盟の貿易政策」1844年第28号）。

ハンブルクとブレーメンはどちらも鉄道網という新しい交通システムから大きな利益を得たが、特にブレーメンは鉄道による背後地との結び付きが発展の重要な要因であったことから、ボイティンは「鉄道の港」と呼んでいるという（Heinrich Walle, Schiffahrt-Einführung. in: Maritime Wirtschaft in Deutschland, 2012.）。

(8) オーストリアとロシアの貿易

当時、ヨーロッパでは新興の西の自由主義と旧体制維持の東の専制主義とが相対峙し、中間のドイツでは国制（憲法と議会）や出版・集会・結社の自由をめぐって新旧両勢力の間で激突が始まっていた。以下では、東欧の2つの専制君主国家、オーストリアとロシアの貿易をみることにしよう。

オーストリアは18世紀後半のマリア・テレジアの時代に、ティロールの山岳部を除いて共通の関税領域（関税連合）になった。この時、ハンガリーとジーベンビュルゲンはこれに入らなかったので、オーストリアとハンガリーの間には「境界関税線」があって関税が徴収されていた。そのためであろうか、政府の貿易統計は、1．オーストリアの関税連合内の諸州と外国との商品交易、2．上記の諸州とハンガリー、ジーベンビュルゲンとの交易、とに分けて、1831-40年間の輸出入額と関税収入が記されている（表1-16、表1-17）。

1の外国貿易では、輸入関税収入は輸入額の13.7％、これに対して輸出関税収入は輸出額の1.3％、特にaは21.3％で高関税政策であった。2のハンガリーとの貿易のbでは、原料が輸入額の85％、工業製品が輸出額の84％を占めてい

表1-16 オーストリア諸州と外国との貿易

(単位:オーストリアグルデン)

	輸入額	輸出額	輸入関税収入	輸出関税収入
1840年	105,817,235	103,239,892	14,860,832	1,334,344
1831-40年の平均	87,388,000	89,688,017	12,252,400	1,148,740
内訳:a	46,133,342	19,017,097	9,842,037	97,552
b	41,254,658	70,670,920	2,410,363	1,051,188

注:内訳のaは植民地産品を含む原産物と農産物、bは工業製品。原表では1831-40年の各年度の輸出入額と関税収入が記載されているが、1840年と10年間の平均のみ表示した。1グルデン=1s. 8d. として換算すると1億グルデンが830万ポンドスターリング強となる。ちなみに、オーストリア最大の貿易港トリエステは貿易港の「番付」の第12位、輸入額は約5,845万グルデン、輸出額は約4,056万グルデンで、輸入額は第9位、入港船の数は8,625隻で第1位、ロンドンより多い。

表1-17 オーストリア諸州とハンガリー、ジーベンビュルゲンとの貿易

	輸入額	輸出額	輸入関税収入	輸出関税収入
1840年	50,755,372	41,407,515		
1831-40年の平均	46,181,270	30,795,202	1,847,728	851,771
内訳:a	19,979,632	3,402,523		
b	26,201,638	27,392,679		

る。オーストリアはハンガリーに対して原料を輸入して工業製品を輸出していたことが明らかである。ハンガリーの保護関税運動の原因であろう(「オーストリアの貿易動向、1831-40年」1843年第49号、「オーストリアの外国貿易についての報告」1844年第9号)*。

　*リストの『国民的体系』の影響もあって、ハンガリーでは1844年に「保護協会」が設立された。保護協会はハンガリー製品の愛用、オーストリア製品の不買を呼び掛けたので、オーストリアではハンガリーへの輸出が減少して、「保護協会恐慌」(Schutzvereinskrise) がおこった。Julius Marx, Die wirtschaftlichen Ursachen der Revolution von 1848 in Österreich, 1965, I-7, 8. 諸田『晩年のフリードリッヒ・リスト』第4章。なお、『新聞』1846年第7号の「南ドイツとライン川流域における蛆虫どもとより糸党の前哨」の4.「ハンガリーの保護協会がかくも悲惨な結末を迎えたこと」も重要である。

『新聞』の貿易統計について2つの点を補足しておこう。1. オーストリア

の関税制度は伝統的に輸入禁止を含む高関税制度であった。これは国内工業のための保護関税ではない。しかし、1830年代にドイツで関税同盟が成立し、プロイセンを中心に経済発展と統合が進むにつれて、オーストリアはドイツ内で孤立化する恐れが増した。これを憂慮して、関税率の引き下げと関税同盟への接近を考えたのがメッテルニヒである。しかし、宮廷の保守主義と既得権益を守って関税引き下げに反対する各州の知事や全国の商工業者の力の前に、度重なる彼の進言は容れられず、宮内庁長官キューベックの提案も拒否されて、オーストリアは三月革命まで基本的に高関税政策を続けた。

こうした中で、1844年秋ハンガリーに上に述べた保護協会が成立して関税問題の自主決定権を要求した。地方協会の数は130を超え、会員数は10万人とも言われている。リストがハンガリーを訪問していたちょうどその時である。保護協会の運動は1848年の革命以前に終わったようであるが、詳細は分からない。この時、関税問題を突破口にオーストリアからの独立を意図していたコシュートなど保護協会の指導者は、オーストリアとハンガリーとの関係を英国とドイツとの関係と見ていたが、リストは、彼らの運動に好意的であったが、この関係をむしろ北ドイツ（プロイセン）と南ドイツとの関係のように見ていたのではないかと思われる。政治的には、マジャール人の独立国家を作るか、ゲルマン人とマジャール人とが協力してハンガリー王国を改革するか、という路線の違いになるのだろうか。

なお、オーストリアの港ではトリエステの他に、ヴェネツィア、フィウメ、チオギア、ツェング、ラグーザ、が貿易港の「番付」に載っている。

ロシアについては1842年の貿易統計が『新聞』に載っている（表 1 -18）。

輸出では原料が65％、特に亜麻、大麻、その種が全体の43％、石鹸が23％、輸入では工業用原料が34％、砂糖、コーヒー、茶、ワイン、油、果物が30％、製造品が18％を占めている。加工した輸入綿花の量は20年間で10倍、清国との貿易（毛織物と茶との交換）は好調であった。入港船は4,927隻、出港船は4,784隻、関税収入は合計で3,148万9,750ルーブル。ロシア最大の貿易港サンクト・

表1-18 ロシアの貿易動向（1842年）

(単位：銀ルーブル)

輸出額		輸入額	
外国へ	82,575,868	外国から	82,975,566
フィンランドへ	971,951	フィンランドから	980,100
ポーランドへ	1,810,387	ポーランドから	637,725
合　計	85,358,206	合　計	84,593,391
1841年	89,766,110	1841年	80,801,589
1840年	85,637,888	1840年	78,128,325

ペテルスブルク（クロンシュタットを含む）は貿易港の「番付」で第8位、輸出額は6,030万グルデン、輸入額は9,080万グルデンである（「ロシアの貿易動向、1842年」｛ペテルスブルクの新聞から｝1844年第20号）。

　ロシアの主要輸出品である亜麻と大麻については、デデ博士の『ロシア帝国の貿易』からとった1841年の数字がある。輸出量は亜麻が300万9,842プート（約5,100万キログラム？）、大麻が251万8,159プート（約4,280万キログラム？）、うち亜麻は約75％、大麻は約56％が英国へ輸出された。輸出港は亜麻はリガ、大麻はサンクト・ペテルスブルクが断然1位であった（1845年第13号）。

　ロシアではカスピ海からバイカル湖まで中央アジアや清国との間で隊商による陸上貿易が行われていたが、その交易の中心地は西のオレンブルク、東のキャフタで、オレンブルクには1841年にカスピ海東岸の各地から1万2,000頭の「らくだ」が到着したという。

　キャフタでの清国との交易については、『マンチェスター・ヘラルド』紙やデデ博士の著書『ロシア帝国の貿易』による記事が何度も『新聞』に載っている。キャフタの大市は「天子が臣民にロシアとの陸路での交易を許していた唯一の場所」で、ロシアの毛皮と織物が清国の茶と絹と「純粋な物々交換」で取引されていた。交換の基礎は南京木綿（清国の手形）で10反つまり1梱が1Tun、売手は交換する商品が何Tunかを相手に知らせる。ロシアの司祭か僧服の者が表向きは宗教上の理由で、実際には外交目的で北京に駐在していた。

　1841年にはおよそ16万プート（約2,700トン？）の茶が155万アルシン（約1,000キロメートル？）の毛織物や300万銀ルーブル相当の毛皮や綿・麻織物と

交換されていた、と博士は述べている。海上貿易で英国が清国から特権を認められていたように、陸上貿易ではロシアが清国から特権を認められていたのであろう（「ロシアと清国との貿易」1843年第37号、第50号、「ロシア帝国の貿易」「ライプツィヒ・アルゲマイネ新聞」から」1844年第48号、「キャフタ経由のロシアと清国との貿易」1845年第15号）。

なお、ロシアの港では、サンクト・ペテルスブルクの他に、オデッサ、リガ、タガンログ、アルハンゲリスク、リバウ、バルディアンスク、イズマイル、マリアノーペル、の８港が貿易港の「番付」に載っている。これは海上貿易港の「番付」だからオレンブルクやキャフタは載っていない。

(9) その他諸国の貿易

『関税同盟新聞』には欧米の列強ばかりでなく、十数か国の貿易統計が掲載されていて、この『新聞』の世界貿易への関心の強さを示している。

以下の諸国については「駆け足」で述べることにする。なお、アイルランド、ポーランド、シリア、キューバはこの当時には独立国でなかった。

まず、北欧の２国から。スウェーデンについては商務省が作成した表にもとづく『アフトンブラド』紙（？）の報告（1841年）がある。それによると、次のとおりである。

　輸入額：2,066万2,790ライヒスターラー（1,979万7,031）
　輸出額：2,282万7,360　　　　　　　　　（2,100万8,908）
　　（　）内は貴金属を除いた商品貿易額

輸入品は綿花、綿糸、羊毛、コーヒー、砂糖、タバコ、穀物など、輸出品は棒鉄、鋼と銅、木工品とタールなど。海運は好調（「スウェーデンの貿易と海運」1843年第23号付）。

ノルウェーについては貿易額を示す数字はない。鋳鉄の輸出が1839-41年平均715船ポンド（1842年550船ポンド）、棒鉄の輸出が同じく１万2,200船ポンド（1842年１万3,500船ポンド）、コーヒーの輸入と消費が増大して、1842年には

表 1-19　アイルランドの貿易
(単位：ポンド・スターリング)

輸入額：4,150,151→6,284,017→6,300,277
輸出額：2,617,390→2,811,291→1,691,356（1843年第48号）

350万ポンド（重）、1825年の3.5倍という。

貿易港の「番付」では、スウェーデンのストックホルムが第77位、ゴーテンブルクが第94位、ノルウェーのベルゲンが第97位である。

アイルランドの貿易については、イングランドとの貿易を除いた1818-21年、1828-31年、1838-41年の輸出入額が「雑録」（「アイルランドの貿易」1843年第48号）にある（表1-19）。

3つの期間のいずれも大幅な輸入超過である。なお、ダブリンは貿易港の「番付」の第16位、輸入額4,500万グルデン、輸出額2,550万グルデンであり、コークは第21位、ウォーターフォードは第26位である。

ポーランドの隣接諸国との貿易額は1842年に2,320万オーストリア・グルデン、うち約64％がプロイセンとの貿易である。主要輸入品は綿・麻織物、家畜、酒類、以下絹織物、金属、穀物、塩、砂糖、羊毛・羊毛製品、魚、染料。主要輸出品は穀類、羊毛、木材、以下油、家畜、金属（「ポーランドの貿易」1845年第13号）。

シリアの貿易については『オーストリア・ロイド雑誌』が伝えている。オスマン帝国（トルコ）の他の諸州およびヨーロッパとの交易は、主としてベイルートとアレクサンデレッテを介して行われていた。前者はダマスカスと、後者はアレッポとつながる。ベイルートに集まるヨーロッパの製品は隊商や巡礼によってアラビア各地へ運ばれ、トリポリはその中継地である。

シリアの輸出品は絹、綿花、羊毛、タバコ、その他で、絹は年平均1,500カンタルが生産され、このうち3分の1から2分の1近くがヨーロッパへ輸出されていた。輸入品は綿・羊毛製品（英国、スイス、ベルギー製など）、帽子

(Kappen)、コーヒー、砂糖、その他であった。ベイルートは貿易港の「番付」の第64位で、1842年の輸入額1,136万400オーストリア・グルデン、輸出額640万4,200グルデン、英国からの輸入とエジプトへの輸出がそれぞれ40-45％を占めていた。品目では綿製品の輸入と貴金属の輸出が50％強である。

アレッポ（外港のアレクサンデレッテとラタキア）は1842年の輸入額216万グルデン、輸出額112万6,800グルデン、英国からの輸入が60％を占め、品目では綿製品が50％、フランスと英国への輸出の合計が70％強、品目では「もっしょくし」（インド産の鞣皮剤、Gallus）が32％、羊毛、絹と続いている。ベイルートもアレッポも貿易港の「番付」ではトルコの港になっている（「シリアの貿易について」1844年第46号）。

キューバについては総督が公表した1841年の数字がある。
 輸入額：2,508万1,410ピアスター（前年は2,470万0,190ピアスター）。
 主要輸入品：穀物（16％）、ワイン、肉など。
 輸入関税額：594万3,830ピアスター（輸入額の約24％）。
 輸出額：2,677万4,615ピアスター（前年は2,594万1,785ピアスター）。
 主要輸出品：キューバ島産の砂糖（43％）、銅鉱石など。
スペイン以外の外国船での輸入が約37％、外国船でのスペイン以外の国への輸出が約68％であった。キューバの港ではサンチアゴが1842年に輸入額890万グルデン、輸出額940.6万グルデンで貿易港の「番付」の第61位、マタンサスが第78位であった（「キューバの貿易、1841年」1843年第11号）。

ヴェネズエラの貿易（1842／43年）を現地からの2通の手紙が伝えている。
 輸入額：4,000万フラン。
  うち英国が綿製品、インド更紗など800-1,000万、デンマーク、米国、フランスが続く。
 輸出額：5,600万フラン。
  主要輸出品はコーヒーで、その4分の3がフランスへ。

もう1通の手紙は政府の公式統計として次の数字を記している。

輸入額：630万4,959ポンド、その関税額169万6,764ポンド（輸入額の約27％）。

輸出額：769万2,997ポンド。

ドイツとの貿易ではドイツから120万0,442ポンド、ドイツへ134万0,176ポンド（「ヴェネズエラの最新の貿易事情一般、特にフランス、ドイツとの貿易について2通の手紙」1843年第42号）。なお、貿易港ではラグアイラ（カラカス）が輸入額467万6,000グルデン、輸出額438万4,000グルデンで貿易港の「番付」の第89位、プエルト・カベヨが第106位、マラカイボが第127位、アンゴストゥラが第129位に入っている。

ペルーとボリビアについては産物の輸出リストが載っている。1841年の輸出額658万1,996ドルのうち約73％を銀が占め、その銀の約80％が英国へ（大部分はカヤオ〔リマ〕から）輸出され、その他、硝石、キナ皮、綿花も多くが英国へ輸出されていた。ペルーではリマ（カヤオ）が貿易港の「番付」の第60位、ボリビアではコビハが第105位に入っている。海上交易の「番付」にコビハがなぜ載っているのか分からない（「ペルーとボリビアの産物の輸出リスト、1841年」（貴金属を含み、平均価格で示す）1843年第17号）。

チリのバルパライソ港からの金属の輸出について、『オーストリア・ロイド雑誌』の数字が載っている。1840-42年の価格だけ示すと、

銅：延べ棒で808万8,064グルデン、鉱石で940万0,332グルデン

金：延べ棒で477万8,178グルデン

銀：延べ棒で825万7,402グルデン

である。バルパライソは1842年の輸入額1,400万グルデン、輸出額1,000万グルデンで貿易港の「番付」の第45位、入港船も出港船も軍艦44隻を含めて700隻近かった（「チリの貿易と海運」『オーストリア・ロイド雑誌』1844年第47号）。

メキシコにはドイツ商人の外地ハンザがあり、『関税同盟新聞』の定期購読者もいたので、「メキシコからの通信」(1843年第30号、第49号)、「メキシコ北部からのハンザの声」(1843年第43号付録)、「メキシコの貿易・財政状況——鉱山の収益(『外国』誌)」(1845年第38号、第39号) などの記事が載っている。しかし、その内容は、メキシコの「繁栄を計る温度計」といわれる鉱物資源(銀と金)の大部分が欧米諸国に持ち出されて国内に残らず、財政が悪化していることを伝えるもので、メキシコの貿易統計はない。

『外国』誌の記述から抜粋すると、メキシコの金属生産は1840-43年の平均で鋳貨で約1,300万ピアスター、金銀の延棒で300万ピアスターといわれるが、大部分が毎月タンピコとベラクルスを出港する英国船で持ち出され、残りの貨幣は米、仏、ハンブルク、スペイン船で持ち出されている。財政は収入が1,427万ピアスター(関税収入が6割余の900万ピアスター)、支出が1,725万5,000ピアスター(軍事費が約7割の1,200万ピアスター)であった。

なお、メキシコではベラクルスが貿易港の「番付」の第38位、タンピコが第75位に入っている。

その他諸国のなかで一番多く取り上げられているのは、断然、ブラジルと清国である。ブラジルはポルトガルから独立した熱帯の大国で、独立国として欧米との通商を望んでおり、一方の清国はアヘン戦争に敗れて欧米の列強に門戸の開放(開国)を余儀なくされた。このように事情は違うが、どちらも欧米の列強が新市場として期待を寄せていた国である。そこで、最後に1項を設けて、ブラジルと清国の貿易について述べることにしよう。

(10) ブラジルと清国の貿易

ブラジルは独立して間もない熱帯の自由な大国で、新しい海外市場として欧米諸国の注目の的であった。ブラジルの側でも使節をヨーロッパに派遣して通商条約の締結の可能性を探っていた。こうした状況のためか、『新聞』には各国のブラジルとの貿易についての論文や記事が多いが、ブラジルの貿易を一覧

する統計は載っていない。また、各国がブラジルの主要な輸出品である砂糖とコーヒーについて、自国の植民地や他の生産地の砂糖やコーヒーとの競合関係に注目して、差別関税によって国益を守ろうという傾向を読み取ることができる。

『モーニング・ポスト』紙1843年9月13日号は砂糖に対する英国の関税の引き下げを次のように要求している。ジョージ3世の治世（1760-1820年）の初めにはまだぜいたく品といってもよかった小麦がいまでは生活必需品であるように、砂糖もいまでは必需品になった。砂糖の消費が伸びないのは「わが国の非常識な関税率」にある。英国の精糖業者はトルコやエジプトの消費者にツェントナー当り30シリングで砂糖を提供できるのに、英国の消費者は90シリング支払わねばならない。外国の砂糖に対する関税の引き下げと、植民地の農園主に彼らの望む所に砂糖を販売する許可を与えるのがよい（「英国とブラジル」1843年第50号）。

ブラジルとの通商条約が議題になった1844年3月の議会で、ラブーシェル氏（ウィッグ党内閣の通商相）は両国間の貿易を明らかにした。ブラジルの輸出額は750万ポンド・スターリング（うち砂糖が120万、コーヒーが300万）、英国はその20分の1も消費（輸入）していない。ブラジルの砂糖とコーヒーに対して法外な関税をかけているからである（砂糖には価額の300％、コーヒーには200％）。ブラジルへの輸出は1836年には300万、1843年には214万ポンド・スターリング、その半分が綿製品である。「リオ・［デ・］ジャネイロの製造品輸入」（1847年第49号）によれば、1842-46年間の平均で綿製品の輸入量は2万6,620.8梱（Packen）で製造品輸入量の68.6％、そのうち英国は1万8,140.6梱で68.1％を占めている。

また、ブラジルの粗糖に対する関税は英国が63シリング、フランスは26と1/2シリング、ドイツ関税同盟（このブラジル市場における英国の強力なライバル）は15と1/3シリングである。新聞はラブーシェルの他にもグラッドストーン、ピール、パーマストンなどの政治家の発言を伝えているが、英国政府が西インドの砂糖独占を維持しながらフランスやドイツとブラジル貿易を争っていたこ

表 1-20　ブラジルの輸出入

ブラジルからの輸入額
　英国：500-600万グルデン
　フランス：400-500万グルデン
　ドイツ：1,500-1,600万（オーストリアを含めると2,000万グルデン）
ブラジルへの輸出額
　英国：3,500-4,500万（最新の調査では6,000万）グルデン
　フランス：1,000-1,200万グルデン
　ドイツ：400万グルデン以下

とが分かる（「ブラジルと英国」「英国とブラジル」1844年第13号）。

なお、「ブラジル、ハノーファー、関税同盟」（1843年第21号）には、英国、フランス、ドイツのブラジルとの貿易額が載っている（表1-20）。

その他、「英国、フランス、ブラジル」（1844年第1号付録）、「英国の砂糖問題、オランダの植民地、およびドイツの国民的統一」（1844年第30号）、「オランダ、ブラジル、および通商条約」（1844年第45号）、「ブラジル・コーヒーかジャワ・コーヒーか」（1848年第23号）でも、世界貿易の中での英国とブラジルとの関係が扱われている。特に「英国の砂糖問題……」の論文を読むと当時の貿易戦争の状況が分かる。

英国の砂糖輸入関税は外国糖1ツェントナー当り63シリングに対して植民地糖は24シリングで、差別関税によって植民地糖に英国市場を独占させようとしている。だが近年、西インド諸島で奴隷制が廃止されて労働力が高騰し、西インド糖の輸入量が減って砂糖価格が上昇し、消費量が大幅に減少した。そこで、西インドの農園主に不満でない程度にオランダ領ジャワの砂糖に対する関税を引き下げて、オランダとの通商条約を更新するためのいわば手付金を与えた。ミネール（オランダ人）を餌で釣ろうとしたのである。

一方、オランダはこの通商条約に縛られて、植民地産品の主要な輸出先であるドイツの工業製品を中継でジャワ島へ輸入することができない。またドイツは、ブラジルと直接貿易を行って工業製品の輸出と引換に熱帯の産品の輸入でブラジルを優遇すれば、オランダに圧力をかけ、英国との通商条約を解消させることもできるであろう。英国は、ジャワ糖の関税を引き下げて国内の砂糖価

表1-21　ジャワとマドラの貿易

輸出額：6,050万グルデン（コーヒーが2,500万、砂糖が1,000万）
輸出先：本国へ4,100万グルデン（うち2,000-3,000万はドイツへ再輸出）、東インド諸島へ1,050万、英国へ133万、ハンザ都市へ33万
輸入額：3,750万グルデン（うち英国から直接に400万、オランダ経由で約1,000万、ハンザ都市からは10万余）

格と消費量を回復し、オランダとの通商条約の延長に成功したら、今度はブラジルがドイツに近付かないように、ブラジルとキューバの砂糖に対する関税をジャワ糖なみに引き下げるかもしれない。

なお、オランダ領ジャワとマドラの貿易は表1-21のようである。

この数字から、英国とドイツの対ジャワ、マドラ貿易を比べてみると、英国は1,400万-1,500万グルデンを輸出して133万グルデンを輸入しているが、ドイツは10万グルデン余を輸出して2,000万-3,000万グルデンを輸入していることになる。英国は10倍余の出超、ドイツは20-30倍の入超である。

清国に移ろう。「アヘン戦争」（1840-42年）に敗れた清国は「南京条約」（1842年8月）によって広東、福州、厦門（アモイ）、寧波（ニンポウ）、上海の5港の開港、香港の割譲、賠償金2億1,000万テール（2,100万ドル）の支払を約束した。『関税同盟新聞』はその翌年に発刊したから、「南京条約」後の清国の経済や開港した広東の貿易の現状について、リストの論文や現地からの報告（英、仏の新聞・雑誌を通して）を何度も掲載している。

リストは、「英国と清国との講和条約締結とドイツの貿易利害」（1843年第4号）、「ダニエル・オコンネルの弁護演説、およびアイルランドと清国とにおける貿易の自由」（1844年第9号）、「清国の地平線に湧いた小さな雲」（1845年第29号）などで、開港の結果、貿易とともにヨーロッパ文明が入って清国の旧い社会構造が崩れることを予想しているが、同時に、アイルランドの例を引き合いに出して、英国の繊維製品が大量に輸入されると（「英国のキャリコ世界主義」）清国の在来工業がどうなるだろうかと懸念している。

広東の貿易の現状については、「英国と清国との貿易」（1844年第32号）、「清

表1-22　清国の貿易

輸出入合計の貿易額：4億7,300万フラン（英：3億8,000万、米：4,958万）
輸入額：3億2,000万フラン（うちアヘンが約2億）
輸出額：1億5,300万フラン
差額の1億6,700万フランを銀（Seezi = Silber）で支払う

表1-23　港別の輸出入額

	港別の輸入額	港別の輸出額
広東	9,688万9,000フラン	1億3,854万1,000フラン
寧波	253万5,000（アヘンを除く）	57万9,000
上海	1,253万3,000（同上、英国のみ）	1,218万8,000（同左）
厦門	上半期173万4,000（英国のみ） 下半期470万9,000（アヘンを除く）	5万1,000（同左） 98万4,000

国と英国との間の貿易の最新の水準、『地球』誌からの1英国人の報告」（1845年第28号）、「清国の綿織物と毛織物の貿易についてフランス人の報告」（1845年第48号）などがあるが、以下では「清国の貿易について」（1846年第46号）の数字を紹介しよう。これはフランス政府から派遣された使節団（団長ラグレーニュ氏）の専門家の1人ハウスマン氏が『両世界評論』誌の最新号（10月15日号）に発表した報告のうち貿易に関する部分からの抜粋である。

まず、1844年の清国の貿易額は表1-22、表1-23のとおりである。

輸入額3億2,000万フランのうち、正規の輸入が1億2,000万、密輸入が2億、これは正規の輸入の2倍といわれるアヘンの密輸のためであろう。アヘンの輸入額は2億91万（5万箱）、高官から苦力まで禁令を無視して必需品のように愛用している*。アヘンについで綿花と綿糸・綿織物で、綿花はほとんどインド産だが、米国綿も増加しているという。広東港に4,762万7,000キロ、3,834万フラン。綿糸は英国人が独占し、綿織物では綾織とキャリコは米国が、上等の綿布は英国の取扱量が多い。その他、毛織物、金属、時計、香辛料や象牙、びやくだん材、米などが輸入されていた。珍しいものは鳥の巣で12万5,000フラン、大部分はジャワ島から、海岸の突き出た岩にあって、採取には熟練を要した。最高級の巣は産毛で被われた「ひな」のいるもので、次に卵のある巣、

最下級は羽が生えた幼鳥のいる巣で、最高級品のキロ当り120フランから最下級品の10フランまで、15等級ぐらいに値段が分かれていたという。

* リストが価値の理論に対して生産諸力の理論（国民生産力の理論）を唱えたことはよく知られているが、パリ時代に主著の準備的作品として書いた「国民的工業生産力の本質と価値」(1840年1月) という論文のなかで、2つの理論の違いをアヘン貿易を例に使って説明している。「英国の商人は大量のアヘンを広東に輸出し、そこでこれを紅茶や絹と交換している。この貿易は両国の商人にとっては儲かる貿易である。価値の理論によればこの交易は両国民にとって有益である。それによって双方の生産が促進されるからである。これに対して、広東の総督は次のように主張する。アヘンの消費は清国の人々の道徳、知性、家庭の幸福、公共の平安に書きつくせない不利な影響を及ぼし、またアヘンの消費は物凄いほどに増加しているので、この商業から最大の国民的害悪が懸念されるのである、と」(W-5, S. 351)。「個々の商人の利害」と「全国民の商業の利害」との間には「天地の差」がある、という考え方は、世界主義の経済学に初めて疑問をもった頃からリストに一貫している。『国民的体系』でも第21章「工業力と商業」のなかで同様のことを述べている。小林訳、317-318ページ。

　輸出額では茶が約1億フランと断然多い。特に広東からは3,290万キロのうち英国船で2,442万2,000キロ（74％）が輸出された。茶の産地に近い上海も将来競争相手になるだろうという。その他、生糸と絹織物、砂糖、陶器、紙、香辛料、珍しいものでは日傘と扇があった。

　また、フランスの貿易省が定期的に発行している『商業記録』（"Documents commerciaux"）に掲載されている報告の最後に、清国で"Ma"と呼ばれている麻に似た草で作った織物のことが出ている。この草は丈が2メートルほどで湿地に自生し、この草を織った布は1反（36メートル56センチ）97フランのものから29フラン70サンチームのものまで8等級あり、英国への輸出が期待されるという（「清国の綿織物と毛織物の貿易についてフランス人の報告」1845年第48号）。この麻に似た草とその織物のことは「雑録」欄にもあり、それによると、麻のあらゆる性質を持っている上に、繊維の強さ、光沢、長さの点で麻よりすぐれている。リーズの工場の試作した布はフランスのカンブレーの厚手

の木綿に似て、絹のような外観だという(「清国の[麻に似た]草」1845年第30号、第47号)。

　なお、貿易額の数字とは別に、フランス人の目には清国の社会や風習は珍しく映ったようである。以前の広東貿易の最大の障害であった繁雑極わまりない関税や仲介商人の特権と横暴は「南京条約」で解消したが、「大部分の小商人には表と裏があり」「2倍3倍の値をふきかけ、泣いて哀れみを乞い溜め息をついて最後には言い値を通す」「見かけの従順さを実際の有利に転じる」才能を発揮する。マカオでは、「マカオの人に対する最低の値段、マカオ以外の清国人に対する値段、外国人に対する最高の値段」と小売りに3通りの値段がある、などなど(「清国の貿易について」1846年第46号)。

　そうかと思えば、「清国の政治は専制政治」と言うのは理論上の話で、実際には法律の適用は「温情をもって」扱われている。「人民が清国と同じほど自由を持っていない国はキリスト教世界にもたくさんある」。人民の集会での意見は、「バーミンガムより広東の方が政府の決定に大きな影響を与えている」というような感想もある(「清国の官僚制、公開で商議する。『清国通信』から」1846年第29号)。

2. 商船隊と艦隊

(1) 英・仏の商船隊

1. で述べた世界貿易の拡大を支えていたのは各国の商船隊とそれを護衛する艦隊であった。海運業と海軍という海上勢力である。そのうえ19世紀には蒸気機関が海上交通にも利用されるようになって、蒸気船の登場も世界貿易の拡大に拍車をかけることになった。もっとも、蒸気船が帆船に替わって海上交通の主力になるのはもう少し先のことであるが、欧米の貿易大国は帆船ばかりでなく、蒸気船や蒸気艦を建造して海運業と海軍の整備・増強にも力を注ぎ始めた。

『ルアーブル・ジャーナル』によれば、海洋航行（Schifffahrt）では1841年に英国の保有総トン数は752万5,585トン、フランスは289万6,000トンで、英国はフランスの2.6倍、このうち英国では4分の3（75％）が、フランスでは5分の2（40％）が就航中であった。沿岸航行（Küstenschiffahrt）では英国は2,218万4,047トン、フランスは僅かに231万4,735トンで英国の1割余にすぎなかった（「英国とフランス」1843年第4号）。同じ号の「英国の船舶業」によれば、この年には船の価額は40％下がり、好景気ではなかったという。

蒸気船の大洋航行については、1825年に英国船「エンタープライズ」号（479トンの機付帆船）が喜望峰を回ってロンドン-カルカッタ（インド）間を103日で航海（うち69日は蒸気力による航海）し、1833年にはカナダ汽船「ローヤル・ウィリアム」号（364トン）が汽力のみで大西洋を横断したという。そして1838年には英国船「シリアス」号（シリウスの表記もある。320馬力、703トンの外輪汽船）と「グレート・ウェスタン」号（750馬力、1,340トンの水掻き車輪付きの木造蒸気船）が、相次いで英国からアメリカへ大西洋を横断航海した*。以下の『新聞』記事はこの5-10年後である。

* 上野喜一郎『船の世界史・上巻』舵社、1980年、特に、第4編「汽船の出現」と付

録1「船の歴史年表」、2「汽船の発達史上有名な船の項目」、杉浦昭典『蒸気船の世紀』NTT出版株式会社、1999年、特に第3章「蒸気船の大西洋横断」、アティリオ・クカーリ／エンツォ・アンジェルッチ共著、堀元美訳『船の歴史事典』原書房、2002年、特に「蒸気革命」と巻末の「海事史年表」による。

上に述べたように、時代は帆船から蒸気船への移行期に入っていた。「蒸気船航行」（1846年第27号）によれば、英国の蒸気船は1814年には1隻しかなかったが、いまでは1,000隻を超えているという。また、「海洋での英国の蒸気船航行」（1844年第41号）によれば、蒸気船の航行は地中海、大西洋、インド洋にまで広がり、政府は1839年にはハリファックスとボストンへの18万6,300マイルの航海に5万7,000ポンド・スターリングを援助し、1840年には西インドへの68万4,816マイルの航海に24万ポンド（ス）を援助し、1841年には「半島会社」のマルタ島とアレキサンドリアへの7万2,000マイルの航海に3万1,000ポンド（ス）を援助した。この会社は最近カルカッタ－スエズ間の航海に関してインド政府と次のような5年間の契約を結んだ。すなわち、会社は年々2万ポンド（ス）の補助金を受け取り、これに対して初年度には5万7,120マイル、以後は毎年11万4,200マイルの航海をするというのである。

「英国と米国との間の蒸気船航行」（1846年第28号）によれば、英国と米国との間の大西洋横断の航行に関して、現在次のような法案が議会に上程されているという。すなわち、これまでは14日ごとに1隻の蒸気船が英国から北米に向けて出航するだけだったが、これからは双方から8日ごとに1隻が出航するというもので、英国政府はすでにキュナード社（"Hause Cunarts & Comp."）とこの件で契約を結んだ。このためにこれまで聞いたことがない大型の蒸気船が建造中で、それは2,000トン、長さ280フィート、幅40フィート、出力700馬力である。これまでの最大の蒸気船「カンブリア」号と「ヒベルニア」号は長さ245フィート、幅36フィート、出力100馬力であった**。これらの巨大蒸気船のうち1隻は試験的に鉄で建造されるという。

**「ヒベルニア」号は1843年に建造された1,422トンの木製外車船で、1843年に9日と10時間で、47年に9日と1時間で大西洋を横断した。「カンブリア」号は1845年

表2-1　1847年末の英国の商船隊
（A：積載量50トン以下、B：50トン以上）

イングランドとスコットランド
　帆船：A＝7,716隻（22万3,835トン）、B＝3,435隻（264万8,597トン）
　蒸気船：A＝433隻（1万0,376トン）、B＝491隻（10万5,989トン）
アイルランド
　帆船：A＝1,075隻（3万0,717トン）、B＝1,140隻（21万1,072トン）
　蒸気船：A＝12隻（417トン）、B＝92隻（2万3,350トン）
マン島とカナリア群島
　帆船：A＝442隻（1万0,398トン）、B＝344隻（4万2,294トン）
　蒸気船：A＝1隻（39トン）、B＝4隻（857トン）

に建造された同型船。キュナード社は1848年に「アメリカ」号、「ナイアガラ」号、「ヨーロッパ」号、「カナダ」号を、50年に「アジア」号、「アフリカ」号を、53年に「アラビア」号と、2,000トン前後の大型船を建造している。記事のなかの「建造中の大型の蒸気船」はこれらの船のことかもしれない。上野、前掲書、336ページ。

『スタンダード』誌によれば、ロンドン港からアジア、アフリカ、オーストラリアへ、北海とバルト海へ、北米と南米、西インドへ、過去4年間に出航した船は165隻から225隻に増加した（「英国の海運」1843年第27号）。船員を養成するために、王立航海学校がDeptfordに200人の生徒を受け入れて開設された（長さ120フィート、奥行き280フィートの広さ）（「英国の王立航海学校」1843年第27号）。この記事の最後には「ドイツ人はこのような国立の施設をいつ持つのだろうか」と、編集者の嘆く声が記されている。

「英国の商船隊」（1848年第22号）には、1847年末の英国の商船隊の公式の数字が載っている（表2-1）。

1847年に新造された登録船は帆船：830隻（12万9,664トン）、蒸気船：103隻（1万6,160トン）、これに対して、航行不能や海難によって失われた船は帆船：533隻（9万5,590トン）、蒸気船：4隻（103トン）。

なお、「海難」（1845年第第51号）によれば、英国では年間600隻が難破して1,560人の人命と150万ポンド・スターリングが失なわれているという。

また、1847年第3号には『マイニング』紙の報道として、半島会社が蒸気船21隻（2万1,850トン、7,310馬力）を所有し、ほかに6隻を建造中で、世界の

表2-2　フランスの商船隊

1万3,656隻、積載量59万9,707トン
帆船：1万3,552隻、59万0171トン、蒸気船：104隻、9,536トン

海を航行する同社の船に「太陽が没することがない」と伝えている(「物見櫓」欄)。

　フランスはどうか。「フランスの商船隊」(1845年第9号付録)によれば、表2-2のとおりである(1844年1月1日現在)。
　その大きさの内訳は次のとおりである。
　600-700トンが2隻、500-600トンが4隻、400-500トンが1隻、300-400トンが185隻、200-300トンが433隻、100-200トンが1,237隻、60-100トンが1,518隻、30-60トンが1,390隻、30トン以下が8,856隻***。

　　*** この数字は上に述べた『ルアーブル・ジャーナル』の数字と大きく違っている。船の大きさは総トン数、純トン数、排水トン数、積載トン数などさまざまに記されているが、この大きな違いの理由は分からない。また、大きさの内訳の隻数の合計は1万3,626隻となり、最初の数字1万3,656隻より30隻少ない。

　最後に、フランスの蒸気船について2本の記事を紹介しよう。「新式の蒸気船」(1843年第19号)は『サン・エチエンヌ・ジャーナル』の報道を伝えている。3月にローヌ川のリヨン-バレンス間に就航した蒸気船「グラパン」号には、通常の外輪のほかに、直径15フィート、重さ500ツェントナーの外側に歯のついた1つの車輪がついていて、これが川底に食い込んで大きな力で船を前進させる。この車輪は上げ降ろしが自由だという。もう1つの「新式の蒸気船」(1843年第21号)はフランス人フォールコンの発明を伝えている。この蒸気船の車輪は完全に水面下にある。その利点は、外輪が敵の大砲に狙われず、甲板に障害物がなく帆を利用できること、外輪が波の衝撃で破損せず、その力が従来の外輪よりずっと強いことである。

(2) オランダの商船隊

貿易国家であるオランダの海運については、2編の記事がその概要を伝えている。

アムステルダムからの報告「オランダの商船隊」(1843年第10号)は、数日前に出たばかりのオランダの商船隊についての小著 "Algemeene Staat der Koopvaardyschepen, varende onder Nederlandsche Blag" の紹介である。この著書はオランダの大型商船391隻の船名、船長と船主の名前、積載量、建造年を記載しているという。391隻はほとんどが3本マストのフリゲート船、バーク船、ブリッグ船、シェーン船で、大洋航行に就航している。そのうち最大の2隻はアムステルダム市のPhilips van Marnir号1,600トンとFlevo号1,500トンで、1,200トンの船は多い。ちなみにフランス最大の船は700トン。外国貿易に就航するこれより小さいガリオットなどの海洋船は715隻でトン数は不明、これ以下の海洋船も不明である。なお、当時の帆船は種類が多く、くわしい説明はできないが、フリゲートは大砲を備えた快速帆船、バークとブリッグは横帆船、ガリオットは三角帆をもった手漕ぎの船である。

次ページの表2-3はこの391隻の大型船の所属海港別の一覧である。

このほか、捕鯨船が410隻、うち314隻は3本マスト、40隻がブリッグ船、また、河川航行船は1794年には18万9,153トンであったが、現在は128万6,231トン。1622年にオランダ共和国最初の商船が建造され、1631年に続いて2隻(50トンと120トン)、1641年に1隻(50トン)が建造されたが、1840年1年間で858隻(16万8,988トン)が建造された。うち、83隻は3本マスト、89隻はブリッグ船、439隻はスクーナー、122隻はスループ、125隻は蒸気船である。ちなみに、別の記事によれば、1843年末には1,785隻、18万587ラスト(36万1,165トン)で、1831-43年間に隻数は25%、積載量は68%増加したという。スクーナーは横帆船、スループは三角帆を改良した小型の縦帆船である。

第2の記事は「オランダの海運、1843年」(1845年第6号付録)で、これはオランダのある商業紙からの抜粋である(表2-4、表2-5)。

表2-3　大型の所属海港別

所属港	A		B	合計	
アムステルダム	196隻	98,033トン	10隻	206隻	103,447トン
ザールダム（ママ）	2隻	497トン	2隻	4隻	1,580トン
ハルリンゲン	6隻	849トン	2隻	8隻	1,932トン
ロッテルダム	98隻	57,700トン	8隻	106隻	62,031トン
ドルトレヒト	21隻	15,806トン	3隻	24隻	17,430トン
シーダム	8隻	4,848トン	4隻	12隻	7,014トン
アルブラッセルダム	6隻	2,586トン	1隻	7隻	3,127トン
キンデルダイク	2隻	1,142トン		2隻	1,142トン
ミデルブルフ	4隻	2,409トン	7隻	11隻	6,199トン
ハーグ	3隻	2,600トン	1隻	4隻	3,141トン
ティール	1隻	939トン		1隻	939トン
クロメニー	1隻			1隻	541トン
ヘルトーゲンボッシ			1隻	1隻	541トン
マースルイス			1隻	1隻	541トン
ツィーリクゼー	2隻	1,550トン	1隻	3隻	2,091トン
	349隻	188,959トン	42隻	391隻	211,696トン

注：A＝積載量の判明する船とトン数（平均541トン）、B＝積載量の判明しない船、これを1隻541トンとして合計を計算してある。

①海路によるオランダの港の入港船（上欄）と出港船（下欄）、カッコ内はオランダの船旗を掲げた船。平均は1832-41年平均、Tはトン。

オランダの船旗を掲げた船は入港船の約40％、出港船の約50％である。

②1843年の入港船6,190隻の出港地。

英国：2,182隻、スウェーデンとノルウェー：895隻、プロイセン：715隻、ハノーファー：495隻、ロシア：447隻、メクレンブルクとリューベック：375隻、フランス：228隻、東インド：211隻、デンマーク：130隻、北米：109隻、以下、ポルトガルとスペイン、西インド、スリナム、イタリア、レヴァント、ベルギー、ブラジル、キュラソー、グリーンランド、ギニア沿岸、アゾレス諸島とカペルディッシュ諸島、清国。

船旗別では、オランダ：2,683隻、英国：1,674隻、スウェーデンとノルウェー：531隻、ハノーファー：460隻、デンマーク：235隻、プロイセン：145隻、メクレンブルク：126隻、南米諸国：98隻、フランス：81隻、オルデンブルク：63隻、ハンザ都市：27隻、ロシア：23隻、ベルギー：8隻、オーストリア：6

表2-4　オランダの港の出入港船

	積み荷船		バラスト		合計	
平均	5,496隻	73万4,536T	380隻	2万5,057T	5,875隻	75万9,592T
1842年	5,928隻	93万0,034	398隻	2万3,657	6,326隻	95万3,691
1843年	5,853隻	94万3,726	337隻	2万0,089	6,190隻	96万3,815
	(2,476)	(36万3,805)	(207)	(1万0,352)	(2,683)	(37万4,157)
平均	3,445隻	46万6,406T	2,487隻	31万2,698T	5,933隻	77万9,104T
1842年	3,541隻	53万9,328	2,826隻	44万2,081	6,367隻	98万1,409
1843年	3,450隻	54万8,687	2,824隻	43万2,227	6,274隻	98万0,914
	(1,778)	(27万0,135)	(963)	(10万1,343)	(2,741)	(38万0,478)

表2-5　港別出入港船

	入港船		出港船	
アムステルダム	2,047隻	34万9,454トン	2,129隻	35万9,545トン
ロッテルダム	1,542隻	32万1,533	1,646隻	33万4,452
ドルトレヒト	557隻	7万9,869	505隻	7万2,807
ハルリンゲン	347隻	4万2,918	340隻	4万2,421
シーダム	247隻	3万8,464	206隻	3万7,044
プルメレント	144隻	3万8,561	137隻	3万7,404
グロニンゲン	315隻	1万5,602	341隻	1万8,421

隻。

③同年の出港船6,274隻の目的地。

英国：2,269隻、スウェーデンとノルウェー：881隻、メクレンブルクとリューベック：608隻、ハノーファー：495隻、プロイセン：333隻、フランス：272隻、東インド：198隻、ロシア：119隻、北米：93隻、イベリア半島とイタリア：ともに86隻、スリナム：72隻、南米西海岸：37隻、ベルギー：25隻、ブラジル：7隻、このほか、Aventure（中継貿易のFrachtverdienst）：496隻。

船旗別では、オランダ：2,741隻、英国：1666隻、ハノーファー：472隻、プロイセン：142隻、南米諸国：102隻、フランス：84隻、など。

④同年のオランダの港別出入港船

このなかで、アムステルダムとロッテルダムを比べてみると、
アムステルダムへの入港船2,047隻のうち

オランダ船旗の船は942隻（46％）、英国船旗の船は252隻（12％）
ロッテルダムへの入港船1,542隻のうち
　　　オランダ船旗の船は416隻（27％）、英国船旗の船は824隻（53％）
一方、アムステルダムからの出港船2,129隻のうち
　　　オランダ船旗の船は993隻（47％）、英国船旗の船は148隻（7％）
　　　そのほか、プロイセン船旗：83隻、ハノーファー船旗：169隻
ロッテルダムからの出港船1,646隻のうち
　　　オランダ船旗の船は441隻（27％）、英国船旗の船は855隻（52％）
　　　そのほか、プロイセン船旗：32隻、ハノーファー船旗：59隻

　以上の数字からみて、オランダ船旗の船が出入港船の半分近くを占めていたアムステルダム港では「自営貿易」が多かったのに対して、英国船旗の船が出入港船の半分以上を占めていたロッテルダム港では「通過貿易」――主として英・独間の――が多かったことが分かる。

（3）ドイツの旗（船旗）とドイツの商船隊

　北海とバルト海に、またエルベ川やヴェーザー川やライン川に港を持つドイツは、ハンザの歴史が示すように、昔から水運（河川・海上交易）が盛んであった。しかし、ハンザ都市や北ドイツの沿海諸国はそれぞれ自分の国の旗を掲げて交易し、それぞれ自力で海運を行っていた。

　「ドイツの船旗」（1843年第2号）は、海運の盛んな北ドイツ諸国とハンザ都市が共同のドイツの旗を制定し、その旗――「旗（船旗）は諸国民が頭にかぶる海の王冠」――を掲げて航行するドイツの船と船員を保護することがドイツの海運の振興に重要である、と力説している。ちなみに、リストは『関税同盟新聞』にふさわしい「寓意画」（Emblem）を2枚描いているが、どちらも海上を航行する船で、図柄は違うがドイツの旗をマストに掲げている。ただし、リストはこの共同のドイツの旗を「ドイツ連邦の旗」とするか、「関税同盟の旗」とするか、その点については迷っていた。

表2-6 ドイツの商船隊

オーストリア	1,501隻	21万9,718トン、うち蒸気船34隻、3,190トン
プロイセン	840隻	24万5,580（平均292.4）、うち蒸気船29隻、3,168トン
ハノーファー	668隻	5万9,364
オルデンブルク	104隻	1万5,424
メクレンブルク	335隻	7万3,750
シュレスヴィヒ・ホルシュタイン	2,795隻	10万9,249トン、うち蒸気船9隻、871トン
ハンブルク	249隻	6万7,852（平均272.5）、うち蒸気船6隻、1,584トン
ブレーメン	246隻	9万1,390（平均371.5）
リューベック	68隻	1万4,073
合　計	6,806隻	89万6,401トン、うち蒸気船78隻、8,813トン

　当時のドイツ連邦諸国の商船隊については、1847年と48年の『新聞』にくわしい統計表が載っている。

　ゾエトベーア博士による「1848年初めのドイツ船舶業統計」（1848年第35号）によれば、ドイツ連邦諸国の商船の数とトン数は表2-6のとおりである。

　乗組員は約4万5,000人。原表では、オーストリアを除いて帆船は港湾ごとの数字が記載されている。たとえば、プロイセンはシュテッティン：176隻、4万8,304トン、ダンツィヒ：101隻、4万2,892トンなど、メクレンブルクではロシュトック：270隻、5万4,000トンなど。また原表では積載量の単位がトンで表示の国と4種類のラストで表示の国とあるが、概略の数字を知るためにすべて1ラスト＝2トンの計算でトンで表示した。したがって多少の不正確さは残るが、帆船と蒸気船の合計6,806隻、89万6,401トンから1隻平均約132トン、うち蒸気船78隻、8813トンから1隻平均113トンとなる。国別では、ブレーメン、プロイセン、ハンブルクが大型船が多かったことが分かる。

　プロイセンについては「プロイセンの商船隊の統計」（1848年第10号）に、『バルト海取引所報』（2月17日号）からとった数字（1847年、48年）がある（表2-7）。

　また、25の港別の数字もあるので1848年の上位5港だけを示す（表2-8）。

　このほかに、プロイセンの船旗を掲げながらプロイセンに登録されていない船が5隻、海上で遭難した船が1847年に40隻、4,580ラスト（9,160トン）、蒸

表2-7　プロイセン商船隊

1848年初めに	806隻、積載量11万9,869ラスト（23万9,738トン）
前年には	771隻、積載量11万0,650ラスト（22万1,300トン）

表2-8　上位5港

シュテッティン	176隻、	2万4,152ラスト（4万8,304トン）
ダンツィヒ	101隻、	2万1,446ラスト（4万2,892トン）
メーメル	93隻、	1万8,923ラスト（3万7,846トン）
シュトラールズンド	91隻、	1万0,286ラスト（2万0,572トン）
バルト	67隻	7,517ラスト（1万5,034トン）

気船は1848年1月1日現在、蒸気郵便船3隻（600ラスト＝1,200トン）を含んで29隻、1,584ラスト（3,168トン）である。なお、「プロイセンの回船業の現状」（1845年第9号付録）には、21の港の1844年と45年の船の数と積載量が載っている。44年は805隻、10万5,913ラスト、45年は796隻、10万4,938ラスト。失われた船は1841年が37隻、42年が18隻、43年が45隻、44年が53隻、プロイセンの港に所属する蒸気船の数は1844年、45年とも17隻である。

　同じ数字は「プロイセンの船舶業、1847、48年」（1848年第13号）にもある。また、「プロイセンの船舶業の現状」（1845年第9号付録）には、21の港の1844年と45年の数字が載っている。

　もう1つの「プロイセンの航海貿易」（1844年第21号）には、『プロイセン・アルゲマイネ新聞』からとった次の数字がある。それによれば、プロイセンの航海貿易には昨年（1843年）1万4,001隻、107万1,670ラスト（214万3,340トン）が従事し、そのうち外国（主にデンマーク、英国、オランダ）の船は6,896隻（約50％）、43万2,730ラスト（86万5,460トン）であった。この数字は前年より2,337隻、20万9,073ラスト（41万8,146トン）ふえているという。

　最後に「北海沿いのドイツ諸国の船舶業」（1847年第26号）には、出版されたばかりのオェールリッヒ『ドイツの沿海部と内陸地域』からとった、北海沿いの9つの国と港（ハンブルク、ブレーメン、アルトナ、ブランケネーゼ、エ

ルベ川のホルシュタインの港、オルデンブルク、エムデン、エルベ川のハノーファーの港、ヴェーザー川のハノーファーの港）の合計1,093隻、9万0,311ラスト（18万0,622トン）の地域別、建造法（船種）別の一覧が載っている。

それによれば、船数ではハンブルク253隻（1万9,459ラスト＝3万8,918トン）、エルベ川のハノーファーの港244隻（3,256ラスト＝6,512トン）、ブレーメン227隻（3万9,329ラスト＝7万8,658トン）が多いが、積載量からみるとブレーメンは大型船が多く、ハノーファーは小型船が多かったことが分かる。また、建造法（船種）は28種類もあっていちいち説明をつけることができないが、エーベル船（Ewer：1-2本マストの小型船）が400隻と多く、ブリッグ（Brigg：2本マストの横帆船）が170隻、スクーナー船（Schooner：2本マストの縦帆船）が152隻、クフェ（Kuffe：2本マストの扁平な沿岸商船）が121隻、バーク船（Bark：3本マストの帆船）が118隻と続いている。港別では、海洋航行の多いハンブルクとブレーメンにはSchiffe、バーク船、ブリッグが多く、沿岸・河川航行の多いエルベ川のハノーファーの港では小型のエーベル船が断然多く、80％を占めている。また、28種類の船種のうち9種類は3隻以下である。

そのほか1845年第7号にドイツの海運に関する記事が2本載っている。「ドイツ・イベリア間の蒸気船航行」はベルリンの新聞報道として、ポルトガルとプロイセンの双方が120万ターラーを出資して、毎月2隻ドイツとスペインもしくはポルトガルから出港する計画を伝えている。乗客と郵便だけでなく、麻織物の輸出のために貨物の輸送にも力を入れるという。「ドイツの海運への展望」は差別関税制度や通商条約のほか造船業の振興と乗組員の養成が必要だと主張している。北ドイツ諸国の造船所は、プロイセン：15（スビーネミンデは特に大型）、メクレンブルク：3、リューベック：1、クルハーフェン：1、ブレーメン地区：2、オルデンブルク：2、ハノーファー：6。1842年の新造船は165隻、1万5,513ラストで、そのうち、プロイセンが38隻、4,723ラスト、ハノーファーが52隻、2,400ラスト、ブレーメンが26隻、3,600ラストである。また「ライン海運会社の創設計画」（1847年第51号）は、オランダによる妨害

表2-9　商船1,501隻の内訳

長期間の航海可能な帆船が577隻（16万4,036トン）
オーストリア・ロイド社の蒸気船が34隻（3,190トン）
沿岸航行の比較的大きな船が約900隻（4万5,000トン）

表2-10　商船577隻の内訳

1846年末：長期間の航海可能な帆船が555隻（15万4,030トン）
1847年中に建造された船が51隻（1万7,758トン）
購入した船が3隻（402トン）／合計609隻（17万2,280トン）
これに対して：1847年中に売却した船が8隻（1,470トン）
破損した船が24隻（5,874トン）／合計32隻（7,344トン）
差し引き、1847年末には577隻（16万4,936トン）である。

表2-11　船種別内訳

3檣船、バーク、ポーラッカ：166隻（6万5,252トン）
ブリッグ、ブリガンテ：372隻（9万4,379トン）
スクーナーブリッグ、ガレッテ：39隻（5,305トン）

を排除し、造船業が進歩し、海外との直接貿易が期待され、移民が輸出の機会を提供し、海上勢力と貿易とに世論を導く、とその効果を述べている。

オーストリアについて、上記のゾエトベーア博士の統計では、1848年初めの商船1,501隻の内訳は表2-9のとおりであった。

この帆船577隻を、「1847年末のオーストリアの商船隊」（1848年第5号）は、『オーストリア・ロイド雑誌』にもとづいて表2-10のように説明している。

また、この577隻を船種別にみると表2-11のとおりである。

なお、上記の1847年中に建造された51隻のうち、4隻はトリエストで、8隻はヴェネツィアで、1隻はチオギアで、37隻はハンガリーの沿海地方、ダルマチア、イストリアで、1隻はガランツで建造された。以上のほかに、ロイド社の海洋航行用の蒸気船24隻（9,782トン、3,190馬力）があり、さらに7隻が建造・改造中である。

デンマークについてもここで述べておこう。「デンマークの商船隊」（1843年第44号）は同年7月の公式統計の数字を伝えている（表2-12）。こまかいこと

だが、デンマークの商業ラストとプロイセンの商業ラストとの比率は68：49で、1商業ラストが前者は5,547プロイセンポンド、後者は4,000プロイセンポンドだということである。

表2-12　デンマークの商船隊

積載量10商業ラスト以上の船は1,871隻、そのうち、
　ホルシュタインが415隻（1万3,384商業ラスト）
　シュレスヴィヒが509隻（1万0,862商業ラスト）
　コペンハーゲンが252隻（1万5,579商業ラスト）

「イタリアの商船隊」（1843年第24号）はウィーンからの記事であるが、次の抗議から始まっている。トリエステの『オーストリア・ロイド雑誌』はドイツの商船隊についてのブレーメン発の記事（《A. Z.》第97号）を転載しているが、その最後に、「イタリア諸国の船を合計すれば、イタリアの商船隊の総数はドイツにそれほど劣っていない。それどころか、オーストリアの旗［を掲げた船］がドイツよりむしろイタリアに属すると考えれば、船の数と積載量はもっと大きくなる」と述べている。これは違う。オーストリアの商船隊は、乗組員の多くがイタリア人であってもドイツの商船隊である。南ロシアの船が、乗組員の多くがイタリア人、ギリシャ人であってもロシアの船であり、フィンランドとリヴランドの船を、乗組員の多くがロシア人でなくドイツ人だからといって、ドイツの船に数えることに賛成できないように。

そのうえで、イタリアの商船隊を表2-13のように述べている。

ちなみに、米国はオランダや英国の植民地だった頃から帆船の改良が盛んであったが、『新聞』に米国の商船隊についての記事がないのが残念である。その代わり2つの点を記しておきたい。

1つは、『新聞』の創刊者リストが帆船で大西洋を2往復（4回）していることである。1回目は1825年、ヴュルッテンベルク政府からアメリカ行きの旅券を発給されて国外追放された時で、家族とともに4月26日にルアーブルを出航、6月9日にニューヨークに着いた。船は郵便船「ヘンリー」号である。2回目は1830年に客船「エリー」号でアメリカからヨーロッパへ単身旅行した。この旅行のために直前に米国の市民権を取得し、ハンブルク領事として、恐ら

表2-13 イタリアの商船隊

1841年	サルディニア（合計）	1,029隻	142,712トン
1835年	トスカーナ	286	30,627
1838年	両シチリア王国	3,875	213,198
1832年	教会領	283	不明
1835年	ルッカ公国	175	不明
1834年	モナコ侯国	53	不明
1841年	オーストリア（合計）	1,400	186,717
	合　計	7,102隻	573,254トン
そのほかに小型船			
	サルディニア王国	1,994隻	29,910トン
	トスカーナ	507	11,264
	両シチリア王国	5,298	不明
	教会領	542	不明
	モナコ侯国	35	不明
	オーストリア	4,154	28,882
	合　計	12,530隻	70,056トン

く特命を帯びていた。11月20日にニューヨークを出航、12月21日にルアーブルに着いた。3回目はその帰りで、1831年10月末にルアーブルを発った。4回目は家族とともにヨーロッパへ戻った時で、バーデン大公国領事に任命され、1832年夏にニューヨークを発って9月（？）にハンブルクに着いた。

　もう1つはヨーロッパと米国との間の大西洋横断の定期航路の開設である。帆船による定期航路はブラック・ボール・ライン（米）が1815年に、アラン・ライン（英）が1820年に開設している。ドイツでも1828年にブレーメンのマイアー社がニューヨーク航路を開設し、1847年に41社が出資して設立されたハンブルク・アメリカ会社（HAPAG）が翌年アメリカ行きの定期航路を帆船4隻で開業した。

　蒸気船による定期航路は1840年キュナード・ライン（英）が最初で、同年7月に「ブリタニア」号がリヴァプールからボストンまで郵便物を運んだ。1846年には大洋航行会社（米）がブレーメンを終着港とするヨーロッパ行きの定期航路を開設し、翌年「ワシントン」号が第1便として就航した。この年の『新聞』にはブレーメンが終着港に選ばれたことを喜ぶ記事が掲載されている。「ニューヨーク・ブレーメン蒸気船航行」（第6号）、「ドイツ行きの蒸気船航行の最初の船」（第9号）、「ニューヨーク蒸気船航行へのドイツ諸国の資本参加」（第18号）。ドイツからは1850年5月29日にスクリュー推進汽船「ヘレーナ・スローマン」号がニューヨークへ向けてハンブルクを出港した。ブレーメンからアメリカ行き定期航路の最初の蒸気船（フリッツェ会社の2輪外輪汽船）が出

港したのは1853年である。

(4) 3つのニュース——膠（にかわ）、避雷針、氷の輸送

固い話が続いたので、珍しいニュースを3つ紹介しよう。

「ジェフリーの膠（にかわ）」（1843年第4号）は、最近、英国で発明された接着剤のことである。ゴムの弾性、牡蛎の殻、その他2、3のものから合成されたこの接着剤は、木や鉄やその他の材料をきわめて強固に膠着させるので、接着した個所に大きな力がかかってももぎとられることがないという。海軍省はこの発明をジェフリー氏から買い取って、すでに蒸気船の建造に使っており、船の各部分をこの膠を使って接着することですませている。この膠からは製造業にとって多くの利益が期待されており、この新製品には「耐水用の膠」という名前がつけられているということである。

「船の避雷針」（1843年第29号）は英国の海軍将校R. ハリス氏が提案した発明である。この避雷針は幅2－6インチ、厚さ1インチの銅板の導管で、主檣の先端から船底まで達している。フランクリンが有名な凧（たこ）の実験をしてから90年後のことである。

最後に氷の話を3つ。「氷の生産と氷の貿易」（1844年第38号）は米国の話で、「氷——凍結した水——を作って、はるか遠方へ輸送するようになろうとは、数年前には誰が考えていたことであろう」という文章で始まる。だが、いまではボストンだけで年間6万トンの氷を南部諸州へ、それどころか西インド、東インド、清国へ送っている。氷はおがくずにつめられているので、高価な商品になっている。氷を作ることは大勢の人々に良い稼ぎを提供している。1万－2万トン（40万ツェントナー）を保管する氷室（氷の倉庫）は半エーカー（2万平方フィート）の土地を占め、厚さ10フィートの壁で囲まれている。この貿易は価値と航海との点ですでに大きくなっており、今後ますます繁盛していく。

「米国人の氷の輸出」（1846年第27号）はボストンからロンドンへ氷を輸出した記事である。米国人が東インドへ氷を輸出したことは以前から知られていたが、今度は数日前に600トンの「この溶けやすい商品」を積んだ船が1隻ボス

トンからロンドンへ到着した。この氷はロンドンの氷商人によってポンド（重）当り2ペンス（6クロイツァー）で売られ、小売りの利益を含んで総額は12万グルデンであった。

　ちなみに、「米国のバター」（1846年第31号）は、7月初めに米国から着いた食料品のなかに2つの大きなバターの荷があり、カナダからもバターの荷が届いたこと、ブラザー・ジョナサン（米国人）が新鮮なバターを氷詰めにして帆船で英国へ送ることを準備していること、を伝えている。

　氷の商売の話はもう1つある。「氷の輸出」（1846年第33号）は「最新の貿易部門の1つは氷の貿易である」とこの取引に注目している。「最も冷たいこの天然の産物」を西インド、ニューオーリンズ、ヨーロッパへ送るために、その主要積み出し港であるボストンの近くのヴェナム＝レイクには16の会社がある。1844年6月から1845年2月までに2万5,667トンが送り出され、それ以来販売はいちじるしく増加した。

（5）英国の艦隊とフランスの艦隊

　リストは1837年10月から1840年5月まで2年7か月間《A. Z.》紙の外国通信員として、家族とともにパリに住んでいた。主著の『経済学の国民的体系』はこの時にパリで書かれて、41年4月に南ドイツで出版された。ちょうどこの頃、アジアでは清国でアヘン戦争が起こり、42年の南京条約で広東など5港が開港したことはよく知られているが、同じ頃、実はヨーロッパでも戦争の危険が迫っていた。第2回エジプト・トルコ戦争（1839-40年）でトルコ側に立つ4強（英国、ロシア、オーストリア、プロイセン）に対してフランスだけがエジプトを支持して孤立していたので、フランスでは戦争に備えて政府が軍備の増強を進め、領土をライン川まで回復せよとか、高速新型の蒸気船隊を作って英国へ侵攻せよとか、世論が沸騰していた。40年初めにフランス政府の高官から年俸1万2,000フランで仕官を勧められたリストがこの申し出を断ったのも、万一、戦争になった場合をおもんぱかってのことであろう。

　1844年8月にはフランス海軍がモロッコのタンジールとモガドールを砲撃し、

ジョアンビル（国王ルイ・フィリップの第3子）が『両世界評論』誌に海軍の強化を提案した。同じ頃、英国ではパーマストンがフランスとの戦争は避けることができないだろう、という手紙を書いている。翌45年7月には同じパーマストンが、フランスには34万の常備軍と武装可能な100万の国民兵とがおり、蒸気船隊は3万の軍隊を数時間で英国海岸に上陸させることができると警告する演説をしたが、リストが「英独同盟の真の根本条件」（1845年第34号）を書いたのは新聞でこの演説を知って、フランスに対抗して英・独が手を結ぶことを考えたからだ、ということである。こうした状況を考えれば、英仏両国の新聞や雑誌が互いの海軍力を比較しているのも不思議ではない。

「フランスと英国の海上勢力」（1843年第15号）はフランスの『ナシオナール』紙の論説を紹介している。1681年（ルイ14世の治世、コルベールの晩年）にはフランスに6万人の船員がいた。1791年にはその数は10万人にふえ、艦隊は82隻の戦闘艦（Linienschiff）と73隻のフリゲート艦を数えた。現在では軍艦の数はこの半分もなく、船員の数は1681年の6万人に及ばない。フランスの商船隊はもっと劣悪な状態にある。総トン数はこの間（1830年以降）に5％減少した。一方、英国の総トン数は30％ほど増加している。現在、英国の商船隊はフランスの商船隊の3.5倍大きい。英国人は彼らの貿易の4分の3を自国の船で行っているが、フランスの貿易の3分の1も自国の船では行っていない。英国は将来に備えて海軍の不断の増強と世界中に堅固な軍港の建設とを考えている。仏・英両国の利害ほど一致するところが少ないものはなく、英国との戦争の危険が迫っているというのに、愚か者だけがフランスと英国との間の同盟を考えている。

「英国とフランスの海上勢力」（1845年第47号）は、『タイムズ』紙（11月11日号）に掲載されたフランスの『海軍』誌の英仏の艦隊の比較の結論を紹介している。1）フランスの艦隊は船の数と大砲の数では英国の3分の1にすぎない。2）そのうえ英国には3層甲板の艦船がたくさんある。3）建造中の艦船はほぼ同数。4）戦闘艦とフリゲート艦の建造では英国は勝っていない。5）これに対して、コルヴェット（3檣快走兵船）、ブリッグ（横帆装置の2檣帆船）、

ガレオッテ（沿岸航行の小型2檣帆船）などの小型の艦船の建造では英国が勝っている。6）フランス人は英国人にならってもっとさまざまな改良をすることが必要である。

「トラファルガーの海戦」（1805年）の敗北の悔しさが忘れられないのか、フランス側の報道には英国に対する対抗心がむきだしである。今度は英国側の報道を見よう。

「英国の艦隊」（1843年第51号）によれば、英国の艦隊は艦船230隻、大砲3,471門、その内訳は快走帆船3隻、戦闘艦14隻、フリゲート艦31隻、戦闘用小型帆船35隻、小型船34隻、蒸気船68隻、サルベージ船25隻（うち9隻は蒸気船）、軍用輸送船9隻、病院船1隻、監視船10隻である。英国の蒸気船はすでに全航行船の5分の1を占めている。

「フランスと英国の海上勢力」（1844年第2号）は『モーニング・ポスト』紙の報道を伝えている。フランスの新聞によれば、フランスの蒸気船隊は英国より26隻多いという。この数字は疑問だとしても、英国が蒸気船12隻以上をもっていないのに対して、フランスには44隻ある。戦闘蒸気船の場合には速さが重要であり、これまでの帆船の時代には英国の艦隊は無敵であったが、将来の海戦では蒸気船隊が勝敗を決定するだろう。フランス議会は最近大型蒸気船の建造に3,450万フラン、武装外洋蒸気郵便船の建造に2,800万フランの支出を決定した。そのほか戦闘艦23隻、フリゲート艦20隻を建造中で、前者のうち3隻は大砲120門、11隻は100門、後者のうち6隻は大砲60門、14隻は50門を備えるだろう。フランスでは現在、戦闘艦8隻、フリゲート艦12隻、コルヴェット船22隻、ブリッグ31隻、小型帆船と輸送船72隻、蒸気船32隻が就航中である。『ラ・プレス』紙によれば、大砲の破壊力は驚くべき進歩を遂げ、古い海上の勝者である3層甲板の帆船もこの「海に浮かぶ要塞」にはかなわない*。

 * 輪切り図鑑『大帆船』（スティーヴン・ビースティー画、リチャード・プラット文、北森俊行訳、1994年、岩波書店）は18世紀の戦闘用の大帆船を10か所で輪切りにして克明に描いている。上甲板から船倉まで5層（5階建て）、提督、艦長をはじめ士官、下士官、569人の水夫、131人の海兵隊員が乗っていたという。

英国の新しい蒸気船のニュースがある。「新式の蒸気フリゲート艦」(1843年第20号)は「ラフラー号」の進水を伝えている。テムズ川の河口に近いシーアネスの船大工の仕事場で進水したこの船は、スミスのスクリューの原理にもとづいて建造された。最大の長所は大砲の配置が船の中央にある外輪によって遮断されない点、第2の長所はスクリューが水面下にあって外輪のように敵の砲撃によって破壊されない点、第3の長所はスクリューの働きのためにこれまでの船よりずっと狭い空間で旋回できる点である。最後に、スクリューは帆の使用にまったく障害にならない。この船は長さが195フィート、幅が32フィート、高さが18フィートで、888トンである。

　また、創刊号には「新型の大砲」という記事がある。この大砲はグラント船長が発明したもので、ロンドンで行った専門家の試射実験の結果これまでのものより性能が良いことが分かったという。すなわち、従来の大砲に比べて重量が4分の1だけ軽く、射程が伸び、火薬を3分の1だけ節約できる、ということである。

　次はフランスから鉄製の蒸気船の進水のニュースである。「フランスの鉄製の蒸気船」(1845年第47号)によれば、セーヌ川沿いの造船所で螺旋型のスクリューを備えた鉄製の蒸気コルヴェット艦「シャプタル号」が進水したということである。この船はこれまでにフランスで建造されたなかで最大の鉄製の蒸気船で、長さは56メートル、幅は9.4メートル、高さは6メートル、喫水は3.6メートルである。これと同じコルヴェット艦が現在ツーロンでも建造されているという。

　英国海軍の蒸気船(軍艦)建造の歴史については、前にもあげた杉浦昭典『蒸気船の世紀』がくわしい。それによると、1845年秋、英国海軍は帆走軍艦276隻に対して大砲搭載の蒸気軍艦37隻で、蒸気軍艦はほとんど外車で、スクリュー艦はただ1隻であった。帆走艦から汽走艦への転換はフランスの方が英国より約2年早かったが、蒸気軍艦の必要性が広く認められたのはクリミア戦争(1853-56年)以降ということである(同書、263-266ページ)。

(6) ロシアと米国の艦隊

英、仏に次ぐ第3の海上勢力はロシアであった。ロシアについては蒸気船の数字がある（「ロシアの蒸気船航行」1844年第49-50号）。この記事によれば、最初の国有蒸気船は1816年にイショラの工場で建造された「シュネレ号」で、32馬力であった。バルト海の艦隊（「バルチック艦隊」）には現在32馬力から540馬力までの17隻の蒸気船があり、そのうち6隻が蒸気戦闘艦である。これに続いて3隻が建造中だという。黒海の艦隊には13隻の蒸気戦闘艦があり、そのうち5隻は海港用である。カスピ海の艦隊には4隻の40馬力の蒸気戦闘艦がある。ネヴァ川はロシアで蒸気船が最初に就航した川で、現在ではヴォルコウ、デュナ、ドニエプル、プリピャチ、カマの諸河川に国有、民有の蒸気船が就航している。シベリアでも今年蒸気船が就航している。

黒船が来た米国はどうだろうか。「アメリカの艦隊」（1844年第1号）によれば、戦闘艦11隻、フリゲート艦15隻、戦闘用小型帆船17隻、グリッグ船（横帆装置の2檣帆船）8隻、スクーナー船（縦帆の2檣帆船）8隻、蒸気船5隻、輸送船3隻で、乗組員は船長68人、艦長96人、士官ほか332人である。俸給の金額も記されている。船長は海上で4,000ドル、他の仕事があれば（anderwärts beschäftigt）3,500ドル、何も仕事がなければ（gar nicht beschäftigt）2,500ドル、艦長はそれぞれ2,500ドル、2,100ドル、1,800ドル、士官は1,800ドル、1,500ドル、1,200ドルであった。

もう1つの「アメリカの艦隊」（1844年第4号）は、上の記事と多少数字が違っているが、軍事省の最近の報告だとして、次のように述べている。それによれば、現在、艦船76隻で、その内訳は三層甲板の船1隻、戦闘艦9隻、フリゲート艦15隻その他で、蒸気船は8隻にすぎない。そのほか戦闘艦4隻とフリゲート艦2隻が建造中だという。艦隊の配置は本国沿岸に16隻、mittelländische Meer（地中海？）に9隻、アフリカ沿岸に7隻、ブラジル沿岸に7隻、太平洋に10隻、東インド洋に6隻、湖水に蒸気船1隻となっている。

ちなみに、ペリー提督の率いるアメリカ艦隊は東インド艦隊の4隻で、「サスケハナ」号と「ミシシッピ」号は外車推進の蒸気軍艦（汽走フリゲート艦）、「サラトガ」号と「プリマス」号は帆走軍艦スループ（帆走コルベット艦）であった。

　最後に、「新しい商業路」（1848年第23号）を、長い記事ではないので全文紹介しよう。「北米ではすでに、太平洋と大西洋とを鉄道で結ぶことによって新しい商業路を建設するプロジェクトが始まっている。［大西洋岸の南部にある］サヴァンナとチャールストンからミシシッピ河畔のメンフィスまでは、すでに鉄道路線の完成が期待されている。メンフィスから太平洋岸のモンテレーかサンディエゴまでは1,500マイルで、その鉄道は採算がとれるであろう、この鉄道が将来ヨーロッパと北米の清国との交通に役立つことは別としても、この鉄道にはサンタフェとメキシコへ向かう隊商貿易がすべてこの鉄道輸送になるのだから。サンディエゴかモンテレーから日本までは、チャールストンからリヴァプールまでより遠くなく、アリューシャン列島かフック諸島がそのほぼ中間で都合のよい石炭の積み込み地となれば、蒸気船でそれだけ早く行くことができる。アリューシャン列島に1日停泊するとして、上海までの航程は26日になるであろう。清国からロンドンまでこの経路で通信と商品は45日で届くようになるであろう」。

　米国で最初の大陸横断鉄道が完成したのは20年ほど後の1869年（スエズ運河が開通した年）であるが、前掲の杉浦氏の著書（288ページ）によれば、郵便蒸気船総監という職に就いていたペリーがワシントンに呼び出されて日本遠征に向けての調査を命じられたのは、この記事の2年後の1850年のことであったということである。

(7) ゆりかごのなかのドイツの艦隊

　リストはドイツ人の政治的・経済的国民統一という大目標を掲げていたが、それを達成するためには「国民的貿易政策」を実行して世界商業へ参入することが必要だと考えていた。国内工業の保護関税とならんで、ドイツの造船と海

運の振興、海事法や航海条例の制定、領事館の設置、差別関税の採用などの提案が『新聞』に載っている。

前に述べたように、リストは『新聞』の創刊第2号に「ドイツの船旗」(1843年第2号) を発表して、北ドイツの諸国とハンザ都市が共同のドイツの旗 (船旗) を制定し、その旗を掲げて航行するドイツの船と船員を共同して保護することがドイツの海運と貿易の発展に重要である、と力説した。この論文に続いて、第7号に発表したのが「ゆりかごのなかのドイツの商船隊 (艦隊？ Flotte)」(1843年第7号) である。第2号に発表した「ドイツの船旗」と同じく短編であるが、持論である「国民的貿易政策」や「ドイツ人の国民的統一」を見据えて海運の振興と護衛艦の必要とを述べた論文である。

第2号の論文で述べたように、北ドイツの諸国とハンザ都市の船がドイツの旗を掲げて航行することになれば、緊急の事態に備えてそれらの船と船員とを共同して守るドイツの護衛艦が必要になる。現にプロイセンは16 (14？) 門の大砲を備えたコルヴェット艦「アマゾン」号を建造し、オーストリアも「エルヴィン・ヴェネツィア」号を持っている。「アマゾン」号ではデンマーク人の艦長の指導のもとにバルト海で、時には大洋 (北海か？) へ出て、航海練習生の実習を行っている。共同でドイツの護衛艦をもつためには、北ドイツの諸国とハンザ都市が関税同盟に加盟し、陸軍の分担金のように海軍の分担金を連邦諸国が拠出するのがよい。また、護衛の軍用船について、平時には外国との定期航路に就航するが、緊急時に対処できる装備を備えた蒸気船隊——2隻のフリゲート艦と数隻の蒸気船からなる——を作る、という『バルト海新聞』(『バルト海取引所報』？) の提案を合理的であるとして紹介している。

平時には商船、緊急時には軍艦にもなる両用船を建造する、という提案はアルトナの造船業者からも出ていた。「ドイツの海上勢力、商船を訓練して軍艦に活用する提案 (アルトナの造船業者 J. アンドレーセン・シーメンスによる)」(1843年第35号) は、シーメンスの小冊子の詳しい紹介である。シーメンスは1843年に、この小冊子のほかに、『北海の箒 (ほうき); ヘルゴーランドの水先案内が差し止められ、北海の航行が危険だ! 改革を』というもう1冊の小冊子

を出している。リストは、これら2冊の小冊子の出版は外地ハンザの成立につぐ関税同盟の重要事件であり、この冊子の第一印象はドイツの海運と海運政策の改革についての適切な提言で、根本的な考えは商船の一部を軍艦用に犠装することだ、と述べている。「アルトナの愛国的造船業者アンドレーセン・シーメンスと彼の著書」(1843年第31号)。

さて、第1の小冊子『ドイツの海上勢力』であるが、その紹介に入る前に『新聞』の編集者(リスト)がこれを書いた勇者の心情について力強い前書きをつけている。自分の力を公共の利益に捧げようというこの1人の造船業者はラッパを吹きならす100人のパリサイ人に匹敵する。公共の新聞紙上で「ドイツの海事幻想」を嘲弄する声に憤激して、われらの巨匠は筆をとっている、と。

この論説の結論部分ではシーメンスの提案の主要な考えを次のように述べている。ドイツは現在まだ外国から一目置かれるほどの艦隊をもっていないが、「共同の旗」を採用して海上での勝手な攻撃や暴力行為から護らねばならない。そのための方策は緊急の場合に艦隊となる商船隊の利用である。すなわち、平時には商船として、戦時には小軍艦として役立つ高速船を建造することである。こうした船を建造し維持する者に対しては補助金を出し、補償の準備も必要であろう。これは、海上貿易とドイツの旗とを必要な場合に保護する方策であるばかりでなく、――北米人がいままさに大規模な実験を行っている天才エリクソンの新発明(螺旋状のプレイトのついた推進機)と結びつければ――どんな専制的な優越に対しても海の自由を主張する最も有効な方策である*。

* エリクソンは米国海軍の最初のスクリュー艦「プリンストン」号(1842年10月着工、43年9月進水、排水量954トン)を設計した。杉浦、前掲書、270ページ。

(8) ドイツの艦隊計画(1848年)

このように、リストは『バルト海新聞』やシーメンスの提案に賛成して、平時には商船、緊急時には軍艦となる蒸気船隊をドイツ連邦諸国が共同で建造することや、フランクフルトa. M.に連邦海軍委員会を設置してドイツの艦隊建造の費用を連邦諸国が分担することを提言したが、彼の没後、三月革命の時代

になると、国民議会の決議を受けてドイツの艦隊計画が実際に議論された。以下では、1848年の『新聞』から4編をとって、その議論のあらましをみよう。

「艦隊の費用――北海から――」（1848年第25号）は、6月8日の国民議会の海軍委員会でv. ラドヴィッツ氏が艦隊建造のために600万ターラーを連邦議会に要求すべきだ、と報告したことを伝えている。600万ターラーの内訳は、2隻のフリゲート艦の建造に90万、4隻のコルヴェット艦に90万、2隻の大型戦闘蒸気艦に80万、4隻の小型蒸気艦に120万、200隻の砲艦に140万、そして78万は港湾と兵器廠の建設に当てる、というものであった。この論説は、ドイツが艦隊の建造と乗組員の養成を進めて10年後には一流の海上勢力となる必要を認めているが、その上で、v. ラドヴィッツ氏の提案を次のように批判している。第1に、フリゲート艦とコルヴェット艦は必要だとして、蒸気艦は少なくとも2倍の数を建造すべきである、第2に、港湾（砲台工事も）と兵器廠の建設に78万ターラーでは余りに少なすぎる。これではほとんど役に立たない。第3に、フリゲート艦とコルヴェット艦の建造費は高く見積りすぎている。英国でさえ戦闘艦に大砲を含めて1,000ポンド（ス）と計算している。ドイツの造船所ではフリゲート艦1隻は35万ターラーを超えないであろう。

「ドイツの艦隊制度」（1848年第26号）では、ドイツの艦隊はアメリカの制度（システム）を採用すべきだという、ウィーン出身のメーリング大尉の主張を紹介している。米国には艦船の数では英国に対抗する資金も時間もないが、小型の船に大型の船に劣らない能力を与えるという原則から、次のような実験を進めている。すなわち、大型船以上の機動能力と物理的強さ、つまりすぐれた大砲と砲弾を備えた小型船を建造することである。ストックトン船長と技師エリクソンが開発したこのシステムの手本となるのはフリゲート艦プリンストン号である。機動能力にすぐれた小型船は大型船の最も弱い部分を襲うことができる。水面より下に蒸気機関をつけ、上に述べた技師エリクソンが発明した推進機をつけた帆船はこれに適している。

第2の物理的強さは敵の船より遠くから、破壊力の強い砲弾を発射することで、北米人はそのために距離測定機を使って簡単に照準を合わせ、装填すべき

火薬の量を知り、自動的な「ちょうつがい」で大砲の向きを調整する方法を開発した。その実験は驚くべき結果を示した。最後にもう１つ、費用の安いことを付け加えたい。メーリング氏は前号で述べた v. ラドヴィッツ氏の提案に代えて、３隻のフリゲート艦と12隻の蒸気船（うち２隻は500馬力、10隻は250馬力で「プリンストン」号の型）を合計415万ターラーで建造すれば、185万ターラー（提案の2.37倍）を軍港、埠頭、沿岸防備に当てることができるという。メーリング氏のこの計画が世間の注目を集めることを望む。

「ドイツの艦隊の大きさ」（1848年第27号）は、ドイツの海軍は将来３つの海（バルト海、北海、アドリア海）に配置されて、課題を果たすことができる大きさが必要だという。バルト海ではロシア、スウェーデンと張り合って、ズンド海峡とベルト海峡が制圧されてバルト海がロシアの海になるのを防がねばならない。北海はドイツの世界貿易への出発点であり根拠地である。北海沿岸には軍港に適した場所があり、そこはドイツの艦隊の最大の投錨地でなければならない。東方（オリエント）におけるドイツの役割を考えれば、アドリア海に艦隊が配置されることは当然である。『ウィーン新聞』もドイツがイストリアのポーラに堅固な足場を築くのがよい、と述べている。

「２つのくわしい艦隊計画」（1848年第28号）は、「海事文献が日に日に増えているのは望ましい」と始まって、最新の意見のなから２つの意見を取り上げている。１つはプロイセンのアダルベルト王子の意見で、ドイツが沿岸防備だけに限るか、同時に攻撃＝防御を考えるか、自立的な海上勢力として英、仏、ロ、米と肩を並べるか、３つの場合について述べている。第１の場合には、北海に40隻の砲艦とバルト海に80隻の大砲を搭載したスクループ船でよい。第２の場合には、６隻のフリゲート帆船と12隻の蒸気フリゲート艦からなる１船隊をこれに加える。第３の場合には、最小限20隻の戦闘艦、10隻のフリゲート艦、30隻の蒸気艦が必要であろう。王子は続けて、列強と肩を並べる艦隊を作るには、十分な数の乗組員の養成が必要で、そのためには、すべてのドイツの海員に対して平時には商船隊で業務に励むが、戦時には艦隊勤務を義務づけるのがよい、という。この論説の筆者は、6,000人の幹部海員だけでなく、すべての若い海

員に１年か２年の艦隊勤務を、沿岸住民にも防御訓練を義務づけることを提案している。

　もう１つは上に述べたシーメンス氏の提案である。氏が平時には商船、戦時には武装する高速船の建造を提案したのは、ドイツが分裂状態にあることを憂えたからである。しかし、統一がまさに実現しようという現在では、両用のフリゲート艦のほかに戦闘艦隊の建造も必要であろう、と補足している。

3．植民（国外移住）

（1）脚光を浴びる植民（国外移住）問題

　はじめに、「国外移住協会」（1843年第21号）から『フランケン通信』紙の論説を、少々長いが引用させていただこう。

　「現在、すべての国々で国外移住にますます注目が集まっている。母国の貿易と工業のために、また、文明化したヨーロッパで広がっている大衆貧困の防止策としても、国外移住の重要性がどの国でも当然のこととして承認されている。なかでも英国は包括的な植民制度を目指している。英国では政府と議会が国外移住のために［4年間］総額で2,000万ポンド・スターリング（年500万ポンド・スターリング）を支出する計画を実行しようとしており、しかも母国はのちに、その工業製品を植民地にもっと大量に販売することで、また、原料を植民地からもっと大量に獲得することで、この支出に対して100倍もの代償を得ることになるだろう、と計算している」。

　論説はさらに続く。「この計画を推奨している英国の新聞は、これによって英国は［経済的に］ヨーロッパ大陸から完全に独立するであろう、言いかえれば、粗生産物に対する需要をすべて自国の植民地から入手し、ヨーロッパ大陸との貿易を英国の製造品の輸出に制限するようになるだろう、と述べている。英国政府が以前からこの目標を目指していたことを、われわれはすでに早く個々の事実から明らかにしてきた。［製造品と農産物との］相互の交換を中止して、英国人がドイツに大量に持ち込む商品に現金でのみ支払うようになることを望まないのなら、ドイツはこの点に十分注意を払うのがよいであろう」（圏点は原文ゲシュペルト）。

　この『フランケン通信』紙の論説が述べているように、19世紀半ばにはヨーロッパ諸国で「植民」（「国外移住」）に強い関心が集まっていた。特に、経済大国の英国は、経済的にヨーロッパ大陸の国々に依存することなく、植民地の

開発を進めて本国と植民地とを一体とした「独自の世界」(「帝国経済」) を構築しようとしていた。もはや、「諸国民のなかの1国民」(「優越国民」であるとしても) ではなく、英国自身が「1つの独自の世界」になろうとしているのである。ヨーロッパ大陸の国々、たとえばドイツからみれば、これまでのように製造品の輸入と引換えに英国へ穀物や羊毛や木材を輸出することができなくなり、現金で支払う（正貨の流出）ことになる。『関税同盟新聞』には、こうした状況に対する警鐘と政策転換を求める論説がたくさん掲載されている。

「英国がこれまでの貿易・植民地政策を変更して、小麦をカナダから、羊毛をオーストラリアとインドから、亜麻と大麻をニュージーランドから入手するようになれば、ドイツから英国への穀物、羊毛、木材などの輸出は減少し、この輸出に依存する北部や東部の農・林業、ひいては関税同盟の経済は深刻な影響を受けるであろう」。『エクザミナー』紙によれば、英国の植民地からの輸入額は過去10年間に6倍半にふえ、この勢いが続けば1851年には1億ポンド・スターリング（現在の諸外国からの輸入額の2.5倍）になる。綿花を米国から、羊毛と穀物をドイツから、生糸をイタリアから買いつけていたのを中止して、これらの諸国を安い英国製品で氾濫させたらどうなるのか。このリストの警鐘を読めば、これ以上説明を加える必要はないであろう*。

* 前段の引用は『新聞』発刊の前年（1842年）秋、「ドイツ農・林業者大会」で提出された動議の一部、「『エクザミナー』紙によれば」以下は『新聞』の創刊号（1843年第1号）の巻頭論文の一部。諸田『晩年のフリードリッヒ・リスト』（有斐閣、2007年）132-134、140-142ページを参照。

上に述べた『フランケン通信』紙の論説は「国外移住協会」の記事の後半に載っているが、この記事の前半では、ナッサウ公やライニンゲン侯を含む24人の君主と高位の貴族とが国外移住協会（「テキサス移住協会」か？）を設立し、2人の代表がテキサス共和国の代表と会談して帰国したこと、テキサスはメキシコとの戦争が続いていて治安が良いとはいえないこと、ガーゲルン男爵やアンドレー博士のような識者はブラジル、特にブラジル南部がドイツ人の入植（植民）にとって最適地だと述べている、などとある。ちなみに、「テキサス移

住協会」(1844年第24号) によれば、この協会が設立されて活動を始めた頃、ニューオーリンズのフランス領事から内務大臣に宛てて、移住者の悲惨極まりない実情を伝えてテキサスへの移住を中止するように要請する報告が届いたという。東欧や南ロシアへの移住の場合にもそうであるが、当時の移住者は「地獄の苦しみ」を味わうこともあった。

(2) 「北米への移住について」(1843年第30号付録、第31号)

少し古い統計であるが、ヴェンドラーによれば、1982年の統計では合衆国の市民の28%が人種的には多かれ少なかれドイツ系で、ドイツ系アメリカ人は2番目に大きなethnic groupであるということである。米国へ移住したドイツ人は700万人から800万人といわれるが、その大半は19世紀に経済的な理由から移住を余儀なくされた人たちである。もっとも19世紀初めまではドイツの農民の移住先は圧倒的にロシアと東欧であった。1816、17年に大凶作のために北米への移住者が急増し、その後30年代後半から増加を続け、ドイツの国外移住の画期といわれる40年代には北米への移住が圧倒的に多かったようである。リストも「農地制度論」(1842年)のなかで「最近のドイツでは国外移住の流れはまったく例外なしに北アメリカに向かっているので……」と述べている。1835-1914年には北米への移住者が国外移住者全体の81-96%を占めていたという (桜井健吾『近代ヨーロッパの人口と経済』ミネルヴァ書房、2001年、第3章)。

見出しの「北米への移住について」は、バーデン大公国 (西南ドイツ) のアーデルスハイム地区の役所がニューヨーク領事からの報告にもとづいて公示したものである。アイルランドもそうであるが、零細農業と農地の細分化が蔓延していた西南ドイツに、農地を捨てて北米に移住する者が多かった。この公示のなかに、移住を希望するバーデンの農民に北米への渡航地に適した港と渡航費用を説明した部分がある。

① アーブル: 毎週1隻郵便船 (Packetschiff) がニューヨークへ出航。フランスを通る道はバーデンの移住者にとって最短、上記の船は快適で、

表3-1 アーブル経由

マインツまでの旅費と食費（宿泊費）	6グルデン
マインツからロッテルダム経由アーブルまで	30グルデン
ロッテルダムとアーブルでの食費（宿泊費）	5グルデン
アーブルからニューヨークまで	46グルデン
食料その他	20グルデン
合計	107グルデン

表3-2 ブレーメン経由

ブレーメンまでの旅費と食費（宿泊費）	25グルデン
ブレーメンからニューヨークまでの食事つきの運賃	50グルデン
合計	75グルデン

船員は熟練。

② ブレーメンかハンブルク：両港での乗船はもっと長い旅になり、余り賢明ではない。両港の郵便船は安全だが、長くかかる。

③ アントウェルペンからの旅は大部分アメリカ船で、安全とはいえず、長くかかる。

そのあとに、次のような注目すべき注意が記されている。自宅や港へ行く途中でアメリカ行きの渡航契約を結ぶことができる。だが、その際にアメリカでの上陸地から内陸への交通費を前払いしたり、それについて約束したりすることに、移住者は注意すべきだ*。瞞されないように、というのだろう。

* 「北米とヨーロッパとの間の民間郵便事業の提案」というメモ（1839年頃）が残っている。当時、北米にいた150万人以上のドイツ人——大部分は南ドイツの出身者——は相続などの用件でドイツと連絡する場合に「いかさま師」("Neuländer")の斡旋業者に頼るほかなく、ドイツからの手紙を受け取るだけのために1ドゥカートを支払わねばならなかった、ということである。

そして、ドイツのほぼ中央部にあるバンベルクを出発地としてそこからニューヨークまで、大人1人の渡航費用を表3-1、表3-2のように比較している。

3. 植民（国外移住） 75

表3-3　4つの町の例

目的地	旅費	荷物の料金	日数
ニューヨーク州バッファロー	3.50	100ポンド以上90セント	6日
ミシガン州デトロイト	7.00	1.5	9日
オハイオ州クリーヴランド	6.50	1.4	8日
イリノイ州シカゴ	12.00	2	13日

注：旅費の3.50は3ドル50セント、2歳以下は無料、2-12歳は半額。

　ブレーメン経由の方が32グルデンやすく、家族5人とすれば160グルデン（約61ドル）となる。これは北米なら45エーカーの土地を買うことができる金額である。どちらのルートも安全だが、アーブル経由は最短、ブレーメン経由は時間はかかるが安い、ということであろう。

　また、公示のなかに、移住者が船会社の偽代理人の口車に乗せられて被害にあった実例が示され、ニューヨークへ着いてから内陸の目的地までの交通費を瞞されて前払いするな、という注意があった。移住者に注意を促すためであろう、同じ第31号には「ニューヨークからアメリカ合衆国の内陸部への旅行の値段と条件」という一覧表が載っている。29の内陸の町までの旅費と荷物の超過料金と日数の標準を記した表3-3である。4つの町だけあげよう。

　その他の細かい規定は省略するが、最後に、渡航は4月半ばから10月末までとある。

　北米へ移住したドイツ人のなかには、成功して「アメリカの入植地に新しい祖国を見いだした」者もいたが、「100人のうち90人は資力と語学力と仲間がいないために移住したことを後悔し、この先悔恨と困窮の生活しかないと悲嘆の生涯を送っている」という状況であった、といわれる。

　東欧への移住者にも明暗があったことは、「黒海からの通信」（1843年第36号）の見出しをみただけでわかる。「レヴァント地方のドイツ人の間に関税同盟新聞が広まっていること——ブルガリアの自然はドイツ人移住者にとってすばらしい国——ベッサラビアとボドリアにおけるドイツ人移住者の困窮——だれもがブルガリアへの移住を望んでいる——この決定の実行は当局によって移住者に厳しく妨げられている——ある……副領事は移住者から残りの現金を奪った

——ガラーツにおける貧困——ブルガリアにおける彼らの追放と一部の者の悲惨な没落——生き残った者はワラハイ人ボヤール（地主）の奴隷に零落している——期待と希望、シリストリア、1843年8月」**。

　**レヴァント地方は地中海東部、西アジア、ベッサラビアは黒海の北西岸、ドナウ川河口地域、ボドリアはモルダウ川の北、ポーランド南部地域、ガラーツはドナウ川とプルス川の合流するモルダウとワラハイの境界の町、シリストリアはワラハイにあるドナウ川の港。

「移民法」（1847年第13号）は、監獄や救貧院や病院の入所・入院者を北米へ送る無分別に対して、厳しい規制が検討されていると伝えている。定員以上の移民を乗せた船長には50ドルの罰金か1年間の禁固、20名以上超過の場合には船を没収、所持金の不足や道徳的・肉体的欠陥のある者を送還する義務を課す。「犯罪人の移住に反対する措置」（1847年第8号）も不当な移民を制限する措置である。

なお、「カリフォルニアへの移住」（1845年第52号）は、北米内の移住であるが、「近年、自由諸州できわめて盛んな」カリフォルニアへの移住について、『リトゥルロック新聞』の記事を紹介している。移住隊のリーダーを務めるリービット氏から来年4月1日にナポレオンとアーカンサスへ入る移住隊の参加者への勧めである。移住者が携帯すべきものは、性能のよいライフル銃1丁、16ポンドの霰弾か鉛の銃弾、4ポンドの火薬、2頭の馬、1台の荷馬車、8匹の家畜、1張りのテント、その他だという。ナポレオンは現在ノースダコタ州、アーカンサスは現在カンサス州にある。

（3）英国の植民地は世界中に71

「英国の植民地概観　州区分、領域、人口……に関して」（1843年第22号付録）は、当時の英国の植民地71（州区分による数）について、それぞれの面積、人口、軍事力、財政（収入と経費）、1人当りの税金（Abgabe）、海上貿易額、輸出入トン数、財産（年産額と動産・不動産）、特産物を記した4ページの一覧表（表3-4）である。出典は記してないが、M. マーチンの『植民雑誌』か

表3-4　英国の植民地

	面積	人口	軍事力	収入	経費	海上貿易額	年産額	動産・不動産
ヨーロッパ	1,222*	347,688	9,016	287,360	635,160	4,760,000	3,550,000	19,200,000
アジア	511,090	101,420,162	186,370	20,480,000	20,620,000	22,870,000	308,500,000	1,128,000,000
オーストラリア	474,002	236,800	2,911	457,500	795,500	3,916,500	1,356,000	7,655,000
アフリカ	200,803*	310,668	6,312	426,000	662,000	3,274,000	5,685,000	43,200,000
北米	754,577	1,530,400	210,750	499,000	1,076,000	9,611,000	43,850,000	257,100,000
南米	165,150	103,529	7,850	120,000	183,000	3,981,000	5,000,006	29,000,000
西インド諸島	12,864	711,058	33,490	698,700	1,188,000	8,261,000	18,264,000	236,000,000
合　計	2,119,708	104,708,323	453,199	22,990,160	24,998,660	55,533,500	387,955,000	2,443,150,000

注：単位は、面積：平方マイル。収入、経費、海上貿易額、年精算額、動産・不動産額はポンド・スターリング。なお、
　　1人当り税金、輸出入トン数、特産物は省略した。
　＊：3/4が入る。ヨーロッパは1,222 3/4である。

ら転載したのではないだろうか。

71の植民地は次のとおりである。

　　ヨーロッパ：11（ジブラルタル、マルタ、ゴゾ、コルフ、ケファロニア、
　　　　　　　ツァンテ、サン・モリッツ、イタカ、セリゴ、パロ、ヘルゴー
　　　　　　　ランド）

　　アジア：10（ベンガル、アグラ、ガンジス川左岸、マドラス、ボンベイ、
　　　　　　　セイロン、ペナン、ウェレスレー州、マラッカ、シンガポール）

　　オーストラリア：5（ニュー・サウスウェイルズ、ファン・ディーメンズ
　　　　　　　ランド、スワン・リヴァー［ウェスト・オーストラリア］、
　　　　　　　サウス・オーストラリア、ノーフォーク島）

　　アフリカ：13（喜望峰、モーリシャス、セイチェルス、セント・ヘレナ、
　　　　　　　アセンション、シエラレオネ、ザンビア、キュスト・カステル
　　　　　　　岬、アクラ、ディクス・コーフェ、アンナマボエ、フェルナン
　　　　　　　ド・ポー、アデン）

　　北米：8（低カナダ、高カナダ、ニュー・ブルンスヴィック、ニュー・ス
　　　　　　　コットランド、ブレトン岬、プリンス・エドワード島、ニュー・フ
　　　　　　　ァンドランド、ハドソン湾地域）

　　南米：5（デメララ、エセキボ、フェルビセ、ホンジュラス、フォークラ
　　　　　　　ンド諸島）

西インド諸島：19（ジャマイカ、カイマンズ、トリニダード、トバゴ、グラナダ、セント・ヴィンセント、バルバドス、セント・ルチア、ドミニカ、セント・キッツ、モンテセラト、アンティグア、バルブダ、ネフィス、アンギラ、トルトラ及びヴァージン諸島、ニュー・プロビデンス、バハマ、セント・ジョージ及びベルムダス諸島）

面積、人口……の項目については、紙数の関係もあり、7つの地域のそれぞれの合計を記すことにする。

多少の説明を加えると、①アフリカについては不明の個所が多い。②面積が広いのはアジアではベンガルとマドラス、オーストラリアではサウス・オーストラリア、北米ではハドソン湾地方と低・高カナダ。③人口が多いのはアジアではベンガル、アグラ、マドラス、北米では低・高カナダ、西インド諸島ではジャマイカ、バルバドス。④収入が多いのはアジアではベンガル、アグラ、ガンジス川左岸、オーストラリアではニュー・サウスウェイルズとファン・ディーメンズランド、アフリカでは喜望峰、モーリシャス、セイチェルス、西インド諸島では断然ジャマイカ。⑤1人当りの税金ではホンジュラスが断然多く、ニュー・サウスウェイルズ、ファン・ディーメンズランドが続く。⑥海上貿易額が多いのはアジアではベンガルとボンベイ、オーストラリアではニュー・サウスウェイルズ、アフリカではモーリシャスと喜望峰、南米ではエセキボ、西インド諸島では断然ジャマイカで、バルバドスがそれに次ぐ。⑦年産額が多いのはアジアではベンガルとアグラが突出し、北米では低カナダと高カナダ、西インド諸島ではジャマイカが群を抜いている。

全体として、植民地収入、海上貿易額、年産額、動産・不動産額の数字から見て、アジアの植民地、特にインドの6植民地（収入は2,042万ポンド：88.8％、海上貿易額は1,950万ポンド：35％、年産額は3億0,800万ポンド：79.4％、動産・不動産は11億2,000万ポンド：45.8％）の重要性が明らかである。

『新聞』の創刊号の論文「英国経済（学）の国民的体系とドイツの農業」(1843年第1号）によれば、英国の植民地の面積は、未開の土地を含めずに、フラン

スの10倍、人口はドイツ、フランスの3-4倍、ロシアに匹敵するという。ドイツ、フランス、ロシアの本国の人口と比べているのであろう。

表3-5 4つの植民地の耕作地と奴隷数

マルチニック島	1万8,763ヘクタール	3万5,308人
ガダルーペ	2万3,505	3万5,520
ガーナ	1,363	3,489
ブルボン	2万2,977	2万5,715

　ちなみに、「フランスの植民地の最新の統計」(1843年第20号付録)によれば、アメリカ、セネガル、ブルボン島、東インドの植民地の人口(1840年1月1日)は55万5,525人、マルチニック、ガダルーペ、ガーナの奴隷数は1833年より1万2,000人減って24万9,500人、すべての植民地で6万0,508ヘクタールに甘蔗が栽培され(1839年)、9,081万4,666キロの砂糖が生産された(1841年)。1834年より670万キロほど減少している。本国の製品の植民地への輸出は5,191万9,815フラン(1830年)、植民地からの輸入は7,481万319フランであった。もう1つ「フランスの植民地」(1843年第51号)は、発表されたばかりの海軍省の資料にもとづいて、1840年のフランス植民地の人口を56万0,515人、解放された奴隷の数を1987人と記している。4つの植民地の耕作地と奴隷数は表3-5のとおり。

　英国へ話を戻すと、前にも述べたが、『エクザミナー』紙(1842年6月11日号)によれば、英本国の植民地からの輸入額は1831年の254万1,956ポンド・スターリングから41年の1,649万8,885ポンドへと10年間で6倍半、これが続けば1851年には1億ポンドになり、現在の他の諸国民からの輸入額4,000万ポンドの2倍半になる。

　リストは、パリで『国民的体系』を書いていた頃から英国の貿易・植民地政策の変化に気付いていたと思われるが、1842年の「動議」と「草稿」、43年の創刊号の論文でこの問題を取り上げて明確に論じた。「世界主義のシステム」から「植民地システム」へ、この英国の政策の変化は、最近の英国の新聞・雑誌・議会議事録がこれを証明し、ピールの関税率が証明し、この「植民地システム」の構築を唱える学派が形成されて、マカロックを中心とする「世界主義」

の一派より優勢であることがこれを証明している、とも述べている。「英国の経済学者」のクラブの有力なメンバーであり、熱烈な世界主義者であったトレンズ大佐が「これまでの偶像崇拝を祖国愛の祭壇に誓って破棄したばかりか、新しい信仰告白を儀式どおりに告白した」というマーチンの言葉を引き合いに出して、「熱烈な世界主義者」から「植民地システム」学派への「トレンズの改宗」に注目している。

なお、リストはこの英国が目指す帝国経済を表すのに、まだ確定的な言葉がないのでと断って、「植民地・農業システム」「本国・植民地・保護システム」「植民地システム」の三通りの名称を使っている。

(4) 開発が始まったオーストラリア

英国の植民地のうち最も重要なインドは、18世紀から東インド会社の支配が続いていた。これに対して、開発が始まったばかりの、しかも将来に大きな発展の可能性をもっていたのはオーストラリアであった。上記の71の植民地の一覧表でオーストラリアの5つの植民地をインドの6つの植民地と比べると、面積ではむしろオーストラリアの方が広いのに、人口はインドの0.3％にも及ばず、収入も2％を超える程度である。特産物としては羊毛、建築用材、油、獣皮、ゴム、石炭などが記されている。

オーストラリアは17世紀の初めにオランダ人によって発見された。英国人では、クックが1770年にオーストラリア東海岸に上陸してその地をニュー・サウスウェイルズと命名したのが最初である。その後、ニュー・サウスウェイルズ（1788年）を皮切りに、タスマニア島（ファン・ディーメンズランド、1803年）、ニュージーランド（1814年）、クィーンズランド（1825年）、ウエスト・オーストラリア（1826年）、ヴィクトリア（1834年）、サウス・オーストラリア（1836年）と、植民地の建設が進んだ。「ニュー・サウスウェイルズとドイツ」（1843年第48号）に、『シドニー新聞』の記事を引いて、「人口13万人たらずで、そのうち半数が囚人のこの植民地」と記されているように、当初は囚人の流刑地という色合いが濃かった。

そういえば、リストは1825年にドイツ（ヴュルッテンベルク王国）を追放されて北米に渡

表3-6　牧畜と農耕

羊の数	1840年：24万2,239頭→1841年：31万7,408頭
小麦の耕作地	1840年：915エーカー→1841年：4,666エーカー

ったが、この時に政府は最初リストをオーストラリアに追放しようとした、ということである。もしそうなっていたら、その後の歴史も少し変わっていたかもしれない。少なくとも、リストが国民経済学の構想を宣言した「アメリカ経済学概要」（「アメリカ体制」）や運河と鉄道の重要性を述べている「北米通信Ⅰ、Ⅱ」は書かれなかったであろう。その代わり、リストのオーストラリア論が生まれていたかもしれない。

　植民（移住）と開発が始まるなかで、オーストラリアが注目されたのは、特に南オーストラリアが羊毛の一大生産地として発展する可能性であった。

　「南オーストラリア　牧畜と農耕」（1843年第4号）は1840年と41年の羊の数と小麦の耕作地面積とを、表3-6のように伝えている。有角家畜と馬の数、大麦・燕麦・とうもろこし・じゃがいもの耕作地の面積もあるが省略する。

　「オーストラリアからの羊毛輸入への新たな期待」（1843年第15号）はポート・フィリップからの最新のニュースとして、牧羊に最適の土地が発見されたことを伝えている。この土地は南オーストラリア州グレネルク川の右岸の長さ90マイル、幅30マイル、200万エーカーを下らない土地でそこは天然のパークで草が豊かに成育し、水流もある。ポート・フィリップではすでに牧羊業の準備が始まっている。

　「ファンディーメンズランド　潅漑」（1843年第1号）も、オセアニアの植民地の羊毛生産が今後これまでのようには発展しないだろう、と考えるのは大間違いだという。それは、牧場用の土地が広大で、しかも大規模な潅漑が始まっているからだ。ストレリスキー伯爵から州の総督に当てた手紙には、英国人の移民が潅漑の効果を知って大規模な潅漑に成功し始めたことを伝えている。マッケローでは貯水池が作られて、数百エーカーの土地に水を供給することに成功したということである。潅漑がこの植民地の牧羊と農業を今後も大きく発展

させるであろう。

「英国の羊毛輸入」（1844年第16号）は『植民新聞』の報道として、急増する植民地からの羊毛の輸入量を次のように伝えている。

オーストラリアからの羊毛輸入量は1822年には17万3,000ポンド（重）を超えていなかったが、1842年には1,295万9,671ポンドと20年間に約75倍にふえている。1820年以前には植民地からの羊毛の輸入はなかったのに、1842年の英国の総羊毛輸入量4,550万ポンドのうち1,850万ポンド（約41％）が植民地からの輸入である。この植民地からの輸入量1,850万ポンドのうち、875万ポンドがニュー・サウスウェイルズから、350万ポンドがファンディーメンズランドから、75万ポンドが南オーストラリアからで、インドから400万ポンド、喜望峰植民地から125万ポンドである。「明らかに、植民地産の羊毛が英国市場から他の諸国［の羊毛］を駆逐している」*。

* この「雑録」欄の記事には、ボンベイからの羊毛輸入が1842年に1,424万6,083ポンドであるとか、1836年には総輸入5,800万のうち650万が植民地産であったが、1842年には総輸入2,750万のうち1,850万が植民地産である、という数字もあって、上記の輸入量と一致しない。

羊毛だけではない。「ニュー・サウスウェイルズのぶどう栽培」（1843年第21号）は、数人の大土地所有者（ナッサウ出身のぶどう園主）がシドニー近郊に広大なぶどう畑を作ったことを伝えている。ドイツ人のぶどう園主が初めてこの地へ来たのは1837年で、それ以来ほぼ毎年新たな援軍が渡ってきているということである。その一方、「オーストラリア、ニュージーランド、およびドイツ人の移住」（1843年第39号）は、英国人のために羊毛、ワイン、亜麻、大麻を生産しているドイツ人移住者のことを述べている。英国人はこれらの植民地におけるワインの生産に希望を持っており、遠からず本国ばかりか北ヨーロッパへも上等のワインを安い値段で提供できると考えている。世界中でニュージーランドほどワインや果物の栽培に適したところはない、とG. サットンは近著で述べている。タバコも将来良いものを提供できるだろう。

オーストラリアからは塩漬けの牛肉と上等の小麦も本国へ入ってきた。

「オーストラリア産の塩漬けの牛肉と小麦」(1843年第51号)によれば、オーストラリア産の塩漬けの牛肉は味が良く、値段が安いと評判で、アデレイドでは1ポンド(重)が2ペンス(6クロイツァー)で、塩漬けの費用と輸送費(トン当り5ポンド・スターリング)を加えてもロンドンで1樽(ファス=386ポンド重)が4ポンド14シリング-5ポンド(ス)になり、これが8ポンドで売られている。また、オーストラリアの小麦は通常のものより20シリング高いが、播種用に買い占められるほどの人気で、英国市場ではヨーロッパの最上のものより20%高い値がつくだろう、と専門家は予想している。ニュースの最後には「メクレンブルク(北ドイツ)の農場主には暗い将来」とある。

この塩漬けの牛肉については、創刊号の「雑録」欄に「食肉を保存するチャールズ・ペインの発明」(1843年第1号)という記事が載っている。——肉を円筒形の容器(シリンダー)に入れて密閉し、排気ポンプで真空状態にしてから空気圧で塩水を注入する。このかんたんな操作で15分ごとに大量の塩漬けの肉が作られ、栄養分も味も損なわれない。「この発明によって大量の食肉の余剰が北米、南米、喜望峰、オーストラリア、タスマニア島から英国市場へ送られるようになった」**。

 ** ペインについては「木材を保存するペインの発明」(1843年第33号)があり、ロンドンでの実験が成功したと伝えている。リストは「ハンガリー交通改善案」(1845年)のなかで、この発明によって「木製鉄道(Holz-Eisenbahn)は農耕地帯の交通に他のどんな工法よりずっと大きな利益を提供するであろう」と記している。『リスト全集』第3巻、447ページ。

鉱物資源のニュースもある。「オーストラリアの炭層」(1844年第44号)には、ポート・フィリップの近くで最近非常に有望な炭層が見つかったことを報じている。また、「オーストラリアの銅鉱石」(1846年第34号)によれば、先週の土曜日に初めてオーストラリアの銅鉱石を積んだブリッグ船アマリア号がロンドンに入港した。この船はブラブラ鉱山の鉱石200トンを積んで、150日間の航海を続けてきた。この鉱石は40%の純銅を含んでいるという。

最後に、オーストラリア(の一部)を総括する記事を2つ紹介しよう。

表 3-7　ニュー・サウスウェイルズの貿易

	輸　入	輸　出	輸出品			
			1	2	3	4
1836年	1,111,521	1,018,624	3,611,118	1,652	1,149	79
1840年	2,462,858	1,951,544	7,668,960	1,854	4,298	250

注：輸出入の単位はポンド・スターリング、輸出品1は羊毛で単位は重量ポンド、2と3は鯨油で単位はトン、4は鯨のひげ。

「ニュー・サウスウェイルズ」（1843年第11号）には、1836年から40年までのこの植民地の貿易が載っている。1836年と40年だけをあげると表3-7のとおりである。

貿易額の数字のあとに、この植民地の輸出入は5年ごとに倍増しており、これが続けば1850年には輸出は800万ポンド・スターリング、1860年には3,200万ポンド・スターリングになるであろう、という注記がある。

もう1つはロンドンのサウス・オーストラリア会社の会議で行われた報告である。「サウス・オーストラリアの生産」（1845年第40号）によれば、この植民地は今年ほぼ確実に、150万ポンド（重）の羊毛、大量の油、ゴム、樹皮、その他の産物を輸出するであろう。この植民地には現在すでに45万頭の羊がいる。恵まれた気候のために死亡した羊は年1％以下である。昨年は3万袋の穀物が輸出され、2万7,000モルゲンの土地が耕作された。鉱物資源は極めて豊富で、採掘費用は安い。特に銅鉱石は盛んに採掘されている。

(5) ニュージーランド、喜望峰、ジャマイカ

オーストラリアと並んで注目されていたオセアニアの植民地はニュージーランドである。ニュージーランドは1642年にオランダ人タスマンによって発見され、英国人ではクックが1769年に探検、調査した。その後、19世紀に入ってから「ニュージーランド会社」の植民地から直轄植民地になった。ニュージーランドは上記の71の植民地の一覧には載っていないが、亜麻と大麻の供給地として注目を集めていたことが「ニュージーランドの亜麻」（1843年第48号）から

明らかである。

　『ニュージーランド・ジャーナル』によれば、英国は他の諸国民に毎年亜麻と大麻の輸入代金を350万ポンド・スターリング支払っている。英国は「それを栽培するためにこの島がある」と思われるこの植民地で、その生産に真剣に取り組むことを期待している。亜麻はこの島の最も高い丘にも最も深い沼地にも自生している。世界中に供給できるかもしれないニューサイラン（Phormium tenar）は、自生しているから刈り取る以外に何の苦労もないが、これまでは2つの障害があった。1つは熱帯の海を輸送中に熱のために使えなくなってしまうこと、もう1つは繊維だけを上手に取る方法がないことである。しかし、ドントン氏によれば、実験が完全に成功し、最上等の亜麻糸のような、レースの製造にも使える糸がとれるようになった。試作品は驚くべき出来ばえで、特にニューサイランとオーストラリアの羊毛との混紡品は輝くばかりの白さと細さで愛好者がふえ、流行品となるに違いない。ニュージーランドはこの発明によって急速に繁栄するであろう。すでに会社が設立された。

　羊毛と混紡すると美しい糸になるというニューサイランについては、同名の記事がある。「ニューサイラン」（1848年第31号）で、南ドイツのある新聞がこの紡績繊維用植物のドイツでの栽培に注目しているが、おそらく、造船の索具は遠からずドイツの大麻、亜麻に代わってこのニュージーランドの繊維で作られるようになるだろうと予想している。この植物をヨーロッパへ導入する試みは南フランスでは成功したが、アイルランドでもこれまでの観賞用から大規模な栽培へ進むことが計画されている。

　前項（オーストラリア）で、世界中でニュージーランドほどワインや果物の栽培に適したところはない、という記事を紹介したが、「喜望峰とニュージーランドとにおけるワインの生産」（1843年第1号）は両植民地のワインを比較して、次のように述べている。喜望峰植民地から本国へのワインの輸出は英国領になってから急増（15-20倍？）して現在10万ポンド・スターリングであるが、ニュージーランドの方がぶどう栽培にずっと適し、フランスやドイツのものに似たワインの生産が期待される。喜望峰のワインはポルトガルやシチリアのワ

インに似ている。英国の投機業者はすでにドイツ人のぶどう園主をニュージーランドへ送ることを計画している。

「ニュージーランド、英国農産物市場における将来のドイツの競争相手」(1844年第1号)は、『スタンダード』紙に掲載された記事で、2年間ニュージーランドに滞在したという通信員の報告である。小麦、大麦、燕麦、豆、じゃがいも、ホップの収穫は申し分ない。世界中に酪農にこれほど適したところはない。造船用材、特に帆柱用の見事な木も亜麻も輸出品になるだろう。オーストラリアも当地には及ばない。

もっとも、よい報告ばかりではない。「ニュージーランドへの移住」(1843年第20号)には、『タイムズ』紙に掲載されたある移住者の手紙からの抜粋が引用されている。到着した移民を収容するバラックは雨風を防ぐことができない。2週間は食事が与えられるが、そのあとは自分で生きる糧を稼がねばならない。仕事を見つけるのは容易でなく、労賃は生活資料の価格に釣り合わない。ある日雇は1日3-5シリング(1グルデン48クロイツァー-3グルデン)、手工業者は週給3ポンド(ス)。食肉はポンド当り36-42クロイツァー、パンは3ペンス(12クロイツァー)、じゃがいもはトン当り7ポンド(ス)、衣料品は英国の倍ぐらい高い。金があれば安い土地を買うことができるが、その開墾には費用がかかる。手紙の筆者は、英国で道路の清掃をしている方がよかった、と移住したことを後悔している。1つのニュースからすべてを推しはかることは危険であるが、移住者の1例である。

上記の植民地の一覧表では、アフリカの13の植民地のなかで喜望峰とモーリシャスの2つの植民地だけで、植民地収入、海上貿易額、年産額ともに90％前後を占めている。特産物の項目には喜望峰はワイン、油、獣皮、モーリシャスは砂糖、コーヒー、香辛料と記されている。どちらの植民地についても『新聞』には1編ずつしか記事が載っていない。喜望峰については上に述べたので、「モーリシャスの苦力(クーリー)と黒人」(1845年第47号)を紹介しよう。

英国の新聞が伝えところによれば、苦力の使用は高くつくという。渡航費が

7ポンド5シリング10ペンスかかるので、農園主は最初の年には5ルピー（6ライングルデン）しか払うことができない。苦力が継続的、規則的な労働に対して黒人より不向きなことも分かったという。金（かね）を使わず、ギリギリ以上働こうとしない。インド人（苦力）が甘庶の畑で1日に80個所の穴を掘るのに対して黒人は120個所の穴を掘るので、黒人の労働者を使おうとしている。オーストラリアの植民地でも、苦力の使用は奴隷制度をもたらすという抗議が移住者から出たという（「オーストラリアへの移住」1843年第45号）。

　西インドに目を向けると、西インド諸島の19の植民地のなかでジャマイカだけで植民地収入は70％を超え、海上貿易額と年産額はどちらも50％に近い。コロンブスによって発見されたジャマイカは17世紀の半ばに英国の植民地になり、18世紀末からはアフリカの黒人奴隷を使役して西インド最大の砂糖植民地になった。甘庶の畑の耕作や砂糖の精製に蒸気力が使用され、総督のエルギン卿がこれを奨励している、と『ジャマイカ速報』が報じている（「砂糖の栽培における蒸気力の利用」1844年第7号）。ジャマイカに関するニュースは1843年に3編、47年に2編あるが、1838年の奴隷解放後の労働力不足や本国の砂糖関税法の影響がこれらの記事に表れている。

　「ジャマイカ」（1843年第4号）は、奴隷制度の廃止の結果資本家の不信と労働者の不足が増大してジャマイカが衰退へ向かっている、という『タイムズ』紙の記事の紹介である。同じ題名のもう一編の記事「ジャマイカ」（1843年第8号）には、英国の差別関税の実態が記されている。外国船でジャマイカへ輸入された穀粉は6シリングの関税を支払うが、英国船で輸入された穀粉は僅か1シリング、1ファス（Faß、樽）の穀粉が関税を含めて28シリング、ここでは誰もカナダ人と競争できない。穀粉の他にも差別関税がかけられている。石鹸は英国船の場合には56ポンド（重）について9ペンスなのに、外国船だと15％の従価税が追加される。ろうそくの場合にも同様の追加関税を56ポンド（重）について5シリング6ペンス、豚肉は連合王国からの輸入にはファス当り4シリング、英国領からの輸入には8シリングだが、外国船で輸入された場

合にはファス当り4シリングの他にツェントナー当り12シリングを支払う。外国からの魚の輸入は禁止。

「ジャマイカの綿花」（1843年第48号）によれば、ジャマイカではこれまで砂糖とコーヒー以外の栽培には関心がなく、海岸の広大な乾燥した砂地に綿を栽培することを誰も考えなかった。最近この試みが成功したので、まもなく綿の栽培が投機を引き起こし、北米人に対して綿の栽培の有力なライバルがジャマイカに生まれるであろう。

1847年の2編の記事は英国の砂糖関税に関するものであるが、これについては「英国の砂糖問題、オランダの植民地、およびドイツの国民的統一」（1844年第30号）の展望と、「英国の砂糖関税法とドイツの貿易」（1846年第46号）に掲載されている砂糖関税の表が参考になる。

まず前者から。英国の砂糖輸入関税は英領植民地糖がツェントナー当り24シリング（1ポンド4シリング）であるのに対して外国糖は63シリング（3ポンド3シリング）で、この差別関税は外国糖を英国市場から排除して植民地糖に独占を認めようというものである。だが近年、西インド諸島で奴隷制が廃止されて労働力が不足、高騰し、輸入量が減少した。その結果、英本国では砂糖価格が上昇し、消費量が減少して、財政への影響も懸念されている。そこで、西インドの砂糖農園主に打撃を与えない程度にオランダ領ジャワ島の砂糖に対する関税を引き下げ、オランダが英国との通商条約を続けるようにいわば手付金を与えたのである。ジヤワ島のオランダ人の支配（「強制栽培制度」）やジヤワ島との貿易の説明が続くが、それは省略する。

後者の砂糖関税は表3-8のとおりである。

「砂糖関税に反対するジャマイカ」（1847年第3号）は、予想されたとおり西インドの植民地から激しい抗議が提出されたことを伝えている。これまでの保護が続けば、西インドは奴隷制を維持する地域とも何とか競争出来るであろうが、新砂糖法によって「完全な貧困化」へ向かう、と厳しい口調である。砂糖問題は今度の議会の委員会で議論になるであろう。

「英領西インドにおける砂糖生産」（1847年第47号）は、『タイムズ』紙に掲

表3-8 砂糖関税

	1844.7/4-		1845.4/24-		1846/47		1851.7/5-
英領植民地から	1 Pf	4 Sh	14Sh	14Sh			14Sh
英領東インドから	1	12	18	17			14
自由労働の国から	1	14	1 Pf	3	1 Pf	1*	14
奴隷労働の国から		3		3		3	3

注：1847.7/5から1851.7/5まで1 Pf→18Sh 6d→17Sh→15Sh 6d→14Sh と年々引き下げられた。

載された英国の植民地相からジャマイカ総督あての手紙を紹介している。政府は植民地糖をこれ以上保護するつもりはない、植民地は労働力の不足を解決する努力をすべきである。大臣は最後に、奴隷貿易圏外のアフリカで自由な黒人を募集して西インドへ送ること、西インドから解放された黒人労働者をこの募集業務のためにアフリカへ送り返したことを記し、自由になった黒人がいつの日かアフリカにヨーロッパ文明を広めるであろう、という都合のよい期待まで表明している。しかし、この募集に応じた黒人は多くなかったらしい。また、西インドの農園主の間で、他人の仕事をやめた者を採用しないという申し合わせをしたようだ。この記事の筆者は、同じようなことはヨーロッパ、たとえば北ドイツのメクレンブルクにもあるといって、英国の植民地相はなぜ北ドイツで移住者を募集しないのか、と皮肉を述べている。

(6) インドとカナダ

英国の植民地一覧表のなかで、インドの6つの植民地（ベンガル、アグラ、ガンジス川左岸、マドラス、ボンベイ、セイロン）は、アジアの10の植民地のなかで断然突出していたが、世界中の英国の植民地71のなかでも、植民地収入で88.8％、年産額で79.4％を占めている。合衆国が独立した後では最も重要な植民地であった。

インドをはじめ東洋の諸国は、古い時代からヨーロッパに対して高価な織物や工芸品、香辛料や乾燥果実などを提供してきた。産業革命が始まる50、60年ほど前にはインド産のキャリコ（純綿織物）が英国で流行し、英国の織物工業

に悪影響を及ぼすといって大問題になった。19世紀になって産業革命を達成した英国は、そのインドを工業製品(綿織物)の市場に、原料(綿花、羊毛)と食料(穀物、砂糖)の供給地に改造しようとしていた。その事情が『新聞』の記事から読みとれる。その前に、『新聞』を発行した頃リストがインドをどう見ていたか、その点を述べておきたい。

それは、ロイトリンゲンの「リスト文庫」にある鉛筆書きの手稿と『新聞』の創刊号の論文で、どちらも1842年秋から冬にかけて、『新聞』の発行を準備していた時に書かれたものである*。

*「手稿」は「英国、東インドおよび本国－植民地－保護制度」という表題をつけて『全集』第7巻の付録に収録されている。

「ヨーロッパと同じぐらいの広さがあり、勤勉で・分相応の暮らしを続け・のみこみが早く・争いを好まず・秩序を愛し・理解しがたいほど低い日給(1日当り3-4と1/2ペンス)で満足している1億の人間が暮らし、[寒帯から熱帯まで]あらゆる地帯の産物がとれ、その最も肥沃な土地が政府の意のままに処分されている国」、この国(インド)を本国のためにいかに利用するか、英国はいま初めてそのことに気付いて、理解し始めた。

現在、インド人の1人当り消費が格段に少ないのは、貿易独占、野蛮な土地制度と貢納制度、交通手段と資本の欠如のためで、問題は公正かつ合理的な農地制度と貢納制度の導入、資本と熟達の企業家の調達である。そうなれば、英国にとってインドとの貿易は間違いなく巨大な規模に発展する。マーチンは英国製品の1人当り消費額で他国民、他民族を評価しているが、インド人を6-18ペンスで最低の部類としている。だが、改革と開発を進めれば、遠からず植民地産品のインドからの輸入額は現在の英国の輸入額全体の2倍に達し、インドへの輸出額は現在の英国の輸出額全体の3倍になるであろう。インドの大きな発展の可能性を予想している。

『新聞』に戻ることにしよう。

「英国の綿工業と東インドの綿花栽培」(1844年第33号)が問題を端的に示し

ている。英国は年々120-150万バレンの綿花を加工しており、前年の綿花の輸入量はおよそ170万バレン、そのうち大部分の140万バレンが北米からである。英国の綿工業は200万人を雇用する最も重要な産業であるが、原料の点で大きく北米に依存している**。万一に備えて政府は数年前から植民地（東インド）から綿花を輸入することを考えてきたが、成功していない。インドからの輸入は5年前よりむしろ減少している。砂糖の輸入も7万トンから5万トンに減少した。その原因はどこにあるのだろうか？

> ** 英国の紡績業者J. ブライトは言う。1792年まで英国は綿花を米国からも東インドからも買っておらず、主として西インド、レバント（西アジア）、トルコ……から輸入していた。1792年以後北米から、まもなく東インドからの輸入が始まり、それ以来北米からの輸入は600％、東インドからの輸入は50％増加した。「10時間［労働］法案と東インドの綿花について　英国議会」（1847年第20号）。

「北米人の綿花生産への英国人の依存について、および東インドの綿花栽培について」（1845年第37号）を読むと、英国でその対策が取られていたことがわかる。100万人をはるかに超える英国人が働き、その製品の価値が5,000万ポンド・スターリングと評価されているこの工業が、原料の綿花に関してほぼ完全に北米に依存していることは、万一の場合を考えると英国人には我慢できない問題である。万一の場合というのは、アメリカの天候の激変や奴隷労働の廃止、それに英米間に戦争が勃発した場合などが考えられていたようである。すでに以前から英国では東インドの綿花栽培を発展させて、従来の品種に代えてアメリカの種とアメリカの栽培法をインドに移植する計画がなされてきた。だが、あまり成功していない。以下、この論稿（筆者はリスト）は『マンチェスター・ガーディアン』の報道を引用してその試みを伝えている。

ベンガルその他の肥沃な地域では葉が茂りすぎて昆虫に食われてしまう。乾燥しすぎる土地も不適当である。コインバトール地方（インド南部、カリカットの東）で良い結果が出たが、費用がかかるという。ボンベイの東、中央インドが米国綿の栽培に最も適している。米国から招聘したメルサー氏の指導で去年は3,000エーカー、今年は2万エーカー以上で栽培された。来年の収穫期に

はリバプールの市場にも現れるであろう。問題はこの地域と沿海部とを結ぶ輸送手段である。舟航可能な河川や道路の整備、とりわけ鉄道の建設が待たれる。輸送問題が解決されれば、原綿について北米への依存から脱却できるであろう。このように、品種や栽培方法とならんで輸送費の問題は重要であった。「東インドの綿花」(1847年第47号) も、インドの綿花栽培の停滞の原因として内陸部の産地から沿海部までの輸送費の高いことをあげ、英国と清国という2大市場で米国綿と競争できないという委員会の調査報告を伝えている。

　綿花以外の羊毛、穀物、砂糖の記事は少ない。

　羊毛については「東インドの羊の種類」(1843年第1号) が、インドに3種類の羊がいると伝えている。平地に多い荒くかたい毛の羊、山地に多い上等の毛の羊、インドの人々はこの羊を冬の間オーク (かしわ) の葉と桑の葉とで飼う。最上の毛を持つのはヒマラヤ羊で、険しい山道でも9ポンド (重) の荷を負って山羊に負けずに荷物を運ぶ。もう1つ、「東インドの羊毛生産」(1844年第21号) はロンドンの「アジア協会」で行われた報告の要旨である。8年前にジャービズ少佐の提案で、荒くかたい毛の羊の改良のためにメリノ羊とサウスダウン羊がインドに輸入された。最初のうちはこの試みは成功しなかったが、最近では改良された羊の飼育が急速に広がり、東インドと本国との間の羊毛貿易が大きな利益を保証するであろうと期待されている。

　穀物については、同じ号に「東インドが穀物輸出国に」(1844年第21号) という記事が載っている。本国の小麦の需要の一部分をインドからの小麦の供給で充足することが期待されるようになった。すなわち、穀物関税に関して東インドをカナダと同等にするように要求する請願書が議会に提出されたのである。この請願が実現すれば東インドの小麦は1シリングの定額関税になる。

　砂糖については新しい精製法の記事がある。「ヨーロッパの市場における東インドの砂糖の競争について (アランの『インド通信』から)」(1846年第29号) によれば、44年7月に南部のチルプル地区でロビンソンの精製法の実験が行われて成功し、19台の蒸気機関 (240馬力) が据えられ、さらに15台 (180馬力) が建設中だという。チルプルは綿花栽培で良い結果を出したコインバトールの

やや東で、あのヴァスコ・ダ・ガマが初めて到着したマラバル海岸から東へ内陸部に入ったところにある。生産量は今年は2,000トンだが、来年には4倍が見込まれ8,000-9,000トンが輸出されるだろう。なお、砂糖については関税（差別関税）問題との関連でも述べられている。

　内陸部の交通事情が悪くて港までの輸送費が高い、という指摘があったが、インドの鉄道については1つだけ「カルカッタからデリーへの鉄道」（1843年第47号）という記事がある。カルカッタからデリーへ800マイルの長さの鉄道がまもなく着工される、という短い記事である。もう1つ「東インドにおける英国の鉄道企画」（1847年第8号）は、カルカッタと北西部とを結ぶ鉄道の建設が承認された、というロンドンの『デイリー・ニュース』の報道である。

　北米の8つの植民地のうち、低カナダと高カナダの2植民地は人口で66.3％、収入で54.1％、海上貿易額で40.7％、年産額で68.4％を占めている。『新聞』が発行された直後の1843年6月に英国議会でいわゆる「カナダ穀物法」が可決されたので、『新聞』にはカナダ産と北米産の小麦（小麦粉）に対する関税引き下げがドイツに及ぼす悪影響を懸念する論調が多い。カナダ産小麦の輸入関税はクォーター当り5シリングから2シリングへ、カナダ経由の北米産小麦は8シリングから5シリングへ引き下げられたのに、ドイツの小麦の輸入関税は20シリングに据え置かれたままだったのである。

　ドイツの自由貿易論者はこの事実に目をつぶり、故意に歪曲して伝えているが、「ライプツィヒ・アルゲマイネ新聞と穀物・羊毛の対英輸出へのドイツの期待」（1843年第11号）は2つの証言を引いてドイツの自由貿易論者の誤りを正している。

　①『モーニング・クロニクル』紙（1843.2/9）に掲載されたダラム卿（2代前のカナダ総督）の証言。エリー湖とヒューロン湖との間の大きな半島は土壌も気候も特に小麦の栽培に適し、生産費は安く、収穫は多く、品質は最高で、不作など聞いたことがない。カナダのこの農園は入植と開発が進み、まもなくモントリオールまで運河が開通し、英国の輸入関税が廃止されれば将来英国の

需要を充足することは疑いない。

②『植民雑誌』(1843年1月号)に掲載されたバッファローからの通信。これは、『ニューヨーク・ヘラルド』紙の記事を引いて、五大湖沿岸地域の穀物取引の活況ぶりを伝えている。10月9-11日の3日間には「世界中のどの穀物市場より大量の取引」が行われ、これは「アメリカが遠からず世界の穀倉になるであろう前兆である」と。ちなみに、オハイオ、ミシガン、イリノイ、インディアナ、ペンシルヴェニア州、それにニューヨーク州の西部と高カナダ、低カナダの一部を加えると、全体で約2億エーカー、約3億5,000万ブッシェル(このうち少なくとも1億2,000万ブッシェルが小麦)の穀倉地帯である***。

*** 英国市場におけるカナダ、北米の穀物と北ドイツの穀物との競争については、諸田『晩年のフリードリッヒ・リスト』166-171ページに、生産費、輸送費、関税その他の数字をあげて説明している。

カナダ産の小麦と小麦粉が——カナダ経由北米産も含めて——英国へ入ってきたことを伝えるニュースがある。「カナダから英国への小麦輸出」(1844年第1号)によれば、高カナダでは不作、低カナダでは「こむぎたまばえ」(hessische Fliege)の被害があったが、今年には回復して、1844年には英国への小麦と小麦粉の輸出が増加するだろう、とカナダから『タイムズ』が報告し、また、『モーニング・クロニクル』(12月19日号)は「先週カナダから小麦1,510クォーター、豆270クォーター、粉6,700樽が輸入された」と報じている。

「合衆国とカナダとからの小麦の輸入」(1844年第41号)も『商業新聞』(8月14号)の記事を引いて、「カナダは今年小麦だけでこれまでより75万ブッシェルも多く生産し、それに相当するドルをわれわれから受け取るだろう」、「今年の7月23日までにバッファローに109万3,000ブッシェルの小麦があり、エリー湖の諸港へ入ってきた小麦の5分の2がウェランド運河を通過した。……」と伝えている。『新聞』がこれらの記事を載せたのは、こうした事実に目をつぶって英国への穀物の輸出に期待を持ち続ける北ドイツの農場主や自由貿易論者の誤りを、公衆に知らせるためであった。

最後に、カナダへの移住に関するニュースを2つ。「高カナダの人口」(1843

年第4号）は、財産なしに移住した者がカナダのパリ近くに600エーカーの農園を所有し、そこで6,500ブッシェルの小麦を生産し、80頭の有角家畜、800頭の羊、12頭の馬、多数の豚を飼育しているという、成功した移住者の例である。もう1つの「カナダへの移住」（1847年第3号）は、アイルランドの困窮の解決策としてバッキンガム卿が計画したもの。港に休泊中の軍艦を使ってアイルランド人をカナダまで運ぶ、独身者には国有地から20エーカー、既婚者には100エーカーを貸与し、3年以内に開墾にとりかかり、7年間農耕を続けた者は貸与された農地の所有者になる、というものである。

第Ⅱ部

4．鉄道と運河

(1)「鉄道時代」の到来

『新聞』が発行されていた1840年代には、英国を先頭に欧米の諸国で鉄道（蒸気鉄道）が生まれていた。鉄道は馬車に代わる新しい交通手段として、旅客の輸送（旅）を格段に便利にしたうえ、ヨリ大量の商品を迅速に、安価に、そして確実に輸送することによって市場の拡大を進めたばかりでなく、その建設や運営に莫大な資金や資材や人員を必要としたので、関連する産業部門に大きな波及効果をもたらし、労働市場や資本市場を創出し、19世紀半ばから経済発展を牽引する産業部門になった。まさしく、「鉄道時代」の到来である。

英国では1825年のストックトン～ダーリントン間（全長14キロ）に続いて1830年には貿易港リヴァプールと工業都市マンチェスターとを結ぶ鉄道（全長50キロ）が開業し、1830年代半ばと40年代半ばには鉄道株の投機（鉄道ブーム）が起こった。1845年の『新聞』には第43号、第44号、第46号、第47号、第50号に時事問題として英国の金融恐慌、凶作、鉄道株の投機を取り上げた記事が載っている。リストが「遺作」といわれる「ドイツ人の政治的・経済的国民統一」を掲載し始めた頃であるが、遺作の執筆と同時に、英国の恐慌や凶作や鉄道株の投機を時事問題として取り上げたのであった。

1840年から70年にかけて、欧米諸国の鉄道延長の伸びは次ページ表4-1のとおりである。

①英国は国土の面積は小さいが、1840年代に7,400キロ、1850年代に4,800キロ、1860年代に約7,000キロ増加しており、鉄道建設が盛んに行われていたことを示している。同様に小国ベルギーの1840年の数字も注目に値する。ちなみに、リストはドイツ（ライプツィヒ）からパリへ移る途中、1837年9月10日にベルギー政府からメヘレン～ルーヴァン鉄道の開通式に招待されたが、ベルギーの鉱工業や金融、鉄道の発展を見て、「ヨーロッパ大陸の諸政府、諸国民

表 4-1　欧米諸国の鉄道延長

国名＼年	1840	1850	1860	1870	ヨーロッパ外の鉄道建設 (1850-70年)	
オーストリア	144	1,579	4,543	9,589	米国	70,624
ベルギー	334	903	1,730	2,897	英領インド*	7,801
フランス	497	2,915	9,167	15,544	カナダ	3,992
ドイツ	467	5,856	11,089	18,876	エジプト	1,056
英国	2,390	9,797	14,603	21,558	オーストラリア	1,765
イタリア	20	620	2,404	6,429		
ロシア	27	501	1,626	10,731		
スペイン	—	28	1,917	5,442		

＊：セイロンを含む（単位はキロ）。
出典：新版『西洋経済史』有斐閣双書、191ページ。

間の産業の競争において、最も若いベルギーが勝者の栄冠を獲得した」と記して、ベルギーのレオポルド国王を「この新時代の創始者」と呼んでいる。

②フランスとドイツの鉄道延長を比べると、1840年にはほぼ同じであるが1850年にはドイツはフランスの約2倍であり、1840年代にドイツで鉄道建設が進んだことを示している。また、フランスの二月革命、ドイツの三月革命後の1850年代と60年代には、フランスでは各10年間に6,000キロ以上（年平均600キロ余）の鉄道が、ドイツでは50年代に5,000キロ以上（年平均500キロ余）、60年代に7,800キロ程（年平均780キロほど）の鉄道が建設されていた。

③ヨーロッパ以外では、国土の拡大が進んでいた米国で1850-70年間に7万キロ余（年平均3,500キロ余）の鉄道が建設されている。アメリカ経営史の研究によれば、米国では1850年頃から1880年頃まで鉄道が経済発展の起動力であったということである（中川敬一郎「アメリカにおける大量生産体制の発展」大塚久雄編著『西洋経済史』筑摩書房、第10章）。

(2) 株式会社による鉄道建設

鉄道建設が盛んに行われていた1840年代後半に、英国では国内で生産された銑鉄の30％が鉄道建設に使われ、鉄道への投資は国民所得の5-7％、総投資の半分ぐらいを占め、鉄道業（建設を含む）は家族を含めておよそ100万人の

生活を支えていた、といわれている。「英国の鉄道」(1843年第25号付録)には、次のような『マンスリー・レビュー』誌の数字が載っている。鉄道の総延長は1,547英国マイル(約2,489キロ)、その建設費は約4,600万ポンド・スターリング、すなわち1英国マイル当り約3万4,000ポンド(1キロ当り約1万8,480ポンド)*、ドイツの数字に換算すると、1ドイツマイル(7.5キロ)当り約200万グルデン(1キロ当り約26万7,000グルデン)である。

> * 1英国マイル当り約3万4,000ポンド、1ドイツ・マイル当り約200グルデンとあるが、1英国マイル当たりは約3万ポンド(4,600万÷1,547＝29,734.97)、また、1英国マイルを1.609キロ、1ドイツ・マイルを7.5キロ、1ポンド(ス)＝12.6グルデンとして計算すると、1ドイツ・マイル当りは約174万6,000グルデン(1キロ当り約23万3,000グルデン)になる。なお、上記の本文中の( )内のキロ数は原文にはない。

このような大事業であったから、その建設に必要な巨額の資金を調達するためにたくさんの株式会社が設立された。「英国の取引所に上場されている運河、鉄道、橋梁、銀行、保険、その他の会社の一覧(払い込み金の券面額、前期の配当、最新の相場の記載とともに)」(1843年第20号付録)は、全部で267の株について記載した5ページ余の一覧表である。1社で2種類、3種類と新株を発行している会社もあるので、267は株式会社の数ではない。その内訳は、運河株：56、ドック株：10、橋梁株：8、保険株：37、銀行株：17、ガス灯株：22、水道株：9、鉱山株：27、文芸株：4に対して、鉄道株は42で、運河株に次いで多い。なお、その他の株が17、スコットランドの株が18ある。42種類の鉄道株を上場している鉄道会社は、「パリ、ルーアン会社」を含めて28社、他にスコットランドに4社ある。

鉄道会社28社のうち、株価が高く、収益(1842年)の多かった会社をあげてみよう(表4-2)。券面額は100ポンド(ス)である

英国の鉄道の建設費は他の諸国に比べて特に高かったようである。その主な理由としては、英国人技師は自国の高い技術を誇り、豊富な資金をふんだんに使って、敢えて難工事を完成させて技術者としての名声をあげようとしたこと

表 4-2 高株価・高収益の会社

(単位：ポンド・スターリング)

鉄道会社	株　　価	収　　益
リヴァプール〜マンチェスター鉄道	263.1/2　(199)	11万4,387
ロンドン〜バーミンガム鉄道	207.1/2　(191)	41万9,471
グランド・ジャンクション鉄道	201.1/2　(196)	20万1,570
グレイト・ウェスタン鉄道	91　(95.1/2)	35万3,928

注：（　）内の株価と収益とは「前年中の英国鉄道株の相場」(1843年第7号)の1842年の最高値。この他に、サウス・ウェスタン鉄道が16万7,574ポンド、ノース・ミッドランド鉄道が11万4,526ポンドの収益をあげている。また、ヨーク・ノース・ミッドランド鉄道の株価は券面額25ポンドに対して97ポンド。

や、近接した地域に何本もの鉄道を建設したことなどが指摘されている。上に述べたように『マンスリー・レビュー』誌は英国の鉄道の建設費を1キロ当り約1万8,480ポンド、すなわち23万3,000グルデンと伝えているが、ドイツのライプツィヒ〜ドレスデン鉄道（全長115キロ）の建設にあたって、リストは約200万ターラーと見積っている。1キロ当り約1万7,400ターラー、すなわち約3万グルデンである。実際には、リストはこの鉄道会社を追われ、英国人技師の指導で建設されて、当初の見積りを大幅に越える出費であったというが、それにしても鉄道の建設費の英・独の差は大きかった。フランス、特に米国も英国に比べて鉄道の建設費がやすかった。

リストはドイツの鉄道建設に当って英国より米国を手本にすることを勧めたが、「ベルリン〜フランクフルト鉄道、安く、合理的に作られた鉄道の模範」(1843年第20号）はこの鉄道の建設を指導した技師ツィンペルを賞賛した記事である。ツィンペル氏は長年アメリカ人の下で学び、合衆国の多くの鉄道建設を上級技師として指導してきたが、ドイツのこの鉄道の建設で一段と評判を高めた。深い切り通しやトンネルや高い堤防を避けて、氏は16か月足らずでこの全長11ドイツ・マイル（82.5キロ）の鉄道を、安く、合理的に建設した。1842年10月に開業、株主総会での取締役の報告によれば、建設費、車輌費を含む工費は265万5,532ターラー、1ドイツ・マイル当り約25万ターラー、収入は冬の5か月間に12万2,848ターラー、支出は5万4,772ターラーで、収入の半分以下、運転本数は特に多くないのに、営業開始ひと月で株価は額面を10-12％越えた。

建設に当って氏はプロイセン当局から許可を得るのに苦労したといわれ、「最良の鉄道技師の1人」であるのに、完成後も何の栄誉も受けていない。

同じ年に《A. Z.》紙に発表した「ドイツの鉄道システムⅣ」では次のように述べている。英国は4,000万ポンド（ス）を投じて1,500マイル（300ドイツ・マイル）に達しない鉄道を作った。1マイル当り2万6,000ポンド（ス）（1ドイツ・マイル当り150万グルデン）、「何という計り知れない金額」。ベルギーは鉄と機械は高いのに1万4,000ポンドで、アメリカ人は4,500ポンドで作った。なお、ライン鉄道の場合、ケルンからベルギー国境までの区間の建設費は、当初の450万ターラーの見積りが1,000万ターラー（2倍以上）になったということである。

「英国の鉄道の議会費用と裁判費用」（1844年第29号）を読むと、英国の鉄道建設が高かったのは、工法（工事費）のためだけではなかったと思われる。ドイツでは英国の鉄道会社が払う土地収容費用と議会費用と弁護士費用とで十分に堅牢な鉄道線路を建設することができる、と述べたことがあるが、『タイムズ』の記事からこのことが証明される。すなわち、ロンドン～ブライトン鉄道は1英国マイル当り3,000ポンド（ス）（1ドイツ・マイル当り18万グルデン）の議会費用を支払った。グレイト・ウェスタン鉄道は裁判費用、弁護士費用、技師費用を1英国マイル当り2,500ポンド（ス）（1ドイツ・マイル当り15万グルデン）、また、土地収容費用を1英国マイル当り6,300ポンド（ス）（1ドイツ・マイル当り38万8,000グルデン）支払った。これは本来の建設費とは別の出費である。

（3）鉄道の影響

鉄道の開業は新しい交通手段の出現であったばかりでなく、工場制度と並んで、産業の歴史における新世紀、それどころか人類の文明史の新時代の到来であった。『新聞』には鉄道の開通式の様子や人々の驚愕と熱狂ぶりを伝える記事はないが、この新しい交通手段の影響がさまざまな点に及んでいたことが分かる。

「英国の鉄道旅行の速さ」(1843年第25号付録)は "Board of Trade" の公式報告を次のように伝えている。ロンドンとバーミンガム間を平均時速27マイルでグレイト・ウェスタン鉄道を走行して33時間。その他、ノーザン・イースタン鉄道：36時間。ノース・ミッドランド鉄道：29時間。ミッドランド・カウンティー鉄道：28時間。バーミンガム～ダービー鉄道：29時間。マンチェスター～バーミンガム鉄道：25時間。ニューキャッスルとノースシールド：30時間、チェスターとバーケンヘッド間を平均時速22マイルで28時間、ロンドンの鉄道で途中駅の停車時間を含まない時間、とあるが、やや意味不明である。

次に市場拡大効果について2編。「鉄道と肉屋（屠殺人）」(1844年第2号)の記事。「新聞報道によれば、こんにちでは大量の屠殺された家畜の肉が英国の遠隔の地域からロンドンへ鉄道によって送られている」。もう1編は魚である。「海上漁業と鉄道」(1846年第27号)の記事。「鉄道［開業］の結果、英国の海港では海の魚の需要が物凄いほど増加している。バーミンガムでは1829年以来漁師（Fischer）の数は10人から40人に増加し、魚の消費量は490トンから3,910トンに増加した」。

「英国の鉄道による軍隊の輸送」(1844年第7号)は陸軍省と鉄道会社との間で、士官用の馬と病気の馬を鉄道で運ぶ契約が結ばれたことを伝えている。50マイル以内の場合は1英国マイル当り4ペンス、50マイル以遠の場合は1英国マイル当り3ペンス、ということである。

「鉄道による輸送費の引き下げ」(1847年第4号付録)は、第8版が出た鉄道会社の株主へのハンドブック（H. トゥック編）の説明を引いて、運河と鉄道の運賃を比較している。これまでは全長2,500マイルの運河が重くかさばる荷物を運ぶ唯一の輸送手段であり、運河は投下資本に対して高い利子を支払っていた。たとえば、グランド・ジャンクション運河は7％、モルトン運河は12％、オックスフォード運河は26％であった。「鉄道による運賃の引き下げが初めて、この国が運河の独占の結果いかに大きな負担を担っていたか、を明らかにした」。たとえば、マンチェスターとハルの間99マイルの運河の運賃は穀物と穀粉はトン当り24シリング、原綿は32シリング、綿製品は45シリングであった。現在、

リーズからマンチェスターまで鉄道で運ぶと小麦はトン当り13シリング、原綿は20シリング、綿製品は24シリングである*。トレント運河では石炭の運賃はトン当り1マイルについて1シリング2ペンス、鉄道では現在1/2ペンスに引き下げられている。このハンドブックにはこの他にもたくさんの実例が載っているという。

 * ただし、リーズ～マンチェスター間はハル～マンチェスター間より距離が短い。鉄道は「マンチェスター～リーズ鉄道」であろう。

　輸送費を引き下げたにもかかわらず、鉄道の収益は増加していた。「英国の鉄道の増加する収益」(1845年第30号)は『鉄道新聞』の記事を紹介している。過去6か月間(1845年1－6月)に開業中の英国の39の鉄道(全長1,800英国マイル)は285万ポンド・スターリングの収益を上げた。これは前年同期より55万ポンド(ス)多い。したがって、4％で計算すれば、この1年間に開業中の鉄道の価値は2,700万ポンド(ス)だけ上昇したことになる。この収益の増加は運賃が大幅に引き下げられたにもかかわらず生じたものである。

　鉄道は馬車に代わる新しい陸上交通手段であったから、これまで馬車を利用していた旅客や荷主も鉄道を利用するようになって、鉄道の増収は駅馬車料金の減収を招いた。「駅馬車料金の減収」(1845年第47号)によれば、「1839年以降、駅馬車の料金はほぼ毎年減少を続けている。1839年にはまだ22万4,374ポンド・スターリングあったが、1844年には16万3,160ポンド(ス)になった。これは明らかに鉄道利用者の増加の結果である」。

　よいことばかりではない。後に述べる大気圧(空気)鉄道の長所として安全な点があげられていたように、開業して間もない鉄道には事故がつきものであった。当時、鉄道の事故はどれくらいあったのだろうか。『エグザミナー』紙によれば、1841年1月1日から同年7月1日までの半年間に英国の鉄道利用者数は890万人で**、うち約4万5,000人が何らかの事故にあっていたという。200人に1人ぐらいの割合である(「英国の鉄道の事故」1843年第4号)。

 ** ドイツ(オーストリアを含む)では1843年の同じ期間に鉄道利用者数は333万人で

あった。

(4)「ドイツの鉄道システム」ほか

『関税同盟新聞』を創刊したリストは国民経済学者であるが、「鉄道事業の先駆者」としても知られている。リストの国民経済学は国民経済建設の理論であるが、国民経済のシステムを作り上げるうえで、「国民的保護システム」（国内工業の保護制度、関税同盟）と「国民的鉄道システム」（全国鉄道網）の建設が不可欠であった。晩年には『新聞』の中心問題である「国民的貿易政策」がこれに加わる。

アメリカ時代（1825-32年）に国民経済の発展のために交通（運河と鉄道）の重要性を確信して、最初の鉄道論文となる「北米通信Ⅰ、Ⅱ」（1829年）を書き、ペンシルヴェニア州に石炭輸送用の「小スクールキル鉄道」（1831年開業、全長22マイル）を建設して鉄道事業の経営に携わった。

ライプツィヒ時代（1833-37年）には「ザクセンの鉄道システム」（請願書、法令案、路線図、1833年）を発表して、総延長4,300キロに及ぶドイツの鉄道路線図を記した。ドイツに蒸気鉄道が1本もない時で、その先見性には驚きのほかない。翌年からドイツ最初の長距離鉄道となった「ライプツィヒ～ドレスデン鉄道」（1839年全長115.42キロが完成）の建設準備にあたり、同時に鉄道建設の利益を説いた論文を書き、『鉄道雑誌』（1835-37年、通算40号）を単独で発行した。

パリ時代（1837-40年）には「鉄道と運河」を『国家学事典』に寄稿し、フランス国王に株式会社による鉄道建設を提言した。ドイツへ戻って「テューリンゲン鉄道同盟」（1840年）の成立に奔走し、以後1844年までに「ドイツの鉄道システムⅠ、Ⅱ、Ⅲ、Ⅳ、Ⅴ」を発表している。

リストをはじめ大勢の先駆者たちの働きで、ドイツでは『新聞』が発刊した1843年にはすでに25の路線（19線は全線、6線は一部区間）が開業していた。そのうち全長100キロを越える長距離鉄道は「ライプツィヒ～ドレスデン鉄道」、

「マグデブルク〜ハレ〜ライプツィヒ鉄道」、「ベルリン〜エーベルスヴァルデ〜シュテッティン鉄道」の３線である。ベルリン取引所に初めて２種の鉄道株が上場されたのは1840年春、その４年後には29種の鉄道株が上場されて、その相場は投機によっていちじるしい値上がりを示した。

「ドイツの鉄道の動向、1843年１月１日から６月30日まで」（1843年第46号）はオーストリアを含む20の路線（総延長214地理マイル＝約1,588キロ）の旅客数と貨物輸送量、その収入を前年同期と比較した一覧表である。1843年前半期の旅客数は333万7,553人、収入は452万5,499ライン・グルデン、半年間の旅客数10万人以上が13線、うち20万人以上が７線、１位は「ウィーン〜グログニッツ鉄道」で約45万人、２位が「皇帝フェルディナンド北部鉄道」で約30万人とオーストリアの鉄道が占め、「フランクフルト〜ヴィースバーデン鉄道」、「カールスルーエ〜マンハイム鉄道」、「ライプツィヒ〜マグデブルク鉄道」が僅差でこれに続いている。貨物の輸送量は家畜と木材の単位が違うので省略する。収入の多いのはオーストリアの鉄道では延長の長い「皇帝フェルディナンド北部鉄道」、ドイツの鉄道では「ベルリン〜アンハルト鉄道」、「ライプツィヒ〜マグデブルク鉄道」、「ライプツィヒ〜ドレスデン鉄道」である。

以上のように、『新聞』が発刊した時にはリストの鉄道論文はすでに大部分が発表されており、ドイツの鉄道もプロイセンとオーストリアをはじめとしてすでに建設が進んでいた。また、鉄道論文の多くを《A. Z.》紙に発表しているのは、ドイツの君主や高官が読み、国際的にも評価の高い《A. Z.》紙が鉄道の重要性を訴えるのに良い、という判断もあったであろう。ここで取り上げる「ドイツの鉄道システム」（1843年第６‐７号）――上記の「ドイツの鉄道システムⅠ‐Ⅴ」とは別の論文――は、欧米諸国の鉄道建設と比較してドイツの鉄道の当面の問題点を指摘したものである。

鉄道の建設については、技術を誇り豊富な資金を浪費する英国式の工法より、安い運賃と採算性とを重視した北米の工法を勧めている。北米は「実用的な鉄道工学の母国」であり、同じ号の「米国における最新の機関車の改良」が示すように、機関車の改良も急速に進んでいる。特にテューリンゲンや南ドイツの

ような不利な地形と大量の輸送量が望めない地域では北米の工法がよい。別の記事には、「［最も良いものをと］欲張ると元も子もなくす」("le mieux st l'ennemi du bien")、「何でも試してみて、一番良いものを取る」("prufet Alles, das Beste behaltet")など、米国の風土を示すような、実用的な改良を求める格言が言われている、とある。

　10年前にドイツの全国鉄道網の建設を呼びかけた時には、その実現は遠い先のことと思われていたが、恐らく10年後にはこの国民的事業の大部分が出来上がっているであろう。主要路線の建設に必要な資金は5億グルデンを超えるであろうから、10年間は毎年5,000万グルデンの支出が必要になる。だが、鉄道建設への支出は侵略戦争のように生産諸力を破壊する消費ではない。ドイツの工業と農耕に強さを与え、国民の富と勢力との利益になる支出である。フランスが進める5億フランを下らない「パリの要塞化」より国民の防衛に役立つ支出である。そのうえ、鉄道建設は外国へ流出しているドイツの資金を祖国の工業へ還流させるばかりか、外国の資金をもドイツへ引き寄せるであろう。

　最後に、最近の経験として線路の補修に予想以上の費用がかかる点＊、当初の見込み以上に旅客数が多く、旅客輸送の収益が鉄道会社に良い結果をもたらしている点、をあげている。

　　＊北米では重い鉄のレールは16-20年、軽いものは8-12年の耐用年数しか計上されていない。ベルギーの鉄道では線路の補修費は5年前より10倍多くかかり、なお増加しているという。

　当時、鉄道は建設のための土木工事から敷設するレール、走行する機関車と車輌、付属の設備にいたるまで先端技術の結晶であり、研究と改良は日進月歩であった。上に述べた「米国における最新の機関車の改良」はボールドウィンやノリスの6輪の機関車からガスドヴィック、ハリソンの8輪の機関車の完成までの改良を技術的に説明したワシントンからの報告（筆者は不明）である。そのほか、「安い鉄道レール」（1843年第52号）は鉄のように堅く15フランで2.5メートル敷設できるというフランス人の発明で、フランスの『鉄道雑誌』からの記事、「蒸気機関車の改良」（1844年第41号）は英国の7月中の特許34件の4

分の1が蒸気機関［車］に関するもの、という記事、「急勾配用の機関車」(1845年第34号)はシュトゥットガルト〜ウルム間のアルプ越えの機関車に関して北米の技師の報告を紹介したもの——勾配とカーブが建設工事の難点であった——、同じ1845年第50号には3編の記事が載っているが、そのうちの「新型の鉄道車輌」はアイルランドのコーク＝バンドン鉄道局が製作した車輌の説明で、3つのクラスの乗客用の客室があり、直径12フィートのカーブを安全に速く走行するという。ほかの2編は次項で述べる。

表4-3　ベルギーの鉄道の収支

	収入	支出
1837年	1,416,982	1,189,965
1838年	3,097,833	2,748,649
1839年	4,249,825	3,078,978
1840年	5,335,167	3,254,511
1841年	6,226,333	4,273,000

　オーストリアとベルギーについてもここで述べておこう。「オーストリアの鉄道システム」(1843年第28号)は「皇帝フェルディナンド北部鉄道」の株主総会での議長バウムガルトナーの演説の要旨である。この会社はウィーン〜ボフニア間の鉄道建設のために1836年3月に設立され、翌年11月オーストリア最初の蒸気鉄道をフロリズドルフ〜ワグラ間に開業した。演説では1842年、43年の収益の増加を説明し、数年以内にヨーロッパの2大貿易港トリエステとハンブルクが、皇帝の都ウィーンとドイツの主要都市とが鉄道で結ばれ、この200ドイツ・マイル（1,500キロ）の鉄道網の中心にK. F. 北部鉄道がある。さらに、オーバーシュレージエンとワルシャワの鉄道と接続し、プラハ経由でザクセン国境へ、グレーツ経由でトリエステまで延長して、シュレージエンとガリシアの豊富な資源を入手し云々、と会社の順調な発展を誇らしげに述べている。

　「ベルギーの鉄道」(1843年第9号)は1837年から41年までの収支を表4-3のように示している。
　すべての年度で黒字である。また、1842年の収入は1841年より100万増加するという。単位の記載はないが、ベルギー・フランであろう。
　もう1編の「ベルギーの鉄道」(1843年第16号)には鉄道事業の管理につい

表4-4　鉄道の時刻表 (1)

ライプツィヒ発	6:00	16:00			9:00	18:30		
ヴルツェン発	6:30	16:30	8:15	18:15	9:45	19:15	6:15	12:15
オシャッツ発	7:15	17:15	7:30	17:30	5:00	11:00	5:15	11:00
リーザ発	7:45	17:45	7:00	17:00	5:15	11:30	5:00	10:30
ニーデラウ発	8:30	18:30	6:30	16:30	6:15	12:30	9:30	19:00
ドレスデン発			6:00	16:00			9:00	18:30

表4-5　鉄道の時刻表 (2)

ケルン発（着）	6:00	9:00	14:45	15:15	17:45	21:00
ホルレム発	6:45	10:00	15:30	14:00	17:00	20:15
デュレン発	7:15	11:00	16:15	13:00	16:15	19:45
ストルベルク発	8:30	12:00	17:00	11:45	15:30	18:45
アーヘン発	9:15	12:45	17:30	11:30	15:15	18:30
ヴェルヴィエ着（発）	11:00	14:30	19:15	8:30	12:45	16:30

ての苦情が記されている。①運賃が正確に周知されていない。②技師カブリーの発明が利用されていない、燃料が25％節約できるというのに。この発明を利用したストラスブールのマイヤー社製の機関車では燃料がベルギーの半分ですむという。カブリー氏の発明にはまだ2、3の疑問点があり、それらが解決されたらこの発明を利用する、というのが内務大臣の回答であった。カブリー氏自身が解決を任せられている。

(5) 時刻表

　当時のドイツの鉄道の「時刻表」を2つ紹介しよう（表4-4、表4-5）。ただし、これは『新聞』に掲載された記事ではない*。
　①「ライプツィヒ～ドレスデン鉄道（1843年3月1日-10月1日）」ドイツ最初の長距離鉄道で全長115.42キロ、全線開通は1839年4月。「旅客と速達扱い貨物を乗せた郵便列車」（左欄）と「貨物と旅客を乗せた貨物列車」（右欄）が朝夕、両方の駅を出発していた。右欄の夕方の列車はオシャッツかリーザでひと晩停車して、翌朝、先に発車した。途中の2駅を省略した。
　②「ライン鉄道（1844年5月1日以降）」ドイツ（ケルン）とベルギー（ヴ

ェルヴィエ）とを結ぶ最初の国際路線、国境を越えるアーヘンとヘルベスタール間が1843年10月開通。途中の7駅を省略した。左欄はドイツからベルギーへ、右欄はベルギーからドイツへ。

このほかに、アーヘン5：45発ヴェルヴィエ行とケルン18：15発ストルベルク行、また、ヴェルヴィエ5：30発アーヘン行、アーヘン6：15発ケルン行、リエージュ始発でヴェルヴィエ19：30発のアーヘン行がある。

＊ H.-H. Gerlach, Atlas zur Eisenbahn-Geschichte, S. XIV, XV.

(6) 大気圧（空気）鉄道

19世紀は「鉄道の時代」であり、まして『新聞』の創刊者で編集者のリストは「鉄道事業の先駆者」である。各国の鉄道建設や新型の機関車のニュースが『新聞』に多いのは当然である。しかし、鉄道について述べている産業革命史や交通史がほとんど言及しておらず、その後も各国でほとんど建設されなかった「大気圧（空気）鉄道」（atmosphärische（Luft）Eisenbahn）の記事が多いのは、ちょっとした驚きであった。大気圧鉄道の記事が出ているのは1843-45年間である。

最初の記事は「大気圧鉄道」（1843年第28号）で、「キングストンからダルキーまで大気圧鉄道［の建設］が急ピッチで進んでいる。真空状態を作り出すべき管がすでに敷設された。［時速］45-60マイルの速さで走行することが期待される」というニュースである。また、最後の記事は「ピルブロウの大気圧鉄道」（1845年第34号）で、アデレイド・ギャラリーで最近行われた大気圧鉄道の新型の小模型による実験の「驚くべき結果」を伝える『タイムズ』紙の報道である。「大気圧［鉄道］システムは結局、そしておそらくそれほど遠くない将来、費用がかかり危険を伴う蒸気機関（車）に取って代わるであろう。それゆえこの種の鉄道の進歩を知らせることは各人の義務である」。

これらの2つの記事のあいだの2年間に、大気圧鉄道に関する論説と報告が4編『新聞』に載っている。

まず、「大気圧鉄道」（1844年第22号」は英国の『内外評論』の最新号の論文の紹介である。空気の力（大気圧）を陸上輸送に利用するアイデアは、管のなかに手紙を入れて空気ポンプを使って送るというテーラー（力織機の発明者）の試み（1805年）に始まり、メドハースト（1827年）やピンクス（1834年）が人間の輸送に広げようと試みたが、成功しなかった。シリンダーの役割を果たす真空状態を作り出す管をいかにして人間や貨物を乗せた車輛と結び付けるか、この難問が1839年にガス灯の先駆者であるクレッグによって解決されて、大気圧鉄道はいっきに実現に近づいた。

　クレッグはサミューダといっしょに数千フィートの試験線路を敷設して走行実験を行い、政府の委員会はこの結果について好意的な——ただし利点をやや過少に、難点をやや過大に述べた——報告を行った（1842年2月）。その結果、大気圧鉄道の設備がキングストン～ダルキー間に建設されて、43年12月に最初の走行試験が行われ、試験に立ち会ったテームズ川トンネルの建設者ブルネルもこの結果を高く評価した。フランス政府もテセラン、マレの2人の技師を派遣したが（1842年）、帰国後のテセランの報告は注目を集め、詳しい本が英語版とフランス語版で出た。『新聞』に最初の記事が載ったのはこの半年ほど後のことである。論文はまだ続くが、いったん中断して1843年末の2編を読むことにしよう。

　「大気圧空気鉄道」（1843年第50号付録）はテセランの報告を要約した『プロイセン・アルゲマイネ新聞』（12月8日号）の紹介である。大気圧鉄道は現在の鉄道の組織の「根本的な、きわめて経済的な変革」をもたらす、とテセランは言う。蒸気鉄道は蒸気機関車を使うか定置式蒸気機関を使うかのいずれかであるが、新しいシステムは両者のいわば中間である。その利点は定置式機関を使った従来のシステムと比べると明瞭である。ヨリ急な勾配を克服できる（長い迂回路の節約）、速度を増すために機関車の重量を増す必要がない（衝突や火災の危険を減らす）、重い機関車やザイルが不必要になるから、軽い車両ですみ、線路や橋の費用がかからない。このあとに、新しいシステムの「機械的設備」の説明があるが、専門外の筆者には難解なので、代わりに『全集』第3

巻の解説を引用することにしたい。

《A. Z.》紙の記事によるこの解説は、クレッグの発明の基礎にあるアイデアを概略次のように述べている。「空気ポンプの役割をする鋳鉄製のシリンダーが2本のレールの間にレールと並行して敷設される。シリンダーは全部で線路と同じ長さ。[定置式の]蒸気機関の働きで空気がシリンダーから抜き取られ、管の気孔部に密閉状態で置かれたピストンが、機関手がハンドルを動かすや否や、シリンダーのなかを矢のように飛んでいく。ピストンには垂直に立つ鉄の延べ棒によって機関手の車輌が、またこれにはその他の列車が固定されている。……シリンダー管はそれぞれ1英国マイル(約1.6キロ)の長さであるから、1英国マイルごとに空気を抜いてシリンダーを真空状態にするために、定置式蒸気機関が設置されねばならない」*。

* リストは「ドイツの鉄道システムⅠ」(1840年)のなかで「クレッグの発明」に触れており、解説はこの個所につけられた脚注である。

『プロイセン・アルゲマイネ新聞』の記事は、このあと大気圧システムの4つの利点を次のように述べている。①建設費：大気圧鉄道は単線なので線路の敷設は約40％の節約、振動が少なく、高い煙突もないから線路の強度やトンネルの高さの点でも工費の節約になる。そして、1キロ当りの建設費の見積を表4-6のように比較する。国道の[建設費の]3分の1か4分の1を大気圧鉄道の建設に回せば、建設費はキロ当り30万フランではなく17万フランになろう。得られる原動力(推進力)は平坦な地形で72トン、3センチの傾斜で23トン、5センチの傾斜で16トンの列車を牽引でき、この点でも蒸気鉄道にまさる。

②年間経費：線路の損耗が少ないうえに、燃料、修繕、給与などの経営費用は100キロの鉄道を双方から1日に10本ずつの列車を走行させるとして比較すると、大気圧システムでは1日でほぼ1,000フランの節約になる。③速度：現在の蒸気機関車は時速を60キロにあげるとわずかの積み荷しか運べないが、大気圧システムでは通常の[荷物を積んだ]列車が時速80キロで走行できる。④安全性：大気圧システムは従来の鉄道の事故(衝突、脱線、車軸の破損、火災)

表4-6　キロ当り建設費見積
(単位：フラン)

	蒸気鉄道	大気圧鉄道
用地	36,000	24,000
建設工事	175,000	115,000
線路	98,000	50,000
車輛	20,000	18,000
原動力	15,000	100,000
合　計	344,000	307,000

がほぼ避けられる。鋳鉄製の管の破損や調節板（Klappe）の損傷が指摘されているが、これらは大事故にならない。ただし、大気圧システムは、25年前の蒸気機関車と同様に、まだ新しい発明の幼児段階にあることを忘れてはならない。

1843年末のもう1編は「大気圧鉄道とヴィグノールズ」（1843年第51号）という「物見櫓」欄の短編で、リストの稿である。山の多い南ドイツ（不利な地形）にとって勾配の克服に費用がかからない大気圧鉄道の成功は、マンチェスター～リヴァプール鉄道の成功にまさる朗報である。ヴィグノールズはヴュルッテンベルクの鉄道建設を指導する英国人技師であるが、費用のかかりすぎる建設に反対し、クレッグの発明を評価してきた。クレッグの発明によって大気圧鉄道の実用化が期待されることは、南ドイツやテューリンゲンのように山の多い、従って勾配の多い「不利な地形」の国の鉄道建設に明るいニュースだと考えて、「物見櫓」欄にこれを紹介したのであろう。なお、この記事の最後に、来年には鉄道に「特別の注意」を向けるつもりだ、と書いている。上に述べた「大気圧鉄道」（1844年第22号）がこれに当ると思われるが、その前に、大気圧鉄道の反対論を紹介しておこう。

「山の多い地方（Land）の安い鉄道について、ならびに大気圧鉄道について」（1844年第8号）が反対論、末尾に筆者と思われるスタインレの署名がある。山の多い地方の鉄道建設費を減らすために定置式蒸気機関が用いられている。リエージュ近郊の鉄道は4台の定置式機関を使って640馬力を出し、乗客500人を乗せて36分の1の勾配の約4.7キロを時速12-15キロで走行する。英国ではリヴァプール～マンチェスター鉄道やロンドン～バーミンガム鉄道、ドイツでもライン地方やエルバーフェルト鉄道など、米国ではポッツヴィル～ダンヴィル鉄道をはじめもっと急勾配を走行している。しかし英国の技術者からはザイルで引っ張るやり方に異論も多い。燃料の高いドイツでは自然力の利用も言われ

た。スタインレは、山の多い地方では水力を利用した定置式機関で、空気管（ピストンが走るシリンダー）ではなくザイルを使って列車を引っ張る方が大気圧鉄道より経済的であることを説明したうえで、論文の最後で大気圧鉄道に次のように反対している。

　近年、いわゆる大気圧鉄道が「まったく不当な注目」を集めているが、テセランの報告は技術的問題でいかに大衆を欺くことができるか、それ以外の何物でもない。大気圧鉄道はすでに英国で放棄されており、技術者のバイゼも著書のなかでこれに反対し、最近もケルンの雑誌で反対している。大気圧鉄道の擁護者（リスト？）はヴィグノールズの名前を出しているが、彼は決して賛成しているのではない。高くかかる建設費は別として、ザイルを使った定置式機関の力の伝達は空気装置を使ったあの大気圧システムよりまさっている。すなわち、前者では使用された動力が4分の1しか失われないのに、後者では5分の2が失われるのである。

　さて、前述の『内外評論』の最新号を紹介したリストの「大気圧鉄道」（1844年第22号）は、このアイデアの成立に続いて、その利点と各国への適用を述べている。利点はテセランの報告と重複する点が多い。線路は単線で軽いレールでよい、重い蒸気機関車では走行困難な地形でも走行が可能、3英国マイル（約4,800メートル）ごとに定置式機関を設置し15分で牽引、したがって12時間で144英国マイル（約230キロ）、その費用は蒸気機関車よりずっと安く、速度に関係ない、衝突などの事故がない、等々。「新しいシステムによって鉄道事業の企業家は、運賃を大幅に引き下げ、下層階級にまで鉄道の利用を広げ、それでも収益を増すことになろう。特に炭坑から遠いために高い運賃を払って石炭を買っている地方に安い石炭を提供できる」。これが『内外評論』の筆者の結論である。

　『内外評論』の筆者は大気圧鉄道をアイルランド、ドイツ、ハンガリーの鉄道に利用することを勧めている。これに対してリストは、ハンガリーには牽引力や耐久力の強い安い馬が多く、日給も飼料も安く、平坦な地形であるから馬車鉄道のネットを作った方が経済的だと考えている。南ドイツについては、新

しいシステムにはまだ技術的に不明の点があり、自分は決して無条件な信奉者ではないが、と断ったうえで、大気圧鉄道と蒸気鉄道との優劣がはっきりするまでは馬車鉄道を建設し、結果が出た後に大気圧鉄道か蒸気鉄道に改良するのがよいのではないか、と考えているようである。

　なお、『新聞』の1845年第50号に「パーカーの新型機関車システム」と「キーンとニケルの新型機関車システム」というニュースが載っている。前者については「動力は定置式蒸気機関」、後者については「圧縮された空気動力であるが、設備はクレッグの大気圧鉄道とは違う——速度については同じ」、とあるから、新しいシステムの改良の試みではないかと思われる。また、『全集』第3巻のクレッグの発明の解説には、「建設工事が安価、容易で走行が安全であるために」最初のうちは期待が大きかったが、ドイツではこの発明は一般に採用されず、英国で一時的に2、3の路線で採用されたにすぎなかった、とある。蒸気機関車の改良が急速に進んで「不利な地形」を克服し、安全性を増したこともその一因ではないだろうか。

　その他の記事では「木製の鉄道」（1844年第6号）が、ロンドンの近くでプロッサーの行った走行試験を伝えている。レールが鉄でなく木でできており、車輪が平ら（flach）で、傾斜面の走行が容易だという。鉄道ではないが、「空気圧を利用した射撃機械」（1845年第47号）はスウェーデンの士官フリートウッド男爵が作ったもので、ピストンがポンプ内の空気を16気圧にまで圧縮し、弁が開くと弾丸が螺旋形の溝を回転しながら発射される、という。「空気ポンプを使った手紙の輸送」（1844年第15号）は郵便の個所にまわそう。

（7）馬、馬車、汽車——旅の乗り物

　ここで、少しの間『新聞』を離れて想像の世界に遊んでみたい。交通革命が始まっていた当時の人々にとって、旅の手段（乗り物）がどのように変わっていったのだろうか。『新聞』の編集者リストの場合を調べてみよう。

　①リストはヴュルッテンベルク王国の内務省で地方行政の役人をしていた1817年に、アメリカへの移住者の調査を命じられた。4月29日の午後5時に命

令を受け取って、翌日の早朝からハイルブロンで移住者のうち53家族の聞き取り調査をしたという。シュトゥットガルトからハイルブロンまで1晩で行くには馬車か馬を使わなければ、徒歩では不可能ではないだろうか。ちなみに、リストの兄は1813年に兵役免除の手続きのためにロイトリンゲンとシュトゥットガルトの間を馬で往復中に落馬して、2日後に死亡している。

②渡米して間もない1825年9月に、ピッツバーグからビーバー郡のラッピスト（敬虔派、分離派のラップの教えの信者）のコロニー「エコノミー」を訪ねた時には、18マイルを馬で4時間ほどかけて行った。その3年後の1828年には「水運・鉄道・石炭会社」を設立し、石炭輸送用の全長22マイルの「小スクールキル鉄道」（1831年開通）を建設している。

③1825年から32年までの間に帆船で大西洋を2往復したこと、ドイツで最初の長距離鉄道ライプツィヒ～ドレスデン鉄道の建設を軌道に乗せたこと、1837年9月、パリへ向かう途中ベルギーでメヘレン～ルーヴァン鉄道の開通式に政府から招待されたこと、11月21日にチュルリー宮殿でフランス国王に謁見して株式会社による鉄道建設を提言したことは前に述べた。『国家学事典』に「鉄道と運河、蒸気船と蒸気機関車輸送」の項目を書いたのもその頃である。

④1840年7月、テューリンゲン3国に共同でプロイセンの鉄道建設計画に反対するように説得した時には、コーブルクでエルンスト1世と会い、マイニンゲンに着くとひと休みしただけで7時間馬車に乗ってアルテンシュタイン城にマイニンゲン公を訪ね、その晩は居酒屋の硬い長椅子に寝て翌朝8時にゴータへ戻って祝宴に出席、夜行の急行馬車でワイマールへ6時に着くと8時に大臣に会ってイェーナからゴータへ戻り、もう1度ワイマールから2時間離れたヴィルヘルムスタール城でワイマール大公に会う、という夜行馬車を使っての強行軍であった。マイニンゲン公からエリーゼ（リストの次女）の歌を聴きたいと所望されたのはこの時で、8月16日にリスト一家はクララ・シューマン（娘たちの親友）といっしょにアルテンシュタイン城にマイニンゲン公夫妻を訪ねている。この旅行中にクララとシューマンとの結婚の許可が裁判所から下り、エミーリエ（リストの長女）がこの朗報をクララに伝えたということである。

リストが《A. Z.》紙の通信員としてパリから送ったクララの活躍を伝える記事が同紙（1839.5.28）に掲載されている。

⑤リストは1824年にロンドン郊外で初めて［馬車］鉄道を見学し、北米で鉄道を建設し、ドイツでも『鉄道雑誌』を発行し、フランス国王に鉄道建設を提言しているが、ドイツで初めて汽車に乗ったのはいつ、どこでだったのだろうか。断定はできないが、1841年にバイエルン王国のアウクスブルクへ移ってからではないだろうか。保護主義に理解を持つバイエルン国王や政府の後ろ盾を得るために何度もミュンヘンへ行ったが、この時に前の年に開通したアウクスブルク〜ミュンヘン間の鉄道を利用したのが最初ではないかと思われる。鉄道会社からは無料で乗車できる優待乗車証の提供を受けていたようである。ちなみに、1844年秋にオーストリアとハンガリーへ旅行した時にはウィーン、プレスブルク、ペストとドナウ川を船（蒸気船）で往復したが、この時も蒸気船会社から優待乗船証を提供されていたようである。

⑥リストが「最後の旅」に発ったのは1846年10月末かと思われる。ミュンヘンに滞在したあと、「雇い馬車」でローゼンハイムからテーゲルンゼーへ着き、ここから妻へ最後になった手紙を出した。インスブルックへ着いたらまた手紙を出す、と書いてあった。アッヘン峠を越えてイェンバッハへ出て、イン川に沿ってインスブルックへ行こうとしたらしい。しかし、「山道へ差しかかった時の恐ろしいほどひどい天候が彼の精神的失調を増大させて」旅を中断させた。シュワーツの辺りで引き返してクフシュタインの宿に着いたのは11月26日の夕方で、ここで帰りの分の代金まで払って「雇い馬車」を帰した。馬車は翌日別の客を乗せてミュンヘンへ帰った。明日は特別郵便馬車で出発するといったが、出発する気配はなかった。町から15分ぐらいの山道で雪のなかから遺体が発見されたのは死後3日目の12月3日の午後であった。

リストのことを書いたが、交通革命が始まっていた当時の人々は、政治家も商人も学者も芸術家も、馬や馬車や汽車、また川舟や帆船や汽船など、さまざまな乗り物を利用して旅を続けていたのであろう。有名な作品を遺したあの人は馬に乗っていたのだろうか、そんなことを想像するだけでも楽しい。

(8) 運河

　19世紀は「鉄道の時代」と書いたが、『新聞』が発行されていた1840年代には、まだ運河（水路）が鉄道と並んで国内の主要な輸送手段であり、互いに貨物輸送の時間や料金や安全をめぐって競っていた。英国では、1830年に運河の延長はすでに3,200キロに達していたが、鉄道の延長は10年後の1840年にもまだ2,390キロであった。前に述べた上場株式一覧でも鉄道株が42種類に対して運河株は56種類で、いちばん多い。一方、建国から南北戦争までの米国の国内交通の歴史では、建国期から1810年が「有料道路の時代」、1820年代と30年代が「運河の時代」、1840年代と50年代が「鉄道の時代」と言われている。「北米の運河と鉄道」（1848年第23号）によれば、運河が2,658マイル（建設費：9,109万0,649ドル）、このほか475マイルが着工中、これに対して鉄道は3,376マイル（建設費：1億0,420万ドル）、このほか2,133マイルが計画中であった。

　運河と鉄道を比較した2つの記事がある。まず、「運河と鉄道の比較考察」（1845年第25号）は前に述べた技師テセランが『独立評論』誌に発表した論文からの抜粋である。運河と鉄道の比較というような議論の多い問題については、英国、フランス、ベルギーの長い経験に学ぶ必要がある。そう述べて、テセランはこれら3国の「経験」を次のように要約する。

　英国では運河と鉄道は同じ武器を持って争っており、政府はこの問題に関与せず傍観者の立場をとっている。運河はこの争いに破れ、新しい支線が建設されればもっと大きい損失が生じるであろう。運河の所有者のなかには差し迫った危険を察知して水路を鉄道に変えることを考える者もいる。英国の運河の欠陥だらけの設計のためにこの計画には大きな困難が伴うであろう。

　フランスでは運河が鉄道に対して優位に立っている。運河の通行料が維持費に足りないほど安く設定され、大部分の運河を所有する政府が犠牲を補っているからである。投下資本の回収には程遠く、政府は運河の完成に年々多額をつぎ込んでいる。そのためフランスの大都市はほとんど水路で結ばれ、鉄道は孤立していた。しかし最近、アルザスの鉄道が競合する運河から輸送量の半分以

上を奪い、サン・テチエンヌ鉄道もジボールの運河に同様の影響を及ぼし、セーヌ川とセーヌ＝ロワーヌ運河もルーアン〜オルレアン間の鉄道との競争で不利に立たされている。

　ベルギーでは国家が運河と鉄道の所有者であり、鉄道を建設する際に運河の通行料を大幅に引き下げて優遇した。そのため、大規模な運河や製鉄所や炭田と接続する運河はそれまでの輸送量を維持しているばかりか、増加したものもあり、鉄道は運河と並行しているところでは良い結果を残していない。ただし、東部のルーバンからプロイセン国境までの鉄道では貨物輸送量は1844年に10万トンを超え、年々増加している。同じ商品が鉄道と運河と両方で運ばれたり、並行する運河と鉄道が別々の所有者で同じ顧客をめぐって料金の引き下げを競ったりする場合には、互いに支え合う代わりに相手に損害を与え合い、互いに繁栄する代わりに衰退し、一言で言えば同盟より競争する結果になる。

　もう１つ、「運河と鉄道」（1845年第31号）は『両世界評論』誌に載ったコクランの論文の結論部分の紹介である。

　輸送費の点では水路（運河）が断然有利だが、鉄道は雑費がかからない点でまさる。通常、鉄道は２つの地点を運河より４分の１ほど短い距離で結ぶ。たとえば、フランス北部の路線では運河が457キロに対して鉄道は320キロであるが、輸送費は鉄道が32フランに対して運河は12と1/2フランと、ずっとやすい。鉄道は貨物ばかりでなく旅客を運び、旅客の運賃収入によって貨物の輸送費を低くしている。

　英国では83本の運河と121本の鉄道との激しい競争の結果、並行して走る鉄道と競争できる運河は１つもない。輸送費を大幅に引き下げて収入を大きく減らした会社も出ていることは、道路・橋梁建設検査官のミナード氏の著書『鉄道と水路の最近の結果』から明らかである。1,036万7,000ポンド・スターリングを費やして建設した運河の価値は1843年５月の時点で2,247万4,000ポンドであるが、鉄道建設以前には3,136万6,100ポンドであったから、３分の１ほど減少した。鉄道の価値は建設費の1.4倍上昇している。クリナン、クロイドン、ポーツマス、アルンデルなどの運河は純利益を出していないが、優良な運河は

鉄道より高い配当を出している。

　さらに、運河の建設によって湿地が排水されて肥沃になり、潅漑が可能になった地域もある。それが株主の利益になるのか、という者もいるが、土地が改良され、農産物が増収し、農業階級に利益をもたらすのは、社会全体に貢献しているといえる。著者は、建設費が輸送料によってカバーできない場合でも、国家の観点から運河を擁護している。

　「雑録」欄から3編紹介しよう。どれもフランスの運河である。

　「フランスの運河通行料」（1843年第15号）は、『モニトゥール』紙が伝えるバリ運河とニヴェルネ運河10キロメートル当りの料金である。

　①キロリットル当り　パン用の穀物：25サンチーム（以下同様）、大麦、とうもろこし：17と1/2、燕麦：12と1/2、海の塩：30、ぶどう酒、火酒：40、シードル：20。

　②1,000キログラム当り　鉱物：15、銑鉄、鋳鉄：30、投機：44、ファエンツァ焼（マジョリカ焼）、ガラス：30、砂糖、コーヒー、油、石鹸、粗綿と上綿、亜麻、大麻、タバコ、染料：44、粗亜麻と大麻：35、干し草、藁：20、石炭：20、コークス：30。

　③立方メートル当り、大理石、切り石、石膏、煉瓦、スレート、石灰：20、粘土、泥灰岩、砂、砂利、壁用の石材：10、建築用材：20、燃料材：10。

　「フランスの運河建設」（1843年第20号）は1843年に提案された運河建設の臨時費である。ライン＝マルヌ運河に800万フラン、ガロンヌ川のラテラル運河に500万、アルザスからマルヌ川までの運河に150万、タルン川の改修（航行可能化）に100万、合計1,550万フラン。

　「フランスの水路」（1845年第13号）はフランス政府が水路の改良のために要求した8,100万フランのうちわけである。セーヌ川に2,100万フラン、ヨンヌ川に650万、ヴィトゥリとドンジュール間のマルヌ川の仮設運河に1,400万、マエンヌ川の運河化に700万、サルテ川の航行可能化に300万、ネステの水路建設に2,600万、ヴィレン川の運河化に260万、クエからツールーズまでの水路建設に130万（合計8,140万フランになる）。

最後に、「ライン＝マルヌ運河とライン＝ベクスバッハ鉄道」(1843年第14号)は国境地帯にある資源の輸送問題を扱っている。フランスとの国境に近いドイツ（プロイセン）領のザール地方にはドイツ有数の炭田がある。ところがこのザール地方の石炭はこれまで大部分がドイツへではなくフランスへ運ばれていた（1842年に16万トン余、即ち300-400ツェントナー）。ザールからストラスブールまで水運の便があったからである。さらに、マルヌ、マース、モーゼル、ザール川をライン川に結ぶ「ライン＝マルヌ運河」（全長320キロ、総事業費4,500万フラン）が完成すれば、ザール地方のドイツの石炭はますますフランスの製鉄業の発展に利用されることになろう。

　ライン＝ベクスバッハ鉄道の建設はドイツ側の対抗手段である。運河は石炭のような重量物の輸送に適しているが、鉄道は運河に比べて、①石炭を最も必要とする冬の間も輸送できるし、②現在フランス側では2回積み替えているのに、積み替えなしに運べるし、③ドイツ側にも約300万ツェントナーと、フランスに匹敵する需要がある。この論文を書いたリストは、こうした点をあげて「ライン＝ベクスバッハ鉄道」の将来性は疑いないことを説明し、有利な地形と延長可能なルートを選び、株主への保証をつけて、早期に着工することを提案している。ちなみに、この鉄道は1845年に着工し、49年8月にルートヴィヒスハーフェン（ラインシャンツ）～カイザースラウテルン～ベクスバッハ間の全線が開通した。

（9）ヴェーザー川

　いまでもヨーロッパにはライン川やドナウ川のように、上流から河口までいくつもの国を通って流れる「国際河川」がある。政治的に統一する前のドイツには、いくつもの領国を通って流れる川がたくさんあった。むしろ、それが一般的であった。たとえば、ネッカー川はヴュルッテンベルク王国の大学都市テュービンゲンやバーデン大公国の大学都市ハイデルベルクを通ってライン川に注ぎ、ボヘミアの森（オーストリア）に発するエルベ川はザクセン王国やプロイセン王国やハノーファー王国を通って北海に注いでいた。プロイセン領内に

あるアンハルト公国はエルベ川を利用した密輸の基地であった。その1つ、ヴェーザー川についてこんな記事が載っている（「ヴェーザー川」1845年第40号）。

　ハンザ都市ブレーメンを流れるヴェーザー川はヴェラ川とフルダ川が合流するハノーファー・ミンデンのあたりから河口のブレーマーハーフェンまで59と1/8ドイツ・マイル（約443キロ）あるが、この間に35の異なる領国支配権（Landeshoheit）の土地を流れたという。そのうち、20の区間（約156キロ）では両岸の支配権が異なるために流れの半分ずつが2つの領国の支配権に属し、残りの15の区間（約287キロ）は両岸とも、つまり流れのすべてが同じ支配権に服していたという。何とも複雑な状態で、「ヴェーザー川の航行」（1843年第24号）によればブレーメン～ミンデン間にも同年5月に蒸気船航行が始まるというが、これは関係する諸領国の「ヴェーザー川航行委員会」（Weserschiffahrts = Commission）の決議によるものである。ヴェーザー川に最終的に航行の自由が実現するのは1865/66年のことである。

(10) スエズ運河とパナマ運河

　これまでは国内の水路（運河）について述べてきたが、このほか『新聞』には、のちに世界商業に大きな影響を及ぼすことになった2大運河、スエズ運河とパナマ運河の計画のニュースも載っている。

　「スエズ運河」（1844年第10号）は『タイムズ』紙の記事を紹介している。同紙によれば、現在、英国でもエジプトでもスエズ運河が注目を集めているという。ヨーロッパで工学を学び、スエズ地峡部を調査した若いアラビア人が、「運河が鉄道にまさる」という意見書をパシャ（エジプト大守）に提出し、パシャに仕えるフランス人技師リノー氏も、この地域の自然は運河に適していると述べた。紅海の水位はスエズ付近ではペルシャに近い地中海より32フィート高いので、運河の全長に早い流れが生ずるであろう。

　英国人アンダーソン氏はこの問題についてパンフレットを書いて、この事業の採算性を予測した。運河を通行する貨物の全重量を100万トンとすると、船

の航行時間は（喜望峰回りより）平均して少なくとも5週間短縮されるので、全体で10万ポンド・スターリングの節約になる。運河の通行料をトン当り8シリングとすると、年々の収入は20万ポンド（ス）を下らず、建設費は400万ポンド（ス）を超えないであろう。

ちなみに、スエズ運河は、1854-56年にフランス人レセップスがパシャから特許を取得して「万国スエズ海洋運河会社」を設立し、59年に着工して69年に開通した。工事費の見積は800万ポンド（ス）（2億フラン）で、実際にはその2倍の1,600万ポンド（ス）かかったということである。

「英帝国の原則とスエズ運河」（1847年第20号）は運河の建設を政治情勢と絡めている。ドイツ経由の東インド陸送便が促進されて地中海＝インド商業の記憶が甦ったが、残念ながらスエズ地峡部の掘削は実現に程遠い状態にある。最新の調査によれば、紅海と地中海とはメンフィスかカイロからナイル川によって紅海まで運河でつながっていたことが明らかになった。だが、運河の建設を妨害しているのはメフムト・アリではなく、英国の利害である。英国は、運河ができるとギリシャの商船がインド洋で危険な競争相手になることを恐れて、建設に反対している。この記事は、運河の建設費を900万フラン、鉄道の建設費を1,300万フランと見積り、紅海と地中海との海面の差は33フィートで、これは流れが泥土の堆積を防ぐから不利ではなく有利だ、と述べている。

ところで、スエズ運河が作られた紅海と地中海の中間の地域はエジプトやペルシャという古代文明の中心地に近かったから、ナイル川の支流と紅海とを結ぶ運河の建設は紀元前から何度か企てられたようである。「紅海からナイル川への古代の運河」（1844年第38号）によれば、紀元前5世紀にアケメネス朝ペルシャのダイレオス1世（ダリウス）はネコスの事業を引き継いで運河を掘り、「船はエジプトからペルシャへ、わが意のままにこの運河を通った」と碑文にあるという。この記事は『黒森マガジン』の論説を引いて、運河がもたらした富をめぐるエジプトとペルシャ、イスラエルとの争いを述べているが、この運河は「一方の端から他方の端まで4日かかり、幅は2隻の3段オール船がすれ違うことができた」と記している。水はナイル川のブバストスの上流からアラ

ビアの都市パトゥモスの近くで紅海に注いだ。ネコスの時代には12万人を下らないエジプト人がこの労働で命を落としたという。

パナマ運河についても「雑録」欄に2本のニュースがある。「パナマ運河」(1843年第9号）によれば、ドイツの自然科学者、地理学者のフンボルトがフランスのアカデミーでこの事業の達成を予測したという。技術者の予備調査が急速に進み、建設の承認を得た委員会がすでに測量にとりかかり、この地は予想以上に掘削に適しているという。コルディレラス山脈は地峡全体を覆っておらず、技術者はこの事業に適した峡谷を発見した。水路状況も悪くない。現在も一部航行可能なドゥレット川が運河の一部分になるであろう。運河の全長は49英国マイル（約80キロ）、幅は海面で135フィート、深さは20フィート、したがって1,000-1,400トンの船が航行可能であろう。フランス人技術者モレルは事業全体の費用を56万ポンド・スターリング（672万フラン）を超えないだろう、と見積っている。

「大西洋と太平洋との結合」(1844年第6号）は、この問題が最近ふたたび活発に論じられている、という『太陽』紙の報道を伝えている。以前に付与された許可が失効したあとで、パナマ在住の「英国太平洋蒸気船会社」の代理人ホウィールライト氏がこの計画をふたたび持ち出した。パナマから届いた氏の手紙では、この事業の実行にはニュー・グラナダ政府の側からも何の障害も出ていないという。『両世界評論』誌に掲載されたこの問題についてのくわしい論文についてはのちに述べるであろう（該当する記事はない）。米国が運河の建設に着工する60年も前のニュースである。

以上の2本は「雑録」欄の記事であるが、リスト自身も「パナマ地峡を通る運河、ハンザ諸都市にとっての事業」（1843年第25号）で、パナマ運河の建設にハンザ諸都市が役割を果たすことを次のように論じている。

パナマ運河の建設の効果は18世紀から言われ、スペイン植民地の解放後には企画されたが実現しなかった。近年、計画が再燃し、特にフランスの会社がニュー・グラナダ政府と交渉して測量を始めたが、結局、事業は放棄された。英、

仏、北米をはじめ多くの海上勢力が拮抗・対立する現状では、1国だけで建設することは他の諸国の反発を招いて難しい。そこでリストは、次のように提案する。「ハンザ都市のハンブルクとブレーメンがニュー・グラナダ政府と交渉し、これら3者が1つの株式会社の定款を起草して、これをすべての強大な海上勢力、すなわち、英国、フランス、スペイン、ポルトガル、オーストリア、プロイセン、ロシア、ベルギー、オランダ、北米の諸政府に提示して承認をえる」というのである。

　この草案の骨子は次の4点である。①すべての海上勢力はこの会社に対して中立を保証する。②上記の海上勢力（国家）の大海港都市と商業都市の市当局だけが、次のような仕方で、この会社に加入することを認められる。すなわち、「どの1つの海上勢力（国家）の市当局も全部で、全株式の11分の1以上を応募してはならないこと、また各国家のすべての市当局の利害は最も重要な商業都市によって代表されること」である。こうして、ロンドン（英国）、ボルドーまたはアーブル（フランス）、カディス（スペイン）、リスボン（ポルトガル）、トリエステ（オーストリア）、シュテッティン（プロイセン）、ペテルスブルク（ロシア）、アントウェルペン（ベルギー）、アムステルダム（オランダ）、ニューヨーク（北米）、ハンザ都市が1票ずつの権利をもつ。③事情により、上記の都市の持ち分は他の市当局に代わることがある。④この会社の案件はハンブルクを議長とする常設の会議によって運営される。

　以上がリストの提案の骨子であるが、このあとに、運河の建設の実現可能性とその収益性について、英国の新聞の意見が紹介されている。建設地はチャグレス川の河口から北に数マイルのリモン湾（大西洋側）からリオ・グランデ川の河口（太平洋側）まで40マイルで、最高の地点は34フィートを超えない。建設費についてはカレドニア運河（スコットランド北部、リニ湾とモレー湾を結ぶ水門式運河。全長97キロ、1803年に着工、22年から使用、47年に全通）が参考になる。この運河の建設費は98万6,942ポンド・スターリング、パナマ運河の場合には150万ポンド（ス）かからないであろう。

　収益性については、投下資本の利子10%として年間15万ポンド、管理経費2

万5,000ポンド。西半球のヨーロッパやアメリカ東海岸と東半球の同西海岸、オーストラリア、オセアニア、東アジアとの間を往来するすべての船は航海の日数をすくなくとも1か月短縮し、その分の給料、食料、積み荷の利子、保険、船の維持費……を節約できる。運河の通行料をトン当り10シリングとすれば、35万トンの積み荷があれば採算がとれる。現在、上記の地域間の貿易に従事する船は英国、フランス、北米、オランダの4国だけでも829隻、その積み荷は40万-50万トン、運河が完成すれば貿易量は飛躍的に増加するであろう。

このような英国の新聞の意見を紹介して、リストは最後にパナマ運河が将来の世界貿易に絶大な影響を及ぼすことは間違いないと強調している。いまやっと開かれた清国と日本、英国人の入植が進むオセアニア、オランダが支配と生産を拡大する東アジアの島々、北米西海岸（オレゴンやカリフォルニア）、南米のペルーやチリの未開発の鉱物資源、「これらの地域に向かって世界の大々的な蒸気船航行が始まることは疑いない」。そのほか、上記の新聞の意見にはないが、会社が取得した運河地帯の土地をさまざまな施設の建設地として販売することからも、莫大な利益が生じるであろう*。

 * 晩年のリストが構想した世界3大交通路は、スエズ運河、パナマ運河、ヨーロッパ（ロンドン）とインド（ボンベイ）とを結ぶ大陸間鉄道であった。なお、『全集』第7巻の解題によれば、「リストの場合、パナマ運河の評価においては世界経済的意義がまさり、スエズ運河の評価においては［英独同盟計画を見据えた］政治的意義がまさっている」という。

『新聞』にこれらのニュースや論説が掲載されてからおよそ60年後の1904年に、米国はパナマ運河の建設に着工し、1914年に完成した。全長95キロ、工事費は約3億7,500万ドルであったという。

5．郵便と電信

（1）英国の郵便改革Ｉ

　英国では低額の均一料金制度を柱とするローランド・ヒルの郵便改革が1839年に下院を通過して、翌40年に実施された。リストは英国で実施された郵便改革とその結果に強い関心を寄せていたので、『新聞』には彼の論説をはじめロンドンからの通信やその他の諸国の動きがたくさん掲載されている。まず、リストの論説「郵便改革」（1844年第23号）を読むことにしよう。

　ヒルは、現在の郵便料金を手紙1通（重量1/2オンス＝約15グラムまで）1ペンス（3クロイツァー）に引き下げれば、10年間に手紙の数は2倍、3倍、4倍、5倍、それどころか7倍それ以上に増加するだろう、と予想したが、1843年にはすでに2億2,100万通と改革前（1839年に7,500万通）の3倍になった。また、ヒルは手紙の数が3倍に達した時点で郵便の純益を58万ポンド・スターリングと計算したが、1843年にすでに64万217ポンド（ス）で、この額は料金が現在の4倍と高かった37年の純益の70％である。来年中には手紙の数は7倍にふえて、純益が改革前のそれを超えることは確実であろう。

　しかし、ヒルの郵便改革は決して順調に進んだわけではなかった。英国の『内外評論』誌（4月号）は郵便当局者の証言を交えて、ヒルの本来の郵便改革計画とこの計画の実行に対して郵便当局がどのように妨害していたか、を明らかにしている。「ヒル氏は他のすべての改革者と同じ目にあった。彼はいたるところで彼の改善の提案に対する嫌悪――疑念や偏見にぶつかった。彼には労苦と仕事だけが、そして言うに言われぬ労苦の末に勤務からの名誉ある退職が待ち受けていた」。郵便改革に賛成する者は、何としても当局にこの改革を採用させねばならない。すべての賛成者は議会に請願し、彼を議会に選ばねばならない。何より必要なことは、フランスの「ポスト－コンセイユ」（郵政顧問）のような、郵便と商業に通じた・郵便総局長の相談役になるような人物の助言

である。
　英国の雑誌から引用したあとで、リストはこの経験から学ぶべき点を次のように述べている。郵便制度は国民の物質的幸福と精神的発展に重要であるのに、誤った財政［的考慮］が社会の7分の6、あるいは10分の9からこの大きな利益を奪っている。財政上の利益を大量の手紙と荷物の輸送に求める代わりに、料金の大きさに求めようと考え、作り出された果実に課税しないで若い木を植えて育てることに課税しようとした。手紙による通信は社会の生産諸力に極めて多くの点で影響を及ぼす。英国の経験から明らかなように、高い郵便料金がこの手段の利用を制限するなら、物質的進歩の点で国民が蒙る不利益は計り知れない。高い郵便料金は精神的発展にも抑圧的に作用するし、感情の交流に最も影響を及ぼす。それによって社会の10分の9を占める下層社会［の人々］が手紙の送付からほぼ完全に排除されるからである。
　論説の後段では英国の郵便料金をドイツのそれと比べて、ドイツの郵便改革への期待を述べている。恐らく英国の大部分の人々にとって1ペンス（3クロイツァー）の郵便料金を払うことは、大部分のドイツ人がその1/3の1クロイツァーを払うよりずっと容易であろう。貨幣価値の違いを考慮すると、現在のドイツの郵便料金は、郵便事業も料金も不統一で正確な比較はできないが、郵便改革以前の英国の郵便料金より3倍ぐらい高いのではなかろうか。われわれが郵便改革で英国人に追いつくためには、ひと足で7マイル進むという魔法の長靴を履かねばなるまいが、オーストリアではすでに改革の第一歩が踏み出されたので、ドイツでもまず現在の料金の半額に引き下げることである*。

* オーストリアでは1843年3月1日から10マイル以遠の手紙の料金を引き下げて、20マイルまで6クロイツァーと半額にした。

　ドイツではタクシス家の郵便［事業の独占］が改革を阻んでいるが、鉄道の急速な発達がこの点を改善するであろう。とりわけ必要なことは、全ドイツ諸国による常設の郵便会議を開催して、郵便料金の引き下げの準備をすることである。この重要な問題がドイツ各国・各州の議会や商業会議所からほとんど提

起されていないことは不思議と言うほかない。

　リストの論説の要旨はだいたい以上のとおりであるが、この論説の1年ほど前の『新聞』に「ロンドンからの通信」(1843年第17号)が載っており、そのなかに上記の論説によく似た次のような文章がある。郵便料金は郵便の費用を支弁し、国に大きな収入をもたらすためだけではない。仕事を進める行動と運動の行為に対する税金であって、仕事の成果に対する税金ではない。木を植え、育て、手入れをすることに課税するようなもので、果実の収益に課税するものではない。木の成育に重い税金をかけたら果実の生産と販売から大きな収入を約束することはできないであろう。高い郵便料金は生産力を圧迫する。この「ロンドンからの通信」はリストが書いた可能性が高い、ということである。

(2) 英国の郵便改革 II

　『新聞』にはリストの論説の他にも、郵便改革に関する記事がたくさん載っている。

　「フランスと英国との間の郵便条約」(1843年第23号)は英・仏間の国際郵便の値下げを報じている。英国からフランスへの手紙は今後ドーバーとカレー経由ばかりでなく、アーブル、ブーローニュ、ディープ、ブライトン、サウザンプトン経由でも運ばれる。ジャージー島、ゲルンジー島、マルタ島との文通もいままでよりよくなる。片道(往信)だけの手紙は英国内は半額の5ペンス(15クロイツァー)、フランスへの郵便はパリへは1/2フラン(いままでは1フラン)、ルーアンへは50サンチーム(90サンチーム)、ナントへは80サンチーム(1フラン)、ボルドーへは1フラン(1フラン40サンチーム)、マルセイユへは1フラン10サンチーム(1フラン50サンチーム)となる。通過する手紙類も国際便に比例して引き下げられる。

　配達時間も短縮され、コンスタンチノープルと北米の英領植民地へは料金前納でなくても34日以内に届く。コンスタンチノープルとマルセイユ間のフランスの郵便船は10日ごとに、リバプールとハリファックス間の英国の郵便船は毎週出港する。ボストンからアーブルへはリヴァプール経由で14日、パリからボ

表5-1 郵便事情

	紛失	発見	配達の遅れ
1839年の10月と11月	588通	244通	176通
1842年の10月と11月	2,058通	592通	316通
1843年の5月と6月	1,800通	520通	260通

ンベイへは紅海経由で30日しかかからない。パリからマルティニック諸島へ1と1/2フラン（いままでは3フラン70サンチーム）、ルーアンからボストンへ1と1/2フラン（2フラン10サンチーム）、ナントからリオ・デ・ジャネイロへ1フラン60サンチーム（5フラン）、ボルドーからブエノス・アイレスへ1フラン90サンチーム（5フラン60サンチーム）、マルセイユからチリへ2フラン10サンチーム（5フラン70サンチーム）になった。南米への郵便料金の引き下げが大きい。

「郵便改革」（1843年第24号）も英国の郵便改革と英仏間の郵便条約を評価している。昨年、英国の郵便収入は10万ポンド増加した。フランスから英国への手紙はこれまでに48万2,000通、英国からフランスへは54万7,000通。ヨーロッパと英国からフランスを通過して65万通、インドへ英国からフランス経由で14万6,000通、海外の諸国とフランスとの間で英国経由で10万通、郵便収入は、手紙の数がふえないと前提すれば、フランスでは211万4,000フランから117万1,000フランへ、英国では259万9,000フランから157万2,000フランへ減少する計算になるが、こんなことはありえない。1836年の条約で料金が25％引き下げられた時、フランスと英国との間の手紙の数は70万通から100万通へ増加した。今回の条約は料金を56-58％引き下げたのである。この記事は最後に言う「いったいタクシス家の郵便はいつ料金を引き下げるのだろうか？ ドイツの郵便会議はいつ開かれるのだろうか？」。

「英国の郵便統計」（1844年第16号）は最近議会に報告されたという次の事実を伝えている。手紙の数がふえれば事故もふえる。紛失した手紙の数とそのうち発見された手紙の数、配達の遅れの届け出の数は表5-1のとおりである。

連合王国内の配達された手紙の数は、1839年には毎週158万5,973通であったが、1842年には420万2,546通、1843年には402万0,246通となり、料金引き下げの結果3倍近くふえたことが明らかである。

郵便局員の数は1843年5月現在、連合王国全体で1万1,302人、そのうち、イングランドとウェイルズで8,398人、スコットランドで1,399人、アイルランドで1,505人である。フランスを通過してエジプト経由で東インドへ送られた手紙は1839年2万0,802通、1840年に7万2,516通、1841年に4万5,536通、1842年に4万4,079通であった。郵便の純収入は、1839年

表5-2　予算総額
（単位：ポンド・スターリング）

	1843年	1844年	1845年
歳入	51,120,040	56,935,022	58,590,217
歳出	55,195,159	55,501,740	55,103,647
	-4,075,119	1,433,282	3,486,570

表5-3　「郵便」の収入と支出

	1843年	1844年	1845年
収入	1,578,145	1,535,216	1,705,068
支出	967,195	966,834	974,804
	610,950	568,382	730,264

161万4,353ポンド・スターリング→1840年158万9,486ポンド（ス）→1841年（料金引き下げの後）39万3,166ポンド（ス）→1842年44万4,115ポンド（ス）→1843年47万8,479ポンド（ス）である。

また、「英国の均一郵便料金制度の結果」(1848年第27号)によれば、英国の郵便の総収入は1839年に239万0,763ポンド（ス）、1846年に197万8,293ポンド（ス）で、改革初年（1840年）を30％以上超えた。純収入は72万4,757ポンド（ス）。純収入が少ないのは、ふえた手紙の配達にかかる経費の増加と大陸にくらべて高い鉄道を利用しているためである。郵便の純収入はたしかに減少したが、この減少は通信が容易になったことで十分償われている。

最後に、「英国の予算、1843、44、45年の比較」（1845年第34号）からこの3年間の予算の総額と郵便の収支（表5-2、表5-3）をあげておこう。郵便改革が実施されて数年後の数字で、改革前の数字がないのが残念であるが。

「歳入」は①関税と消費税、②印紙税、③租税、④その他、に大別され、そのうち、「関税と消費税」が約64-70％と最大。

「歳出」は①徴収経費、②公債費、③行政費、④司法費、⑤外交費、⑥国防費、⑦その他、に大別され、そのうち、「公債費」が約53-55％と最大。

「郵便」は歳入、歳出ともに「その他」に含まれている。収入は歳入の約

2.7-3％、支出は歳出の約1.7-1.8％。

(3) 郵便の改革者ローランド・ヒル、その受難から名誉回復まで

　英国の郵便改革の最大の功労者はローランド・ヒルである。バーミンガム近郊のキダミンスターに生まれ、教育家として1819年から新教育制度を実施して成果をあげた。一時、ウェイクフィールドのオーストラリア植民計画に関わり、のちにはブライトン鉄道の会長として急行列車を導入し、輪転印刷機を発明したり、汽船のスクリュー推進機を考案したりした。郵便制度には1835年頃から関心をもち、37年に『郵便局の改革、その重要性と実行可能性』というパンフレットを発表して、切手を使用した低額の均一郵便料金を提唱し、39年に議会を通過して40年に実施された。

　郵便改革計画が議会を通過して実施されることになった時、ヒルはそれを監督する郵政部門のしかるべき地位に就任した。しかし、どこの国でも改革者を待ち受けていたさまざまな妨害（「迫害や忘恩」「猜疑や偏見」）に遭遇して、42年にピールの内閣によって監督の地位を解任され、46年に自由党内閣の時その功績が顕賞されて、郵政業務に復帰した。ヒルが迫害をうけて追放されてから名誉を回復するまでの時期は、ちょうどリストの編集で『新聞』が発行されていた期間にあたっている。ヒルが受けた迫害については、上記のリストの論説「郵便改革」や「ロンドンからの通信」にも書かれているが、ここで改めて、ヒルが監督の地位を追われた事情を、彼の運命に共感を寄せる『新聞』の記事によってもう少し紹介しておきたい。

　前項に述べた「ロンドンからの通信」の2号のちに、もう1度「ロンドンからの通信」（1843年第19号）が掲載されているが、そのなかの「ローランド・ヒル、郵便の改革者」という部分に彼の追放された事情の説明がある。ヒルが解任された翌年の記事である。それによると、ヒルの計画は「僅かな部分しか採用されず」、そのうえ「この功績をあげた人物は、彼が占めるのにふさわしい名誉ある地位の騎士たちによって圧迫されている」ことが、いまでは広く知られているという。

郵便改革は、歳入の減少を懸念して渋る政府（郵政当局）に対して、議会下院が世論の後押しを受けて採用を決議して実施された、といういきさつがあった。上に述べたように、議会がヒルの計画の採用を決議した時、大蔵省のベアリング氏はヒルに計画の実施を監督する地位を提供した。しかし、ヒルの計画の実行に役人たちは協力せず、『モーニング・クロニクル』紙によれば、「市（いち）に追い立てられた家畜が言うことをきかずに反抗するように振る舞った」という。それでも、ヒルは温和で辛抱強い態度をとって、ゴウルバーン氏が大蔵大臣に、ローター卿が郵政長官に就任するまでは、何とか無事であった。

その時から改革は停滞し、結局、完全に停止して役人たちは勝利を喜んだ。上品な物腰のローター卿とゴウルバーン氏とは、郵便改革はもう十分であり、落ち目になったヒルがある人物（ローター卿か？）と結託して陰謀を企んでいる、と決めつけた。ローターは、自分かヒルかどちらかを解任するように訴え、当然ながら内閣の決定はローター卿ではなくヒル（英国の新聞は「人形」と書いている）を解任することであった。「ある朝のこと、ローランド・ヒルは大臣のゴウルバーンから丁重な手紙を受け取った。そこには前任の大臣がヒルに約束した2年が過ぎたので、これ以上彼の勤務を必要としないこと、だが彼のこれまでの仕事には感謝していること、が記されていた。こうしてヒル氏は解職され、郵便改革は道半ばで終わった。これが最新の改革者の物語である」。

「ロンドンからの通信」は最後に、物語が改革の半分で終わったとしても、改革者に対する「誤解による否認」で終わってはならないと記して、英国の動きを次のように伝えている。ワイルド卿は下院でヒルの解任の件を議会に持ち出すつもりだ、と予告している。改革に対しても改革者の功績に対しても十分な報償を与えることに誰も異論がない。新聞もこのことを勧告する記事を掲載している。

郵便改革は1840年に実施されたが、改革の功労者ローランド・ヒルは2年後の1842年に解任された。「ロンドンからの通信」は1843年に、リストの論説「郵便改革」は1844年に掲載された。どちらもヒルが解任された直後、英国の世論が改革を支持し、ヒルの復権を願っていた時期に書かれたものである。『新聞』

にはヒルに関する記事がもう1編載っている。解職から4年後、ヒルが名誉を回復した年に書かれた「コブデンとローランド・ヒルとに対する国民的報酬」（1846年第27号）である。「雑録」欄の短い記事であるが、世論が健全であったことを知る意味で紹介しておきたい。

「偉大な文明国民が卑小な野蛮な国民と違うのは、とりわけ次の点である。すなわち、偉大な文明国民は彼らの同胞が国民全体（Gemeinwesen）のためにたてた功績に対して輝かしいやり方で酬い、公共の改善の創始者を名誉をもって遇する。これに対して卑小な野蛮な国民にあっては栄誉と報酬とは、自由を圧殺し、最高権力者の個人的利害を促進するために公権力の道具が利用されたその度合いに応じて配分される」。こう述べて、コブデンとヒルとを顕彰した英国民を称えている。コブデン氏には、彼が穀物法の廃止をなしとげたその熱意に対して10-20万ポンド・スターリングの国民の［寄付金の］募集（National = Subscription）が実現されることになった。ローランド・ヒル氏には数日前に、彼が均一郵便制度に関して国民につくした功績に対して1万5,009ポンド（ス）、すなわち18万グルデンの国民の［寄付金の］募集額が贈呈された。

ちなみに、リストはこの記事を掲載した半年後にみずから命を絶ったが、バイエルン国王は妻に400グルデンの終身年金を、未婚の2人の娘に結婚するまで200グルデンずつの年金を支給することを決定し、ヴュルテンベルク国王も2,000グルデンの一時金を支給することを後援者に伝えた*。

* 英国の郵便改革について『関税同盟新聞』に掲載されている論説と記事を紹介したが、リストは『新聞』を発刊する以前から郵便に関心をもっていた。パリ時代には1839年に「フランスの砂糖関税と郵便料金」を、1840年に「郵便制度、さしあたりフランスについて」を《A. Z.》紙に発表し、また、恐らく1839年に書いたと思われる「北米とヨーロッパとの間の民間郵便事業の提案」というメモが残っている（原文にはタイトルと日付がない）。米国で暮らしたリストは、当時150万人以上のドイツ人が相続などの用件でドイツと連絡する時に、「いかさま師」（Neuländer）という斡旋業者に高い料金をボラレていた実情を知っていて、その改善策を提案したメモである。リストが提案した改善策については、諸田『晩年のフリードリッヒ・リスト』119ページの注47を参照。

(4) フランスとベルギーの郵便改革

フランスの郵便改革については4編の記事が載っている。どれも1847年の「物見櫓」欄のニュースである。

「代議制議会における郵便改革」（1847年第10号）は、グレイス＝ビゾアン氏の提案——料金引き下げと英国にならった片道20サンチームの均一料金の採用——を議会が取り上げて、多数の反対意見にもかかわらず、その実施を政府に指示したことを伝えている。郵便料金は国庫を豊かにするが、大衆にとってはそれ以上に大きな負担であるから、引き下げは早急に必要だというのが提案の理由である。郵便料金を引き下げても国庫に大きな損失が出なかった、という英国の実例をあげて、均一料金の採用は交通の発展をもたらすであろう、と説明している。

「郵便改革」（1847年第11号）は、料金引き下げの実施を来年初めに遅らせることで、改革の障害である財政の欠損への懸念を取り除くのがよい、という新聞の論調を報じている。パリのある雑誌によると、改革後の英国の手紙の数は次のとおりだという。

1839年（改革の前年）に7,500万通、これが改革の実施後には、

1840年：1億6,876万8,000通→1841年：1億9,650万通→1842年：2億0,850万通→1843年：2億1,800万通→1844年：2億4200万通→1845年：2億7,000万通→1846年：3億通超。

したがって、英国の場合6年間に4倍以上も増加したことになる。

「郵便改革について委員会の報告」（1847年第18号）は、パリの新聞にグレイス＝ビゾアン氏の提案に賛成した代議制議会の委員会報告が掲載されたので、その要点を伝えている。

①7と1/2グラムまでの片道郵便について10サンチーム、15サンチーム、20サンチームの三通りの料金を示している。第1の料金（10サンチーム）は同一の県、または同一の市町村（パリを除く）内の手紙に、第2の料金（15サンチーム）はパリの手紙に、第3の料金（20サンチーム）はその他フランス全国の手

紙に適用される。料金はオーストリアの郵便料金より安いが、英国のペニーポストより高く、両者の中間といえる。異なる県に属するが隣接する町や村の料金の20サンチーム（5と4/3ライン・クロイツァー）は高すぎる。

②英国とフランスとの間の手紙について。1843年の郵便条約以前には料金は2フラン、手紙の数は年間に102万9,000通で、年間7,000通以上増加することはなかった。条約が締結されて料金が1フランに引き下げられたら手紙の数は180万通に増加した。料金がまだ高いとしても、手紙の数は4年間で優に2倍になるだろう。1839年に外国から英国へ届いた手紙は、料金は平均して25ペンス、数は353万6,000通であった。以後多くの国々と平均12ペンスに引き下げる条約が締結されて、1844年には807万4,000通にふえた。料金引き下げの結果、英国の郵便収入は以前の高い料金の時より多くなったのである。

③雑誌（ジャーナル）の定期購読料の収入は、料金が年80フランの時には97万3,023フランであったが、大部分の料金が48フランに引き下げられると購読者の数がふえ、現在の収入は188万5,000フランである。また、旅行者を運ぶ公共の車輌の税金は1816年に166万9,367フランであったが、急行料金の引き下げや人口と富裕の増加の結果1846年には877万1,449フラン（鉄道が支払った分を含まず）と5倍以上に増加した。これに対して、郵便の収入は同じ期間に2倍をやや超える程度の増加で、これは旅行と比べて郵便料金が高過ぎることの明白な証拠である。

最後に、「郵便改革の討議」（1847年第23号）によると、新聞や世論、議会の有力者の支持にもかかわらず、均一郵便料金の採用の提案は挫折した。この記事は、引き下げの根拠にあげた英国の事例をもっと上手に説明すればよかったのに、と失敗を説明している。改革後の郵便の増加の数字をもっとあげれば、財政欠損を恐れる反対論を説得できたかもしれない、というのであろう。しかし、郵便料金を徐々に引き下げるというベルギーのやり方もあるから、まだ悲観するにはあたらないという。ベルギーのやり方はどうだったのだろうか。

ベルギーについては「郵便改革の提案」（1847年第21号）がある。「ヨーロッ

パ大陸の他の諸国が、緊急の度合いをます郵便改革について未だに決定できずにためらっているのに対して、小国ベルギーはすでにこの問題を解決したようである」と始まるこの記事は、郵便の純益を減らさずにいかにして郵便料金を引き下げるか、そのやり方をかんたんに説明している。片道の手紙の料金を最高40サンチームに引き下げ、同一郵便区域内を10サンチームとする場合にのみ郵便の純益は減少する。そこで、純益が現在の220万フランを超えるたびごとに10サンチームずつ引き下げていく、というのである。

(5) ドイツの郵便事情――ハンブルク

リストが『新聞』に「郵便改革」という論説を書いたのは1844年で、ドイツの郵便料金が改革前の英国の料金の3倍ぐらい高いこと、タクシス家の郵便事業の独占が改革を阻んでいること、全ドイツ諸国が「郵便会議」を開いて料金引き下げを議することが必要なことなど、ドイツの郵便事情の遅れと改革の方策とが指摘されている。それから2年後の1846年の『新聞』には、びっくりするようなドイツの郵便事情が記されており、47年には郵便会議や均一料金に関する記事が『新聞』に現れる。

「ドイツの郵便改革のために」(1846年第6号)を読んでみよう。ドイツの郵便制度が遅れているのは、ドイツ連邦の諸国がそれぞれ別々の郵便制度を持ち、各国が別々の郵便行政と郵便業務を行い、それぞれの国を越えた「ドイツの」郵便制度がないためである。このような郵便制度の欠陥を是正するためには、「ドイツ関税同盟」のような「ドイツ郵便同盟」が必要である、と論文の筆者(末尾にΣの筆名がある)は言う。

郵便制度の分裂という欠陥からいちばん不利益を蒙っているのは、ハンザ都市のような商業の発達した小国である。たとえば、ハンザ都市ハンブルクは人口約18万人、面積はプロイセンの450分の1にも満たない独立の小国家であるが、貿易額では関税同盟の約4億1,000万ターラーに対して約2億7,000万ターラーもあった。この小国ハンブルクには、別々の組織で別々の業務を行う(料金も違う)7つの郵便局があったという。

①ハンブルク市郵便局：英国、ブレーメン、オルデンブルク、リューベックなど海外への手紙を、週2日はロシュトック、ヴィスマール、ポンメルンへの手紙も取り扱う。

②プロイセン上級郵便局：ライン・プロイセンへの手紙の他にフランス、スイス、オーストリアへの手紙も扱うが、英国、ハノーファー、ブレーメンへの手紙は扱わない。

③ハノーファー郵便局：ハノーファーとブラウンシュヴァイヒへの手紙、ライン州以外のプロイセンを除いて、全ドイツ向けの小包の送付を扱う。

④メクレンブルク郵便局。メクレンブルク＝シュヴェーリン、メクレンブルク＝シュトレーリッツへの手紙を扱う。

⑤デンマーク郵便局：デンマーク、その他スウェーデン、ノルウェー（コペンハーゲン経由）への手紙も扱う。

⑥ノルウェー、スウェーデン郵便局：これら両国への郵便を扱う。

⑦トゥルン＝タクシス家の上級郵便局：ライン州、オーストリア、バイエルン、西南ドイツ諸国などトゥルン＝タクシス家の扱う地域。

こうした事情から生じる不便（郵便制度の分裂の弊害）は大きい。筆者は次のような例をあげている。通常、ハンブルクの郵便馬車は夕方7時に出発するが、商人が手紙の仕事を終えるのは時鐘の鳴る直前で、宛先を仕分けてそれぞれの郵便局へ持っていくのは大変なことだ。ブレーメン宛の荷物は週2日は市郵便局が、他の2日はハノーファー郵便局が扱う。ライン州への荷物はプロイセン郵便局とハノーファー郵便局とどちらがやすいか。

料金は局ごとに違い、オーストリアへの手紙をタクシス家の郵便局は国境まで13シリング、プロイセン郵便局は6シリングで運ぶ。手紙を差し出す国と受け取る国との間の貨幣価値の違いが考慮されない場合がある。ハンブルクの差出人が1ターラー6銀グロッシェン支払う手紙をプロイセンの受取人は1ターラーしか支払わない例もあった。ブレーメンの差出人はハンブルクへの料金前納の手紙に5グローテン支払うが、ブレーメンの受取人はハンブルクからの料金前納でない手紙に4グローテン支払えばよい。

料金の不統一は南ドイツにもあった。アウクスブルクからシュトゥットガルトへの手紙は1通8クロイツァーだが、逆の場合は10クロイツァー、また、ウルムからシュトゥットガルトへの手紙は1通4クロイツァーだが、逆の場合は6クロイツァーであった。ライプツィヒからマインツまで1通73プフェニッヒかかるのに、フランクフルトa. M. へは55プフェニッヒですむ。ドレスデンからロンドンへ134プフェニッヒ支払ったかと思えば、ハンブルクのある商人の仲介で66プフェニッヒを支払ってすませた例もある。郵便の速さは鉄道の発達につれて徐々に改善された。ハンブルクからライプツィヒへプロイセン郵便局から送った手紙は翌日の午後3時に、つまり26時間後に届き、料金は50プフェニッヒであったが、タクシス家の郵便馬車で送った手紙は60時間後に届き、料金は56プフェニッヒであった。

最後に欠陥の是正策に移り、筆者は、ドイツ諸国の政府とトゥルン゠タクシス公爵家とが協力して委員会を設けることが、困難が予想されるとしても、郵便同盟の成立のために必要であろうと提言している。

(6) 郵便会議と均一料金制度

ドイツの郵便事情の欠陥を指摘し、その是正を求めたΣ氏の論文が出た翌年、1847年の『新聞』には、郵便会議と均一料金制度とに関する報告が載っている。そのうち郵便会議に関する3編は中部ドイツのある商人からの報告である。

「ドイツの郵便改革と近づく郵便会議」(1847年第9号) は、郵便の現状への不満と年内にドレスデンで開かれるといわれる郵便会議への期待を述べている。郵便ほどドイツの分裂の不利益を受けている分野はない。料金は各国バラバラで、経済活動のための通信の必要より郵便会計(財政収入)の増加が優先し、配達は遅れ、手紙の秘密さえ侵されている。通信は生産と消費との経済活動を活発にする媒体で、これにかかる郵税は最悪の税である。会議が郵政当局の意のままにならないように、商人の実質的な願いを記すことにしよう。

「近づく郵便会議への1商人の実際的提案」(1847年第10号) は、会議が、高くて遅い郵便から安くて速い郵便へという改革の意図を明らかにすることが必

要だという。英国の低額均一料金制度の完全な採用には激しい反対が予想されるが、オーストリアの制度に近い郵便料金を採用して欲しい。オーストリアでは片道手紙（重さ1/2ロート以下）はすべて直線距離が20マイル以内は6クロイツァー、20マイル以遠は12クロイツァーである。筆者は8-10マイルは3（9？）クロイツァーという第3の料金を加えれば、商人は満足するという。この料金引き下げの最も困難な壁はトゥルン＝タクシス家の郵便であろう。郵便事務を簡素化し、各国同一の郵便税率を採用すれば、ドイツ諸国間の郵便は増加し、決算は容易になり、郵便局の人件費は減少する。

郵便の速さも重要で、現状はできるだけ遠い距離を運んで料金を稼ぎ、速さを犠牲にしている。専用の郵便馬車の代わりに一般の旅客馬車が使われたり、出発時間が守られなかったり、悪習が多い。これらの改善のためには「全ドイツ郵便総局」を作って、その統一的な指導が必要であろう。それは次の便で。

「郵便会議への疑念、ドイツ郵便総局、その組織と課題」（1847年第13号）は、郵便会議の招集が疑問視されるなかで、オーストリアの努力に期待して持論を述べたものである。ドイツの商業・交通を集中管理する機関は、鉄道や関税同盟の場合と同様に、郵便でも妨害に遭遇している。「ドイツ郵便総局」こそその機関である。これまでに明らかにしたさまざまな弊害や悪習――収入を増すために迂回して遠距離を運んだり、荷物の前納を認めずに高い配達料を取ったり、速さを犠牲にして旅客馬車を使ったり、取扱時間を勝手に変更したり――を是正し、「互いに交通する大衆の要求と利益とに合致した共通の原則にしたがって、すべての郵便行政を統一的に規制すること」が郵便総局の課題である。そして郵便業務の経験者は誰でもここで働くことができるようにすれば、郵便総局は高い収入を得るであろう。

郵便総局の設置が決まれば、その組織を作ることは困難ではない。連邦議会が郵便総局の立場に立って、各国の代表者に指示するのである。ひとたび実現すれば、郵便総局は連邦議会よりもっと熱意と行動を発揮するであろう。

「均一郵便料金とドイツにおけるその採用」（1847年第20、21号）はテューリンゲン（中部ドイツ）からの報告で、ドクトル・ラパリエの署名がある。郵便

改革について誤った判断を糾そうという意図が見える。郵税は、①距離によって、②配達局の数によって、③単一の税率によって、かけられる。①はプロイセンとタクシス家の場合、②はオーストリアとフランスで、③は英国でのみ実施されている。特に③の場合に、窓口業務が容易で、人件費が減ると安さが強調されているが、一考を要する。遠距離の通信のための制度で、近距離の手紙は高くなる（英国は均一３クロイツァーだが、ドイツは最低が２クロイツァー）。政治的に分裂しているドイツでは受取地までの経路の選択が大変で、人件費が減るとは限らない。

　上記の報告の筆者は安さと速さのみを重視しているが、郵便の主要基準は安全である。この点で料金前納の制度には、料金が正確か、高い荷物を避けて手紙に有価証券類を封入しないか、紛失や横領などの不祥事が増えないか、など安全に対する懸念が大きい。フランスの代議院の討議でも政府はこの点を強調した。均一郵税の基礎には均等課税の原則があるが、ミュンヘンから遠いベルリン宛の手紙と近いフライジンクあての手紙とに同じ郵税がかけられるのは、この原則からみてどうであろうか。郵便の経費をカヴァーする高い郵税を採用すれば遠距離の手紙は異常に高くなり、安い郵税を採用すれば郵便収入で経費を補うことはできない。北米、フランス、オーストリア、サルディニア、ベルギーの諸国はいずれも、英国の均一郵税制度を採用することを合理的と認めなかったではないか*。

*タクシス家（Franz u. Johann Baptist von Taxis）の郵便は、1516年に帝国諸官庁間の公文書通信のための定期郵便として始まった。ドイツの諸領邦国家で定期の郵便が始まったのは17世紀後半（ブランデンブルクでは1661年頃、バイエルンでは1664年）で、18世紀にはオランダやイタリアへの郵便路線があった。切手の採用は1849年にバイエルンが最初、同年３月に国民議会が決議した帝国憲法では、郵便と電信は、特許、鋳貨、銀行、度量衡とともに、帝国の管理下に置かれた。『ドイツ史年表』による。なお、1857年にドイツ＝オーストリア郵便同盟が成立して、郵便改革が実現した。『リスト全集』第７巻、551頁。

　「ドイツの郵便の純益」（1847年第12号）は次のような提案、すなわち、ドイ

ツの諸国が関税同盟のように郵便同盟を作って郵便の純収入を人口を基準にして配分する、という案を紹介している。しかし、郵便の収益が国ごとに料金と経費に応じて異なるので、高収入の国が反対するのではないかという。1人当り銀グロッシェンで表すと、

  ザクセン：4.27 バーデン：3.72 ブラウンシュヴァイヒ：3.38
  プロイセン：2.72 ハノーファー：2.72 クアヘッセン：2
  バイエルン：1.78 オーストリア：1.12 ヴュルッテンベルク：0.75
  ヘッセン大公国：0.52 ナッサウ：0.27（ザクセンの約1/16！）

(7) 電信の登場

　情報の伝達には郵便のほかにも、昔から手旗や発煙(のろし)や伝書鳩が用いられてきた。ワーテルローの戦いの勝利を英国に知らせたのが伝書鳩であったことは、ロンドンのネイサン・ロスチャイルドの大儲けの話とともによく知られている。『新聞』が発行されていた1840年代には、英国では鉄道線路に沿って電気ケーブルが付設されて、電信の利用が始まっていた。米国でも、モールス信号で有名な画家のモールス（モース）が1844年にワシントン～ボルティモア間の通信に成功した。ドイツでは砲兵出身のシーメンスが1846年に電気ケーブルのグッタペルカ絶縁を発明して指示電信機を作り、翌1847年にハルスケとともにベルリンに電信機などを製造する工場を開設した。産業社会にまた1つ電信が登場したのである。

　リストが電信に興味をもつようになったのはライプツィヒ時代（1833-37年）で、1835年に友人で同志のE. ヴェーバー（ゲラの商人）が「ライプツィヒ～ドレスデン鉄道会社」に鉄道電信の設置を提案したことに触発されたといわれている。『新聞』には外国の新聞からとった短い記事が「雑録」欄に数編載っている。リスト自身の論説では、世界政治の将来を構想して、1846年にロンドンで起草した英・独同盟計画の「建白書」（「大英帝国とドイツとの同盟の価値と諸条件」）の「Ⅳ. ドイツと結んで世界の支配権を維持する英国の方策」のなかに次の文章がある。「考えてもみよ、電気通信線の設置からどれほど莫大

な利益が英国に生まれるであろうか、これによって東インドは、現在ジャージー島やガーンジー島（イギリス海峡にある島）を統治するのと同じぐらい容易に、ダウニング街によって統治されるであろう」。

以下、「雑録」欄のニュースを読むことにしよう「電信」（1843年第27号付録）。「ホィートストンのメッセンジャーと呼ばれる電信は、それが付設されているブリストルからバーミンガムまで、ある知らせを1,400分の1秒で届ける。この基準にしたがえば、ある知らせは6分の1秒あれば地球を一周する。英国の多くの鉄道では電信はすでに行われている。英国の下院では電気仕掛けで鐘を鳴らしている」。

「英国の電信」（1845年第24号）は『ケルン新聞』からのニュースである。「チェスター～ホリヘッド鉄道会社は政府とともにロンドン～ホリヘッド間200-300英国マイルの距離に電信を開設したが、これによってこの国の主要都市リヴァプール、マンチェスター、バーミンガムはロンドンと、また互いの間でぐっと近づくことになった。これらの町の取引所が互いに1分もかからずに通信し、1つの町から出したあらゆる照会はほとんど即座に別の町から回答を得ることができるからである。ロンドンとポーツマスの間のサウス・ウェスト鉄道やその他の路線で、しかも全体では現在すでに英国内各地250英国マイルの区間で付設された電信の実験結果の成功は、この国の全通信システムを変革し、また、電報（Depesche）が一瞬のうちに届くから商業にとっても政府にとっても特別重要になるに違いない、この新しい大規模な計画の誘引となっている」。どちらのニュースも電信の速さが商業に及ぼす影響を伝えている。

（8）電信が泥棒を捕まえた、その他のニュース

電信による情報の伝達は、郵便はもとより、鉄道より格段に早かったから、電信を利用したこんな事件もあった。

「電信の効用」（1846年第27号）は電信を使って泥棒を捕まえた話である。ロンドンの停車場で東部鉄道のショリディッチ行きの汽車が発車する直前に1人の泥棒が婦人から盗みを働いた。泥棒はそのまま汽車に飛び乗って逃げたが、

その知らせが泥棒の特徴とともに、汽車より早く電信でショリディッチ駅に届いたので、汽車が到着した時に泥棒を捕まえることができた。泥棒は鉄道より早いものがあると知って、ひどく驚いたということである。

「磁石式電信」（1846年第31号）は、「電信がアメリカで奇跡を行った」という書き出しで始まっている。合衆国でも完成した電信システムが全国を結び、ワシントンのホワイトハウスにいる大統領が、ロンドン市長が市内各地区の区長と連絡するのと同じぐらい容易に、速く、全米各州と連絡をとるようになるであろう。また、あるアメリカの新聞は次のような珍しい注釈をつけている。電信がコロンビア川＊からワシントンまでつながれば、電信は太陽との競走に5時間だけ勝つであろう、反対に、ワシントンから12時にコロンビア川に送った知らせは［時差の関係で］その日の午前7時に、したがってその知らせを送った時間よりほぼ5時間早く、到着するであろう。電光のように速いこうした連絡手段がこんなに広大な領土に、いかに計り知れない効用となるか、まったく言うことができない。

　＊コロンビア川は米国北西部、オレゴン州とワシントン州の境界を流れる川。アメリカ大陸の東と西の連絡である。

電信は電気の働きを情報の伝達に利用した発明であるが、これを植物の成育（農業）に利用しようとした実験もあった。「電気と農耕」（1845年第35号）は、工業が蒸気力を利用して発展したのと同じように、農耕は植物の成育を促進するために電気を利用して飛躍的に発展するであろう、という『エコノミスト』の意見を紹介している。すなわち、スコットランドで行った実験では、電気を利用しないで耕作された隣の畑に対して、広さも土壌の質も同じ畑で電気を利用した結果、大麦の収穫が2倍以上あったという。そのために必要な設備は、フランス人の報告によれば、1ヘクタール当り50フランかからず、10年から15年もつ、ということである。

これに対して、「電気栽培」（1845年第51号）は実験は失敗という反対の報道である。『リーズ・マーキュリー』によれば、鉄線を張って植物の成育を促進

するというフォルスター博士の電気栽培は、昨年、数百人の農業者が試みたが、いずれも失敗した。「またもやはかない空想」。もっとも、このフォルスター博士の実験がスコットランドの実験と同じかどうかはわからない。

　電信ではないが、電気関係の記事を2編紹介しよう。「電磁力」(1843年第20号)はフランクフルトa. M. からの手紙である。電磁力の実用化について数年前から実験を続けてきたワグナー氏が目標に達し、完全な成功を確信したという。機械や車輛などをこの力で動かすことができるかどうか、という肝心な点はまだ断定できない。問題は、他の動力と同じぐらいかもっと安くできるかどうかである。

　「水力＝電気機械」(1843年第44号)は『モーニング・クロニクル』の記事である。昨日、工科大学校においてアームストロング氏の水力＝電気機械の実験が行われた。バックホフナー教授によれば、通常の蒸気機関がある量の電気を作り出すということが、偶然、ある労働者が電気ショックを受けたことで発見された。実験に使われた機械は、上部に2、3の金属の先端のある通常の蒸気機関であった。この機械は最大の電気機械とはまったく比較にならない結果であった。すなわち、毎分140回放電し、12秒間で80平方フィートの容器を満たした。これまで不可能と思われてきた、鉋くずに火をつけた、火薬だ。この機械の力でどんな新しい事実が明らかになるか、いまはまだ予想がつかない、と教授は言った。

　「海底電気通信」(1847年第27号)は、英国の『鉱業雑誌』が報じている海底通信の試験である。ワイト島のコヴェス湾に敷設された電線が両岸の2つの地点を結び、鐘を合図に質問と応答が始まった。会話は一言も漏らさぬ正確さで伝わり、海底通信の問題がこれで解決された。「地球の遠隔の地点がこの方法によって瞬時に連絡できるであろう」。

6．英国の農業革命

(1) 農業革命への関心

　『関税同盟新聞』は、一言で言えば、関税同盟の貿易政策を論じた新聞である。その「貿易の新聞」がなぜ、英国の農業革命に強い関心をもって、その動向をたびたび報道していたのだろうか。おそらく、次のような理由からであろう。

　その当時、関税同盟（ドイツ）の貿易の中心は、品目では輸入は工業製品と植民地産品（特に砂糖とコーヒー）、輸出では英国向けの穀物や羊毛など北ドイツの貴族大農場（ユンカー農場）の産物それとロシア、東欧への繊維製品であった。南ドイツの保護主義に強く反対していた北ドイツの自由貿易論は、穀物や羊毛の英国への輸出を維持しようとする貴族大農場主（ユンカー）の利害を代弁していたのである。悪天候で英国の小麦が不作になれば、北ドイツからの輸出はふえるという「英国のお天気頼み」。

　ところが、北ドイツから英国への輸出の先行きに２つの暗雲が湧いてきた。１つは、第Ⅰ部で述べたように、英国が植民地の開発を進め、差別関税によって植民地からの食糧や原材料の輸入を優遇して、本国と植民地を一体とする、他の諸国に依存しない「独自の世界」を築こうとしていたことである（「本国＝植民地保護政策」）。この政策が続けば、北ドイツから英国への穀物や羊毛の輸出は遠からず困難になるだろう、リストが「ドイツ農・林業者大会」に出席してこれに対処するように動議を提出したり（1842年９月）、『新聞』の創刊号（1843年１月）に「英国経済（学）の国民的体系とドイツの農業」という論説を発表したのは、こうした状況を憂慮したからであった。

　もう１つ、この頃、英国では与党も野党も「農業改革」のスローガンを唱え、農業改良の動きが広がっていた。その結果、「外国からの食糧の輸入が大部分不要になる」ほど収穫が増加したとか、施肥の普及で「穀物法を廃止しなくても外国［からの食糧の輸入］を必要とせずに英国の人々に安いパンを提供でき

るだろう」という新聞報道が出ていた。このような農業改良の進展を考えれば、「北ドイツの農業者が今後も英国への穀物輸出から利益を期待するのは、まったく愚の骨頂であろう」と慨嘆するのは当然であろう。

筆者は『晩年のフリードリッヒ・リスト』（第3章、3-B「大土地所有者の説得——北ドイツ農業の市場構造」）のなかで、この問題を論じたリストの論説をやや詳しく説明したので*、以下では、英国の農業革命のうち、①囲い込みと分与地制度（土地制度）、②グアノ（肥料）とリービヒの農業化学（農業生産）、③穀物と家畜の輸入量（市場）の3点について、主として『新聞』の「雑録」欄のニュースを読むことにしよう。

*諸田『晩年のフリードリッヒ・リスト』（有斐閣、2007年）166ページ以下を参照。なお、筆者は別に『リストの関税同盟新聞』（2012年、私家版）のⅢ-A「英国経済と北ドイツの農業」に、リストの論説「英国経済（学）の国民的体系とドイツの農業」「北ドイツから英国への穀物輸出と英国の穀物市場における北アメリカ人の競争」「ビューロウークンメロウとドイツの国民経済学」「英国の農業改革と北ドイツの農耕」の4編の要約を収録している。

(2) 囲い込みと分与地制度

産業革命期の英国で農地を対象として大規模な囲い込みが盛んに行われたことはよく知られている。農地を牧場に変えた15、16世紀の囲い込み（「第1次エンクロージャー運動」）に対して「第2次エンクロージャー運動」とも呼ばれている。

「囲い込み法案」（1844年第17号）は、『タイムズ』紙に掲載されたある手紙を引用して、貧民の立場から囲い込みを見ている。——すでに委員会で審議されているこの法案はこれまでに3,200万エーカーを所有している人々にさらに400万エーカーを分配するもので、大土地所有者は、これは貧民に仕事を創出して貧困を防ぐためだという理由で、自分たちの所有地を8分の1拡大することに賛成している。だが、貧民はこの問題をまったく別の目で見ている**。

**「英国の農業統計、1843年」（1843年第52号）に、耕作可能な未開墾地はイングラ

ンドに345万エーカー、ウェールズに53万エーカーある、と記されている。ちなみに、地代の平均はエーカー当りイングランドで19シリング、ウェールズで9と1/2シリングであったという。

　彼ら貧民の暮らしは、4,000の囲い込み法案が議会を通過しても良くならないどころかますます苦しくなった。いまはまだ、囲い込まれていない共同地が残っており、その一片を自分のものとして耕し、そこに小屋を建て、これを子供たちに財産として残す見込みがある。貴方がた紳士はこれをも取り上げようというのか、それとも誰も利用していない一片の土地を所有地として、あるいは借地として与えて数百万の貧民を満足させるのか。「分与地委員会」の報告は、この分与地制度を実行した地区はどこでも大衆貧困の害悪から救われていることを明らかにしている。数年前のこと、スレーの6,000エーカーの共同地が囲い込まれた時、貧民の持ち分は売却されて州裁判所の建築にあてられた。

　この手紙を掲載した『タイムズ』紙は次のような解説をつけている。貴族地主制はこのように農業に従事する労働者に敵対的な行動をとっているが、その一方で、工場労働者に対する慈悲の心を、労働者の稼ぎの6分の1を奪い取ることで実行しようとしており、また、すべての階級の労働者を消費税と穀物法とによって圧迫している。働いている階級に配分されているこれらの400万エーカーの土地は、賃借地の名目であるか所有地としてであるかに関わりなく、200万人の人々の生存を引き続きなんとか保証するであろう。しかし、英国の土地貴族たちお偉方は、貧民が小地片の土地を自分のものとして持つことに我慢できないのだ。

　もう1編の「囲い込み法案」(1845年第30号) は法案の討議の際の政治家の対立する意見の要約である。パーマストン卿は次のように述べた。イングランドとウェールズにはまだ囲い込まれていない土地がおよそ3,000万エーカーあり、この法案の結果1,000万エーカーの未耕の土地が囲い込まれて、耕作されるであろう。50エーカーの土地ごとに1人の労働者を必要とするから、20万の家族がそれによって暮らしを立てられる、と見積もられると。これに対して、

クロウフォード氏とヒューム氏は、この法案は貧民から最後の所有地を奪って、これを大地主の手に握らせることを目指している、と主張した。

　上に述べた『タイムズ』紙の手紙にある「分与地制度」（Allotmentsystem）については、「英国の農地の状態とドイツの食肉輸出の見込み」（1843年第1号）に次のような説明がある。「数年来、大地主は小都市にある彼らの土地の一部を4分の1エーカーから1エーカーぐらいずつ、貧しい手工業者や日雇いたちに賃貸し始めている。地主の収入をふやすためというより貧しい人たちを保護するためで、賃貸料はきわめて安く設定されている——通常、エーカー当り1ポンド・スターリング（12グルデン）である。これは分与地制度と呼ばれている。……この措置は、比較的大きな農地経営の維持ないし復興と、過度の土地の細分化の防止とを目指している」。

　分与地制度は『新聞』が発刊された頃、英国の議会で議論されていたようで、『新聞』でもこの問題に注目している。

　「イングランドの分与地制度」（1843年第15号）は、この制度の説明から始まっている。イングランドの土地所有は少数の人間の手中に、ほぼすべてがまとまった農場として分配されている。この農地制度は一面では農業の合理的経営に必要であるが、他面では日雇や貧しい小営業者を完全に農耕から排除して、恐慌の際に人口の大部分を救うことができず、救貧施設の負担を大きくする。最近、ヨーロッパ大陸では土地の過度の細分化が大きな弊害を生んでいるが、英国では貧民が利用できる小規模な土地がないことが困窮の原因である、と言われている。英国にはまだ全く利用されていないか、あるいは僅かな収入しかあげていない未開墾の共同地があるが、さまざまな障害がその利用を妨げている。

　この説明に続いて、分与地制度に関する英国議会の最近の討議に移る。1837年に議会がこの問題を取り上げたので、所有地の一部を小地片に分けて貧民に貸し出す地主も現れた。分与地制度と呼ばれるこの措置の良い結果は明らかであったが、この措置は大きく広がらなかった。本年（1843年）3月14日の委員

会で、スタントン議員は、議会の法令がなくても共同地を囲い込んで小地片に分けて貧民に貸し出す権限を教区に与える、という動議を提出した。彼の選挙区では農地はエーカー当り8-10シリング（5-6グルデン）の救貧税を支払っているが、800モルゲンの囲い込まれていない共同地がある。この共同地を囲い込んでそれを貧民に分配すれば、救貧税は半減し、貧民の状態はいちじるしく改善するであろう。2人の議員（マナー領主とクロウフォード氏）が、分与地制度はどこでも良い結果を示していると証言したが、多くの賛成を得ることができず、スタントン議員は動議を撤回した。

議会も新聞もこの問題に無関心であったことは理解できない。この無関心は、英国の地主も英国の工場主も労働者階級に対して冷酷であることの証明である。労働者が過剰で雇い主に従属しているのは対外的に競争を続けるために労賃をできるだけ低く押さえる手段だ、とみている連中には、分与地制度も国外移住制度も嫌いなのだ。平民に冷酷だった古代ローマの貴族政治もこれほどではなかった。討論の最後に、フェランド氏は、分与地制度の効果を確信しているから、近いうちに動議を提出するつもりだと明言した。われわれは興味深い討論を期待している。

この2号のちの「ロンドンからの通信」のなかに、「分与地制度」（1843年第17号）の記事がある。フェランド氏が提案した分与地制度は、大陸ではどの国でも知られているが、英国では効果が明らかであるのに議会を通過しない措置の1つである。氏によれば、イングランドの耕作地は4,650万エーカー、未耕作地は3,100万エーカー、国外移住協会の報告では後者のうち1,600万エーカーが開墾されて5,000倍の価値を生むことになっている。荒れた土地を日雇に貸し出して開墾させる試みが到るところで行われ、彼らの暮らしと道徳心の向上に大きな効果をあげている。以下はその実例である。

ロング゠ニュートンでは1829年に救貧税が324ポンド（ス）から135ポンドに減少した。小規模な借地をもっていたある日雇の家族はいままで救貧を受けたことがないという証言もある。バースの司教は小地片の土地を203家族（1,000人）にエーカー当り12と1/2シリングで貸しつけたが、救貧金庫から扶助を受

けたのは3人だけだった。ロンドンのある協会は150エーカーの土地を購入し、5-12エーカーの小地片に分けて、十分の一税を含めてエーカー当り22シリングで貸しつけたが、借りた家族はみなキチンと借地料を支払っている。この土地はいままで何の収益もあげていなかったのに。このショルスバーグの教区では誰も救貧金庫の世話になっていないのに、隣の教区ウィジントンでは住民の4分の3（75％）が救貧のリストに載っている。教区内の200エーカーの荒れた土地を処分すれば、ウィジントンでも働ける者は救貧金庫の世話にならないだろう、と司祭は保証している***。

***『全集』第9巻によれば、初めの「英国の分与地制度」はリストの稿、次の「ロンドンからの通信」はリストの稿の可能性が高いという。なお、「分与地」の訳語は毛利健三氏のご教示による。

最後に、「分与地制度」（1844年第38号）には、貧しい労働者に20-40ルーテン（1ルーテは14平方メートル）の土地（！？ママ）なりと分け与えれば、彼らの生活（Comfort）と道徳心とはいちじるしく改善されるであろう、という『エッサー・スタンダード』紙の意見が載っている。

（3）グアノの争奪戦とリービヒの農業化学

「最近の報道では、英国の農業は、この50年間の工業の躍進に追いつかんばかりの躍進を続けている。農業改良の結果この10年間に多くの地方で収穫量は5倍から10倍増加し、暗渠排水（Wasserleitung, thorough draining）と底土犁耕（Untergrundpflugung, subsoil ploughing）を施しただけで土地の値段は2倍に上がった。借地農も地主も長期の定期借地に賛成し、リービヒの方式による施肥が普及し、グアノ施肥はもっと普及している」。「昨年はトーリー党のピールとスタンリーが各地の借地農の集会で〈農業改革〉のスローガンを呼びかけたが、今度はウィッグ党の党首パーマストンが、いままで農耕は経験に頼って行われてきたが、いまや科学になりつつある、と同じように農業改革を叫んでいる」。

これはリストの論説「英国の農業改革と北ドイツの農耕」（1844年第24号）からの引用（要約）である。農業が実際（Praxis）から科学へ、これが英国で進行中の農業改良の姿であったが、そのなかで注目を集めていたのがグアノ（南海の海鳥の糞の堆積物）の施肥とリービヒの農業化学であった*。

* 「ドイツの立場から見た英国の貿易問題」（1844年第13、14号）でも次のように述べている。「リービヒの農業化学がどれほど熱心に英国で研究されているか、最近、暗渠排水……にどれほどの注目が集まっているか見るがよい。グアノの輸入とあらゆる種類の人工的施肥法の応用とがどんなに計り知れないほど増加し、耕作に適した借地関係［長期の定期借地のこと］の採用にどれほどの注意が払われているか見るがよい」。

グアノの施肥の効果とその輸入については、創刊号からたびたび報道されている。「グアノ」（1843年第1号）は、小麦やかぶらやジャガイモなど畑の作物ばかりか果樹や森の樹木の成育の「原動力」で、小麦の畑にエーカー当り2ツェントナー（200ポンド［重］＝100キログラム）、ジャガイモとかぶらの畑に4ツェントナーを施せば、グアノの現在の値段で利益は大きい。「ペルー人は国債の利子を英国人に鳥の糞（グアノ）で支払うことを望んでいるが、ジョン・ブル（英国人）はこの申し出に苦い顔をしている」。200万ツェントナーのグアノの輸入によって200万クオーターの小麦の輸入を節約できる、と期待されている。

上記の「英国の農業改革……」（1844年第24号）の記述から引用すれば——議会が今後3年間年々4万トン（80万ツェントナー）のグアノをペルーだけから輸入することを決議した。これによる増産は平年の穀物輸入量に近い。南米西海岸のグアノは無尽蔵で、新たにアフリカ西海岸でも発見された。輸送費は南米からより3分の1だけ安い。30隻の船がアフリカ西海岸へ向かっており、そのうち何隻かはグアノを満載して帰港した。かぶらの畑の場合、現在の平均価格で厩肥や骨粉より50-30％安くて有利だ、云々。

別の論説「英国における最近の小麦の収穫とドイツの農業者の期待」（1844年第37号）は、第2四半期の外国小麦の輸入量は7,607クォーターを超えず、

在庫は23万8,168クォーターを超えない、という、『海運と貿易新聞』の報道に続いて、次のように述べている。この間に英国人は世界中の海岸でグアノを探しまくり、フォークランド島で大量に発見、アフリカ西海岸（イチャボエ）で数年分を発見した。輸送にかかる時間も費用も南米の半分で、価格は半額。『シュトゥットガルト農業週刊新聞』によれば、グアノを求める英国の船は数百隻、平均500トンとして年10万トンの輸入量も誇張でない。1トンのグアノは少なくとも10トン（40万クォーター）の小麦を生産、したがって来年のグアノの輸入は英国の小麦生産を400万クォーター増加させる。英国の新聞は、グアノが安いパンを提供し、穀物法を廃止しなくても豊作の年には大量の小麦を「輸出」できる、と期待を寄せている。

「グアノ」（1844年第38号）も、『海運と貿易新聞』の記事を伝えている。南海の島には50-200フィート（17-67メートル）の［グアノの］層も珍しくない。チンカ諸島のグアノが最良の品質だ。新しいものは白色か淡褐色で、古くなると黒ずむ。すでに偽物もたくさん出回り、熱した鉄のシャベルの上に置いて灰の色で見分けるやり方もあるという。グアノ・ブームである。

「グアノ」（1844年第41号）も同じ新聞（8月31日号）の記事である。「少量のアフリカのグアノが5ポンド12と1/2シリングで売られている。来年春には6ポンド以下では手に入らないだろう」。

「グアノ貿易」（1845年第5号）は、『バルト海取引所報』に掲載されたリヴァプールからの報道を次のように伝えている。木材を運ぶ船を除けば、グアノを運ぶ船がいちばん多い。価格はトン当り5ポンド10シリングで、国内の在庫は9万トン。来年には需要は50万トンにふえるだろう。英国の農業生産の発展を見込んだ投機の証拠だ。

「グアノ」（1845年第35号）の記事。英国人はいまやあらゆる海岸と島でグアノを探している。最近、サルダニャ湾（南アフリカ、ケープタウンのすぐ北）でまた発掘したが、堆積物はそこでも無尽蔵のようだ。すでに58隻の船がその地に到着したが、多くの船がグアノの積み込みのためにこの湾で冬を越すことになろう。

「グアノ」(1845年第52号) はペルーからの積み出し量を伝えている。1841年 (42年2月まで) にペルーから6,125トン (12万2,500ツェントナー) のグアノがヨーロッパへ積み出された。そのうち、英国が5,365トン (約88％)、フランスが180トン、ベルギーが300トン、ハンブルクが280トンを入手した。1842年2月にペルー政府がある会社と結んだ契約によれば、この会社は5年間に12万トンを輸出する許可を獲得し、そのうち30ピアスター (162フラン) 以下で売った分については売上の半分、この金額以上で売った分については超過分の売上の4分の3を受け取るということだ。1842年2月から45年2月19日までに新たに輸出された量は3万1,109トンで、そのうち、フランスへ2,522トン、合衆国へ300トン、イタリアとオーストリアへ300トン、残りの10分の9 (2万7,987トン) は英国へ輸出された。この3年間のブラジルの総売上は600万フランである。グアノの争奪戦における英国の優位が明らかである。

最後に「フランスのグアノ探検隊」(1845年第44号) は、フランス政府がグアノ採掘船の保護とグアノ層の調査のために、アフリカ西海岸に派遣した「ラ・ロワール」号 (指揮官サイセ中尉) の報告である。喜望峰とフォルタス岬との間のファルス湾とサルダニャ湾に5つのグアノ層を発見した。フォルタス岬とベンケラ岬との間の11のグアノ層のうち9つは採掘しつくされ、あとの2つは採掘が困難。現在、喜望峰と紅海との間の東部リトラレが盛んに調査され、アルゴア湾のバード島やタムス島で発見された。後者は極めて豊富で品質も良いが、すでに英国政府が差し押さえて、女王の所有を宣言しているようだ。イマンv. マスカトの領内に第3の層が発見されたが、イマンはすでに採掘について英国政府との間で合意しているという。

英国の農業を実際 (経験) から科学に変えたのはリービヒの農業化学の影響が大きい。リービヒは1803年にダルムシュタット (ドイツ中部) の薬種・染料商の家に生まれ、ボンとエアランゲンで化学を勉強したのちパリへ留学、24年にアカデミーでの講演がフンボルトに認められてギーセン大学の教授になった。フランス、英国をたびたび旅行して国際的名声を得た。最大の貢献は有機化学

の理論と化学の農業への応用で、『有機化学の農業と生理学への応用』(1840年)と『化学書簡』(1841年から《A. Z.》紙に発表、44年に初版、78年までに6版)はこの分野の古典に数えられている。

リービヒの新説の要点は、植物は成長に必要な炭素を腐植から、つまり土壌からではなく、空気から二酸化炭素の摂取によってとるというもので、植物の成育を促進する成分を多く含む雨水を、地表から排水せずに地中を通して流す方がよいということである。暗渠排水や底土犁耕が注目されたのはこのためであった。

『関税同盟新聞』には、「ロンドンからの通信」(1843年第14号)に「リービヒの農業化学のシステム、その進歩と影響」というリストの評論が1編、「穀物法同盟」と並んで載っている。

評論の前段でリストは次のように述べている。「英国の経済界、特に農業界が目下、最大の関心を寄せているのは、穀物問題を除けばリービヒの農業化学であり、その主な理由はリービヒの新発見が穀物問題と密接に関係しているからであろう」。「大西洋の彼方の穀物の国」北米でもリービヒの書物はすでに3版を出している。こちら側では特にスコットランドの借地農が、「この新発見をできるだけ早く、広くスコットランドの実際の農業のために利用しようと」取り組んでいる。新理論による施肥法について、ロウェス氏は3つの特許をとったという。すなわち、①骨粉中の燐酸を硫酸を使って作り、それを土壌と混ぜる方法、②アルカリを燐酸と混ぜる方法、③小麦栽培を促進するための、珪土と灰またはソーダとからなる肥料の普及、である。

新理論の応用に性急な期待をもつことはできないが、これが普及するのは明らかであり、その結果、外国からの穀物輸入に依存しない貿易政策が可能になる。また、中小農場の長期の定期借地化が進むであろう。農業化学の応用の成果は国民経済にも計り知れない変化をもたらすであろう。穀物の増産だけでなく、多数の新しい職業・営業部門が生まれ、製造業の発展と農業の発展とが互いに関連して進むであろう。評論の後段ではこのように持論を述べている。

表 6-1　英国の穀物輸入
(単位：輸入量：クオーター、小麦粉はツェントナー、平均価格：シリング、総額：ポンド・スターリング)

	年平均輸入量	平均価格	総額
小麦	94,123.1/2	26.1/2	129,716.60
大麦	18,320.3/4	16	14,636.12
燕麦	27,403.3/4	12	26,442.50
ライ麦	21.1/2	18	19.70
豆	65,816.3/4	16	52,633.00
小麦粉	88,403.2/3	10	44,202.17

(4) 穀物の輸入、家畜の富、その他の農業記事

　英国(イングランドとウェールズ)の人口は『新聞』が発行されていた1840年代には約1,590万人で、18世紀初めと比べると150年ほどでざっと3倍増加したことになる。この間、18世紀後半から産業革命が始まって、農業人口に対する非農業人口の比率は当然高くなった。人口が増加し、非農業人口の比率が高くなっても、穀物の輸入がそれほど大きくならなかったのは、上に述べた農業改良によるところが大きかったからであろう。

　英国の穀物輸入について「北ドイツから英国への穀物輸出と英国の穀物市場における北アメリカ人の競争」(1843年第5号)に、議会資料からとった表がある。1833年から36年まで4年間のドイツからの輸入で、原表はもっとくわしいが、ここでは年平均の輸入量と平均価格だけ表6-1に記す。

　したがって1830年代半ばのドイツからの輸入量は年平均、穀物が約14万クオーター、豆が約6万6,000クオーター、小麦粉が約8万8,000ツェントナー、総額は約26万7,000ポンド・スターリングになる*。

　　*論文は小麦粉の単位をクオーターとして、「約23万クオーターの穀物をドイツは年々英国へ輸出して……」と述べている。

　「大英帝国の貿易動向、1842年」(1843年第13号)は、主要商品の輸出額のあとに、「国内消費用の小麦の輸入量」が表6-2のように記されている。

表6-2　国内消費用の小麦の輸入量

1841-42年	230万898クォーター（関税収入：38万9,865ポンド）
1842-43年	266万7,944クォーター（関税収入：111万2,453ポンド）

表6-3　砂糖とバターの輸入量

（単位：ツェントナー）

1841-42年	砂糖：406万5,985	バター：27万7,428
1842-43年	387万6,465	17万5,843

表6-4　穀物輸入量

（単位：クォーター）

小麦：	93万6,623,	うち英国船で31万4,322,	外国船で62万2,301
大麦：	18万0,591	2万2,585	15万8,006
燕麦：	8万5,777	5万0,918	3万4,859
豆類：	9万3,513	5万8,664	3万4,849
小麦粉：	36万5,376	28万4,846	8万0,530

　それによると、輸入量に比べて関税収入が大きく違うのは、1841-42年は輸入小麦の価格が高く、関税率が低いのに対して、1842-43年は価格が安く、関税がクォーター当り8-10シリングであったからだという。

　砂糖とバターの輸入量も表6-3に記しておこう。

　砂糖の1人当り消費量は16ポンド（重）と15と1/4ポンドである。

　家畜は1842-43年の数字であるが、この年は極めて少なかった。

　　牡牛：3,155頭、牝牛：1,046頭、子牛：76頭、羊と子羊：648頭、豚：415頭。

　「英国の穀物輸入、1843年」（1844年第23号）は、1843年1月5日から1844年同日までの1年間の穀物輸入量を、表6-4のように述べている。

　したがって、総輸入量は166万1,930クォーター、関税、輸送費、商業利潤を差し引いて、約2,500万グルデン、世界中のほぼすべての穀物生産国から輸入していた、と書いている。

　以上の記事からみると、小麦の輸入量は（単位はクォーター）

1841年：230万→1842年：266万→1843年：93万となる。

「英国の家畜の富」(1848年第5号)は、出たばかりの『マックイーンの英帝国の統計』からとった家畜の数と評価額である。

馬：225万頭、6,700万ポンド（ス）、うち農耕用は150万頭余、4,500万ポンド

有角家畜：1,400-1,500万頭、2億1,600万ポンド

羊：5,000万頭、6,700万ポンド

豚：1,800万頭、1/3は1頭2ポンド、2/3は10シリングとして、1,187万ポンド

したがって、家畜の総額（Kapital）は3億4,627万ポンド・スターリング**
** 総額は3億6,187万ポンド、馬を農耕用だけとすると3億3,987万ポンドとなる。

以下、農業に関する記事をいくつかあげると、

「ジャガイモ栽培の改良」(1843年第36号)は、『ペーズリー新聞』が伝えるスチラット氏の試み。70年間栽培されていなかった畑に植えつけたところ、翌年収穫したジャガイモは種いもとして利用できた。回りの畑では失敗したのに。長期間栽培を続けた土地ではジャガイモの産出力は衰える、というのが彼の結論だという。ペーズリーはグラスゴーの近くである。

「蒸気犂」(1843年第52号)は、『ダンフリース新聞』の記事。クルチス氏がこの機械を使った結果は良好で、ダンフリース（スコットランド南西部）近くの湿地を実りある農地に変えることが期待されるという。

「運ぶことのできる打穀機」(1844年第7号)。英国の話ではないが、ボェーメンのライヒスタットの騎兵大尉ライテンベルガー氏が発明した打穀機は18人分の打穀作業を行い、人力、畜力、水力のどれでも動かすことができるという。ちなみに、「英国の最近の農業報告」(1843年第1号)には、打穀作業は「からざお」より機械（打穀機）を使って行われている、とある。

「小麦の蒔き方」(1844年第38号)は、昨年（1843年）8月に自分の畑に32粒

の小麦の種を6インチの間隔、1.5インチの深さに蒔いたところ、1エーカー（4万平方フィート）の土地に30万4,940オンス（1万9,600ポンド）の穀物ができた、という英国のある農業者の実験。まだ完全な成功とはいえないが、現在の平均収穫量2.5クオーターが4.5クオーターになるとすれば、重要な改良になろう。

「サウザンプトンの農業博覧会」（1844年第41号）。家畜、農業用の機器、種子、根菜類、肥料などの博覧会が1週間開かれた。入場者は1日に6万人を数え、ケンブリッジ公も来場、表彰式には400人が出席。会長はカール・スペンサー、副会長はリッチモンド公とレインスター公。アシュバートン卿は乾杯の辞で科学と農耕（科学者と実際家）との結び付きを祝福した。

(5) 農業の国際比較

最後に、英と独、英と仏、独と米という2国間の農業の比較考察と50年後を見据えた展望がある。

「英国の土地貴族はドイツの土地貴族と比べてなぜそれほど豊かであるのか」（1844年第18号）。反穀物法連盟の集会でウォード氏は次のように述べた。氏の収入は土地所有からで、若い頃は穀物法に賛成していたが、ヨーロッパを旅行して考えが変わったという。英国の1,000エーカーの土地は、なぜドイツの5,000エーカー、フランスの2,000エーカーの土地より多くの地代を生むのか、その理由は、英国の地主の所有地は工業に助けられて、その農産物が高く売れるからで、英国の土地利害は工業の繁栄によって促進され、製造業が繁栄するほど地主が獲得する地代は高くなるのだ。南ランカシャーのある地区の地代は1692年には169ポンド（ス）、昨年（1843年）は9万4,000ポンド。

「英国の農業とフランスの農業」（1848年第1号）は『モニトゥール』誌の記事（筆者はフランス人）である。同じ土壌に種を蒔いた場合に英国ではフランスの2倍の収穫があることが多い。両国の家畜飼育の違いによるもので、英国では農地面積に対して家畜の数がフランスの3、4倍多い。そのうえ英国の家畜1頭は平均してフランスより50％ほど重い（大きい）。1ヘクタールの土地

を肥沃な状態で維持するには700-800キロの家畜（フランスの平均3頭分）が必要だというが、フランスでは4,500万ヘクタールに対して牛1,300万頭分（3ヘクタールに1頭弱）である。飼料作物の栽培を進めて家畜の飼育を増やすことの必要を訴えている。

「ドイツの農業と北米の農業」(1849年第21号) は「祖国の労働保護協会」の関税率案が議論を呼んでいるなかで、ドイツ諸国間の競争より北米の競争に目を向けるように警告したものである。「ドイツならびにヨーロッパの大部分の農業に一大革命が迫って」おり、その震源地が北米だからである。北米の主要穀物（とうもろこし、小麦、ライ麦、そば）の生産高は、1847年に6億9,449万1,700ブッシェル（4億5,636万4,522プロイセン・シェッフェル）、一方、ドイツ（オーストリアを除く）の小麦とライ麦は1億6,300万プロイセン・シェッフェル、したがって、独・米の人口比は33：20であるのに、パン用穀物の生産高の比は5：14、「北米はドイツの人口の3分の2に足らないのに、パン用穀物の生産高は約3倍である」。地価は10分の1以下、1エーカーからの収穫量は2倍、ドイツの生産費の4分の1の価格で販売し、輸送費を入れても北米の優位は動かない。

以前は穀物を加工せずに輸出していたが、最近では北米の農業者は穀粉にして、飼料に使って食肉として、さらにアルコールに加工して、つまり付加価値をつけて輸出している。1847年には牛はプロイセンの4倍、豚はヨーロッパ全体と同じ、シンシナティ市だけで輸出用に42万頭の豚を屠殺し、1,050万キロの脂身（ベーコン）と690万キロの脂（ラード）をとった。その飼料に1億7,500万ブッシェルのとうもろこしが、醸造用に2,500万ブッシェルのとうもろこしと1,000万ブッシェルのライ麦が使われた。ドイツの標準でいえば、ヨーロッパの3,000万人にパン用穀物を供給する余力がある。「したがって、英国への穀物輸出をなお当てにする［北］ドイツの農業者とこの貿易の利害を貿易政策の指針とするドイツの政治家とが、まったく事情を考慮していないことは明白である」。農業者は英国市場より国内市場に目を向けよ、というのである。

もう1編は「穀物法の廃止が英国の植民制度と熱帯諸国との貿易とに及ぼす

影響」(1846年第27号)で、リストの稿である。穀物法は1846年に廃止されたが、ロンドンにいたリストは6月25日に議会で廃止の歴史的瞬間を見届け、翌日には議場でバウリング、マグレガー、コブデン、モンティーグル卿など自由貿易論者と冗談を交わした。この直後に書いてロンドンから送った記事である。要約すると、これまでは穀物法の存続の賛成者と西インドの砂糖独占の擁護者とが同盟を組んで、高い穀物関税と西インドの砂糖を優遇する差別関税に賛成していた。いまでは小麦利害には西インドの砂糖独占を支持する何の理由もないので、東インドの砂糖と西インドの砂糖との完全な同等化も、当然、穀物輸入関税の完全な廃止と結び付いている。人口の増加と生活水準の向上とによって拡大する国内需要を植民地産品に解放することが、英国の土地貴族の利益になるのである。穀物法が廃止されたことによって、穀物法を支持する土地貴族と西インドの砂糖独占の擁護者との同盟が崩れ、土地貴族も新しい貿易政策（植民地の開発と植民地産品の輸入促進）に賛成するであろう。ただし、西インドは米国に接近するから、英国の植民地システムの重心はこれからは東洋（スエズから喜望峰までのアフリカ東海岸、西アジア、ペルシャ、インド、清国、日本、オセアニアの5億人を下らない大市場）に移るであろう。

7. 産業社会の点描

　英国で始まった産業革命の大波は1840年代には欧米諸国に押し寄せており、いくつかの産業では機械化が進行していた。以下では、「雑録」欄と「物見櫓」欄の記事のなかから興味深いニュースを集めて、欧米諸国を中心に誕生しつつあった産業社会の点描を試みることにしよう。

(1) 綿工業と紡績工場——その光と影

　蒸気機関で作りだした動力を歯車やベルトで伝え、多数の作業機をいっせいに動かす「機械のシステム」、このシステムを中心にした経営組織（工場）、こうした工場制度が産業革命の主役であり、それが最初に成立したのが英国の綿工業、特に紡績工場であった。

　「英国の機械力」（1843年第25号付録）は、最新の計算にもとづいて、英国の機械力は人間の労働でいえば、1792年には1,000万人分、1827年には2億人分、1833年には4億人分を提供したこと、これまでの比率で上昇する場合には、この10年間に、現在地上に暮らすすべての人々が機械なしで行うのと同じ労働を提供するだろう、と述べている。マンチェスターでは1つの紡績工場が13万6,000錘の紡錘を動かしているが、これは南ドイツ全体とほぼ同じ数である。

　「英国の綿工業、1843年」（1844年第8号）から抜粋すると*、1843年に英国から輸出された綿製品の総量と総額は以下のようになる。

完成品：	1億7,103万2,190ポンド（重）	：1,227万2,346ポンド（ス）
綿糸：	1億4,921万4,437ポンド（重）	：637万3,737ポンド（ス）
撚り糸：	259万4,783ポンド（重）	：16万2,174ポンド（ス）
	3億2,284万1,410ポンド（重）	：1,866万8,257ポンド（ス）
（1842年）	（2億6,835万2,474ポンド（重）	：1,506万8,586ポンド（ス））

* バーンズの概観による数字で、第Ⅰ部1との間に違いがある。また、綿糸は einfache Twiste、撚り糸は gezwirnte Garn、綿糸の輸出先は、ハンザ都市（ハンブルク、ブレーメン）：30％、オランダ（ライン州）：17％、ロシア：16％、インドと

清国：13％、トルコとレヴァント：8％の上位5地域（国）で総輸出量の84％を占めていた。

「英国の綿工業」（1844年第28号）は、ニューヨーク港から積み出されて［ヨーロッパへ］到着した米国南部諸州の綿花は190万バレン、そのうち91万8,000バレン（約48％）が英国行きだと伝えている。78万バレンはすでに到着。昨年の乾燥で種に悪影響があり、価格は500％上昇、英国の紡績工場は最高に繁栄とある。

「英国の巨大綿紡績工場」（1845年第47号）は、現在マンチェスターに建設中の「途方もなく大きな紡績工場」のニュースである。長さ500フィート、幅75フィート、四角の1面が完成し、他の3面には完成すれば同じ大きさの紡績工場が入るという。各面の機械装置は出力320馬力の4台の蒸気機関によって動かされ、4,600人の労働者が住む住宅が建てられるという。

当時、紡績工場で児童労働の酷使が問題になっていたことはよく知られている。「英国における児童の工場労働の法的規制」（1843年第16号）は、児童の工場労働を規制する審議中の法案の内容を伝えている。13歳以下の児童は1日6時間半が限度、2つの工場での就業や夜勤は不可、土曜日は児童と若年者は4時半に終業、年間8日の半休日、食事時間は1時間半、作業室の外で。両親は子供を1日3時間学校に通わせる、違反したら1～10シリングの罰金、学校は監督者（聖職者と治安判事）の管理の下にあり、評議会や司教の監督を受ける。経費は評議会から救貧基金に頼む。これは就学を法的に義務づけた英国で最初の試みである。

「英国の工場法」（1844年第19号）は、児童労働を午前か午後の6時間半に短縮したのは、工場主が機械を14時間稼働させ成人労働者をその間働かせることを可能にしている、と述べている。

「10時間労働法」が成立した1847年にはこれに関する記事が多い。「工場の労働時間の制限に賛成する集会」（1847年第2号）はエジンバラで開かれた大規模な集会を伝えている。この集会では労働力の酷使を憤る声が出たが、いまま

でに知られていなかった「2つの事実」が明らかにされた。

1つは両親が働いている間、家に残された幼児の「運命」である。幼児の面倒は大抵近所の年寄りが見るが、乏しい食事、僅かなミルクで餓死寸前で、泣きやまない幼児を黙らせるために「アヘンを混ぜた水薬」を与えて眠らせる習慣があった。両親も承知のこの習慣が幼児の肉体を蝕んだことは言うまでもない。マンチェスターのある商人は1人で毎週この「睡眠薬」を少なくとも80ガロン（1ガロンは約4.5リットル）売っているという。

もう1つは工場で働く6歳にもならない児童に与えた罰で、リーズのマーシャル氏の紡績工場の話である。監視人が眠そうな児童を働かせるために鞭を振り回し、それでも効かなければ工場の隅にある水槽に頭をつけて眠気を冷ます、というのである。この記事の筆者は、法律より世論の力でこれらの悪習を正すには、工場主が販路の閉塞のために操業時間の制限を考えている現在がその時だ、と「人間性」（世論）と「利益」（工場主）とが手を携えて進むことに期待を寄せている。

「10時間労働法案」（1847年第7号）は、この法案が再び下院に送られ、2年前よりも好意的に受け入れられる（成立する）だろうと伝えている。フィールデン氏は、動物に保護を認めているのに工場労働者の労働時間の制限をこれ以上先き延ばしすることはできない、と言った。記事の筆者は、英国が先鞭をつければ大陸の諸国も労働者の状態の改善を真剣に考えるだろうし、工場の労働時間を制限するためにすべての工業国の共同の法律を作る議論がなされることが望ましい、と述べている。

「10時間労働法案」（1847年第12号）によれば、この法案は下院で2度読み上げられて成立が近く、労働者は歓喜の声をあげ、祝賀行列を行っている。だが、反対の声もあり、最初の工場法（1802年）の成立に尽力したピールまでが所得税と同じ悪影響を及ぼすと言って反対している。『エクザミナー』紙の論調はもっと激しい。曰く、時間は労働者の財産で、労働時間を6分の1制限するのは労働者から稼ぎの6分の1を奪うことだ、わが国の商工業の制限は他国の商工業の拡張だ、英国の現在の立法者は、ローマが焼けている時に音楽に興じて

いた皇帝ネロのようだ、と。この記事の筆者は同紙やその他の反対意見を批判している。10時間法案は英国の工業を衰退させることはない、労働を制限するのは女子と児童だけだから、英国がこの博愛的措置のために沈むことはない。

　工場制度についての関心は英国ばかりではなかった。英国以外の国の記事を2本紹介しよう。「ロベレトのストッフェラ氏の賞賛に値する工場規則」（1843年第21号）は北イタリア（オーストリア領）の絹工場の就業規則である。400人の労働者の大部分は少女で、11歳から14歳までの少女は4年半から6年半「衣類と住居、それに良い教育」を受ける。6か月の徒弟期間が終わると15グルデンの年俸を受け取り、これを貯蓄金庫に預ける。毎年500グルデンの報奨金を出す。40人ごとに年長の女性が監督し、宗教教師、正副の管理人、6人の女子親方、12人の組長が上に立っている。低オーストリア工業協会はストッフェラ氏に大きな金の表彰メダルを贈った。ストッフェラ氏がロバート・オーエンを知っていたかどうか分からないが、労働者の福祉を考える工場主が各地にいたことは確かであろう。

　「米国の工場」（1845年第50号）は、米国の工場には「輝かしい成果よりもっと驚くことがある」という、『フレーザー・マガジン』紙の記事を載せている（フレーザーはデトロイトの近く）。英国の工業制度の「恐怖と苦痛」は米国にはない。共同社会の幸福は数百万人の貧困の上に成り立ってはいない。国民の富は人間性を犠牲にして獲得されたのではない。米国の工場主は、労働者も造物主が同じ姿に創った同等の存在であることを忘れていない。ローエルの工場の記述を読めば、ユートピアが目の前にあるかと思うのである。この誇らしげなニュースが羨ましい。ちなみに、ニュースのなかの「ローエルの工場」は、英国でエジンバラとマンチェスターの紡績工場をみて機械技術と経営組織に驚き、帰国後に「ボストン製造会社」（1815年操業開始）や「メリマック製造会社」を作ったフランシス・ローエルの工場であろう。

　綿工場ではないが、「セダンの毛織物製造」（1843年第19号）は、7,830人が1日14-15時間働き、毛織物、カシミア、アルパカを年2万7,000反製造していたセダン（ベルギー国境に近いフランス北東部の都市）の毛織物工場。「スレー

ンの工場設備」(1845年第13号)は、1823年にコークス高炉第1号を建設したコックリルの工場。現在パドル炉は20、コークス炉は48、週30万キログラムの鉄を生産、機械工場はオーストリア政府にすでに20台の蒸気機関車を納入し、さらに12台を受注している。性能は英国製、米国製に劣らないという。スレーンはベルギー東部リエージュに近い。

当時は工場、停車場その他の建築には多く煉瓦が使われていた。「英国の煉瓦製造」(1846年第34号)によれば、英国では1845年に、イングランドとウェールズで18億2,041万5,017個、スコットランドで5,732万1,716個の煉瓦が製造されたという。その関税収入は、55万8,323ポンド2シリング4ペンスと1万7,775ポンド2シリング7ペンスであった。

(2) 1847年の恐慌を見る目

19世紀の英国経済は、1825年、1837年、1847年、1857年、1866年、1873年、と10年ぐらいの周期で激しい恐慌に見舞われた。このうち、『関税同盟新聞』の発行中に起こったのは1847年の恐慌である。この恐慌を南ドイツの『新聞』はどのように見ていたのだろうか。

『新聞』を作ったリストは1846年末に世を去ったので、1847年の恐慌を見てはいない。しかし、『新聞』が発刊された1843年は、英国経済が1837年の恐慌と41-42年の中間的恐慌の影響から抜け出して好況に向かった年であり、リストの晩年には好況は絶頂に達して、すでに1847年の恐慌の前兆が現れていた。その1845年の秋から冬にかけて、リストは『新聞』の「物見櫓」欄に「大金融恐慌、鉄道熱および英国の不作」(1845年第43、44、46、47、50号)という、恐慌直前の英国経済を展望する論説を5回連載している*。

* ⅢとⅣは「不作、金融恐慌および鉄道[株]投機」、Ⅴは「不作、金融恐慌、鉄道および銀行」、また、第51号に「不作、金融恐慌および鉄道[株]投機」(『スーゼとサイベスの回状』ロンドン、12月5日から)」がある。なお、1837年の恐慌では、フィラデルフィアのビドル銀行の破産によってアメリカ時代に鉄道と炭坑の事業で獲得した財産(「ヨーロッパへ持ち帰った5万ターラーを含めて50万ターラーぐらい」ディンゲルシュテットへの手紙、1845年5月末?)の大半を失ったようである。

このうち、特に重要なⅠ、Ⅳ、Ⅴについて、リストの見方を要約してみよう。まず、すべての商業都市で起こっている手形の割引料の値上がりを取り上げて、その主要な原因は過度の鉄道［株］投機であると言う。英国の新聞は、現在計画中の鉄道の建設費を5億ポンド・スターリング（60億グルデン）と見積っている。『タイムズ』紙が鉄道株への3,000万ポンドの払い込みを主張した時、貨幣市場にパニックが広がった。英国の銀行の現金保有高が1,400万ポンドと言われていることを考えれば、3,000万ポンドを流通界から引き上げることの影響は明らかであろう。リストは『タイムズ』紙の主張を自分の試算にもとづいて批判し、割引料の上昇や貨幣不足のような一時的な原因（影響）と、「恐慌の前触れ」と見られる利子率の上昇のような長期的な原因（影響）とを区別すべきであると言う。問題は鉄道とその関連事業とが法外な資本を要求していることであり、したがって「貨幣恐慌」ではなく「資本恐慌」である。

　鉄道とその関連事業とは、現在着工中のものだけでなく、また技術的改良の進歩や大きな波及効果を考えると、今後12-15年間、年々少なくとも5,000万-6,000万ポンドの資本を必要とするであろう。鉄道とともに英国の農耕、製造業、海運、商業も発展するから、資本を求める競争によって利子率の上昇は続くであろう。英国の銀行は最近利子率を2.5％から3％、3.5％へ引き上げた。われわれは、この冬の間に4.5％に、穀物輸入が増えればもっと上がるだろうと予想している。鉄道建設は英国ばかりでなく、欧米の諸国や英領植民地でも進むから、長期間にわたって「資本の年々の増加をはるかに上回る資本需要を引き起こす」であろう。

　最後にドイツに目を向けて、発券銀行をめぐる官僚制と大土地所有の利害との争い、特にプロイセンの官僚制内部で起こっている「大蔵省」と「商務院」との対立に触れて、商務院を支持している。大蔵省が「王立海外貿易会社」や「王立銀行」の独占を支持していたのに対して、「貿易の発達した国々のことを熟知していた政治家」（レンネ）を長官とする商務院は、プロイセンに議会がなかった当時、「商工閣僚会議」を開いて大蔵省や大土地所有の利害に反対していたのであった[**]。

** この問題については、肥前栄一『ドイツ経済政策史序説』（未来社、1973年）前編第3章、第4章、高橋秀行『近代ドイツ工業政策史』（有斐閣、昭和61年）第5章が詳しい。

　次の号には『スーゼとサイベスの回状』からとった鉄道の資本額が載っている。それによれば、すでに完成した鉄道に投下された資本は7,068万0,877ポンド・スターリング、着工中または議会の認可を得た鉄道に必要な資本は6,735万9,325ポンド（ス）、そのほかに1263の計画があって、総額は5億6,320万3,000ポンド（ス）になるだろう、ということである。1845年の英国の予算が、収入が約5,860万ポンド（ス）、支出が約5,510万ポンド（ス）であったことと比べると、鉄道の資本の大きさは驚くばかりである。

　1847年の11月と12月の『新聞』には4編の記事が載っている。「南ドイツから（どのように世界貿易を行い、貨幣を使わないか）」（1847年第44号）はロンドンのベアリング兄弟商会の前の当主アシュバートン卿による「現在の金融・商業恐慌の解明」に関する報告、「英国の貧困について『タイムズ』紙」（第45号）は、「あらゆることが一挙に哀れな英国を襲い、富の絶頂から深い奈落の底へこの国を投げ捨てた」という『タイムズ』紙の記事を引用して、世界の同情を引こうとする「嘆き節」だと皮肉っている。「英国の恐慌について」（第48号）はドゥ・フェイ商会の11月の報告の序論にある「恐慌の遠因」をかんたんに述べている。「貨幣恐慌について議会の論争」（第50号）は恐慌の原因について、どちらの側の主張も「全体としては不十分という印象だ」と述べている。最初のものは「報告」欄、あとの3編は「物見櫓」欄で、数字を使った恐慌についての客観的な事実は少ない。

(3) 発明と工業博覧会

　「新式の織機」（1843年第49号）はルーアンの労働者が発明した織機である。フォーカンソンの織機は小幅織にしか使えなかったが、この新式の織機は広幅織に使え、しかも費用のかかる梳毛作業を省くことができる。多くの労働者がジャカード織機に代わってこの新式の織機を使用することになるだろう。「ジ

ョーブの編み物機」(1844年第7号)は1分間に0.5メートル、つまり1時間に30メートルの編み物を作り、「5分間で1人の人間を頭から足まで編み物で被ってしまう」。この編み物機は羊毛も編めるし、羊毛の編み物を縮絨し、刷き、鋏で切り、光沢をつけ、艶消しをすると、ゴムのように丈夫で伸縮のある特別の織物になる。ジョーブの話はジャカード、ジェラード、ヒートショット、カウス、ウォーチェスターのように工業の年代記に長く残るであろう。

「金メッキと銀メッキの新しい方法」(1845年第47号)はパリのクリストッフルの発明で、フランスの新聞は、労働者の健康がまったく損なわれず、金属(金、銀)の節約の点でも製品の価格の点でも極めて経済的だと推奨している。銀メッキを施した大型の食器3,000個が5万フランになったが、これまでのやりかたなら80万フランかかっていたであろう。「ダイアモンドの粉末」(1846年第31号)は、最近ダイアモンドの粉末が鋼の切れ味をよくすると宝石の彫刻に用いられ、ダイアの粉末への需要がいちじるしく増加したことを伝えている。「ダイアの粉末は刃物の性能を最高に鋭くし、鋼の刃物の切れ味をよくする他のすべての方法を駆逐するであろう」。そのダイアモンドについて、「バイアのダイアモンド鉱山」(1845年第50号)は、バイアから80レグアのところでダイアモンド鉱山が発見されたというフランス領事の報告。英国の会社の役員はすでに20万ポンド・スターリングのダイアを輸出し、8,000-9,000人の移住者がブラジルの各地から富を求めて集まり、この荒涼とした不健康な土地で天幕暮らしをしている*。

　* バイアはブラジル東部のバイア州であろう。

1851年にロンドンのハイドパーク、水晶宮殿(クリスタル・パレス)で開かれた工業博覧会は第1回の万国博覧会として知られているが、それ以前にも、各国で工業博覧会が開かれていた。上記の高橋秀行氏の著書には、ドイツでは小規模な展示会を含めて、1830-44年間にプロイセンで30回、南ドイツで20回、中部ドイツで25回、北ドイツで11回、オーストリア帝国で10回開かれたとある。そのなかでも、1842年のマインツと1844年のベルリンの工業博覧会は、領邦国

家を超えたドイツの全国博覧会として『新聞』の論説でも取り上げられている**。

**「マインツの工業博覧会についてオーストリアからの声（フランクル博士の『日曜新聞』から）」（1843年第16号）。これは「ヘッセン＝ダルムシュタット工業協会」が組織した民間主催の、最初の超領邦的博覧会で715の企業と個人が出展した。リストは『新聞』の予約購読者を募集する旅の途中、10月14日に見学したと『全集』の年譜にあるが、くわしいことは分からない。「ベルリンの工業博覧会とクロルでの祝宴」――「補遺」「再論」「後論」を含めて――（1844年第42/43、44、45、46号）。1844年の8月15日から10月24日までベルリンの兵器廠で開かれ、3,000以上の企業や個人が出展し、国王も2度視察に訪れたという。クロルはベルリンの有名なレストラン。

以下、各国の工業博覧会について、「雑録」欄と「物見櫓」欄のニュースを読むことにしよう。「オーストリアの工業と今回のウィーンの博覧会」（1845年第18号）は博覧会直前の記事で、パリやベルリンの博覧会に匹敵すると期待されていた。開催は5月15日、4月半ばにはすでに1,600点の展示品が搬入されて、予定した会場が手狭になる恐れも出てきたという。この記事にはオーストリアの工業統計からの抜粋も載っている。

総工業生産額は7億9,501万7,000グルデン。

工業部門別の生産額では、大工業13部門：5億9,341万8,000、小工業：2億0159万9,000グルデン。

上位3部門は、亜麻と大麻の生産、毛織物と羊毛製品、革と革製品。

15の地域別の生産額では、ボェーメン、ロンバルディア、オーストリアが1億グルデン超。メーレンとシュレジエン、ヴェネツィア、ハンガリーが続いている。

「英国の最初の工業博覧会」（1845年第22号）は「反穀物法同盟」がコベントガーデン劇場を借りて開いたもので、「同盟の博覧会」（"League Bazaar"）とも呼ばれている。寄付した都市がそれぞれのブースにバーミンガムの鋼製品、ペーズリーのショール、スタッフォードの陶器など特産品を展示し、通路には小麦その他農産物の袋も並んだ。出品物は同盟の金庫のために直売されたり富

籤販売されたりしたようである。

「スペインの工業とマドリードの博覧会」(1845年第28号)は、「スペイン人に固有の一切の中央集権への嫌悪から、当局の説得にもかかわらず3分の1ほどの州しか出品していない」と報じている。カタログに記されている324名の出品者のうち140名がマドリード、93名がバルセロナ、14名がバレンシア、セビリアからはわずか1名。記事の後半はスペインの工業の概観で、バレンシアとセビリアの絹工業、セゴビア、マンレザ、アルコイの毛織物、トロサとテラフェラのじゅうたんと陶器、マドリード、ブルゴス、トレドの絹、麻、羊毛工業、マラガの醸造（年間8-10万ヘクトリットルの火酒）、コルドバとセビリアの搾油（年間60-70万ツェントナーのオリーブ油）、ビスケーの鉄、アルメリア州の鉄、鉛、銀、アルマダの水銀（セビリアで年間2万ツェントナーを輸出）、バレンシアの乾燥果実（年間16-20万ツェントナーのレーズンを英国へ）。工業収入は1834年に6億フラン、現在は約10億フラン、英国の生産額の約6分の1、フランスの3分の1。絹工業で稼働中の織機は2万5,000台、フランスは8万台で、その半分がリヨンにある。

「ハンガリーの工業博覧会、オーフェン、8月12日」(1846年第36号)によると、前日にヨーゼフ副王が博覧会場を視察、この日から一般公開、462点の出品が会場の「国立博物館」の14の部屋に展示された。

「ブリュッセルの工業博覧会」(1847年第30号)は1835年、41年に続いてベルギーで開かれた第3回の博覧会のニュース。7月15日に開会、1,050点の出品のなかでは、パリやニームに劣らないメリノ種の羊毛の紋織りやショール、麻の製品、アールストの縫糸、絹製品、陶器とクリスタルグラス、機械が注目を集めたという（アールストはブリュッセルの近く）。

最後に、パリの工業博覧会について2編を紹介しよう。「フランスの工業博覧会の不都合」(1845年第17号)は博覧会自体の記事ではない。英国政府がこの前の博覧会ですぐれた装飾品や工芸品を購入して、国内各地を巡回展示中である。ところで、最近グラスゴウで英国の購入品の展示が開かれ、地元の新聞『スコットランド・ガーディアン』がくわしく報じている。英国は機械製の大

量生産品ですぐれ、フランスは装飾やデザインですぐれている。英国の購入品のなかには、と記事の筆者は言う、英国の工場で大量に、輸出用に作られているガラス製品や陶器もあるが、スコットランドの新聞はボーベーの普通の陶製のジョッキまで完全な芸術品だと書いている。ブロンズやクリスタル製品やじゅうたん、壁掛けについては言うまでもない。『外国文芸雑誌』に掲載された記事である。

　もう1編の「1849年のパリ工業博覧会、Ⅰ」（1849年第19号）も博覧会の会期や会場、出品や来場者の数を記した記事ではない。前年に革命（二月革命）が起こるなど、博覧会を開くうえで必ずしも恵まれた時代ではなかったが、1844年の博覧会を上回る規模と内容で、「1844年から49年までの間の技術と工業の巨大な進歩」を述べた記事である。準備作業用の機械（紡績機？）の進歩、鉄工業、繊維工業、化学知識を利用した日用品（ガラス・クリスタル製品、鏡、陶器、紙など）の製造、食料品（特に砂糖）、工芸装飾品の製造があげられている。後段は、1844年の博覧会に現れた発展の兆しが49年の博覧会では一層発展した姿を現した、として、1844年、39年、34年、19年、06年、1798年、1789年の革命以前の状態と比べると、「実際、200-300年の間に、昔だったら2000年かけて行われた以上の進歩がなされた」という自画自賛である。なお、見出しにはⅠとあるが、Ⅱ以下はない。

（4）内陸の大市（おおいち）——内陸の中継貿易港

　産業革命は市場向けの大量生産に即応した流通機構（配給組織）を作り出して「国内市場」（ホームマーケット）を拡大したが、ヨーロッパの内陸部にはまだ旧来の大市（定期市、フェアー、メッセ）が続いていた。マーケットとフェアー（メッセ）という2つの名称は今日でも、たとえば、生活用品を扱う「スーパーマーケット」に対する「ブックフェアー」や「幕張メッセ」などの表現に残っている。ヨーロッパの東西交通の要衝にあるライプツィヒの大市を中心に、大市の記事を拾ってみよう。ライプツィヒの大市は春のユビラーテ（復活祭後の第3日曜日）の大市と秋のミカエル祭（9月29日）の大市が8日

表 7-1　4つの都市で開かれた10回の大市の記録

(単位：ツェントナー)

	搬入商品	綿製品	羊毛製品	皮革	金物
ライプツィヒ	27万0,943	8万0,960	6万7,987	3万6,774	1万3,383
フランクフルト a. M.	10万6,443	2万1,286	1万3,136	3万6,605	6,629
フランクフルト a. d. O.	22万4,034	7万7,297	4万9,429		8,708
ブラウンシュヴァイク	4万9,338	9,437	1万7,000		
合計	65万0,758	18万8,980	13万2,279		

注：綿製品以下は販売量の内訳、綿製品と羊毛製品で約半分(49%)、絹・半絹製品と亜麻・大麻製品はライプツィヒとフランクフルト a. d. O. が最重要市場。

間ずつ、15世紀に新年の大市が加わって、3回開かれていた。大市を訪れた客は1800年に1万2,000人（当時の人口は3万人前後）という。

「関税同盟内の大市交易」（1845年第23号）は、1842年にライプツィヒ、フランクフルト・アム・マイン、フランクフルト・アン・デア・オーデル、ブラウンシュヴァイク、の4つの都市で開かれた10回の大市の記録（表7-1）である。

「ライプツィヒの大市」（1843年第22号付録）は『ライプツィヒ新聞』の記事で、同年春の大市には15万反もの毛織物（主にプロイセン製とザクセン製）が搬入され、約250万ターラーが売られた。1人で20万ターラーも買った商人がいたという。ちなみに、「ショールの消費」（1843年第27号）は、この春のライプツィヒの大市で1商会が118ツェントナーのショールを売ったことを報じている。1ツェントナー＝50キログラムとして換算すると5,900キログラム、6トン近いショールということになる。

翌年（1844年）の春の大市については2編が載っている。「今回のライプツィヒのユビラーテの大市」（1844年第23号）によると、ニーダーザクセン、南ドイツ、モルダウやワラハイ（現在のルーマニア）からの客（商人）が例年より多く、ドイツの北東部やポーランドからの商人は少なかった。遠いところではブラジル、メキシコ、北米、ノルウェー、スウェーデンからも来て、大量の買いつけをした商人がいた。オランダ人も梳毛織物（ウーステッド）を大量に買いつけた。毛織物類の販売量はいろいろ言われているが、18万反ほどが搬入され、その4分の3ぐらいが売られたようだ。英国製のラシャやショールも売

れゆきがよかった。純綿製品ではアウクスブルク製の靴下の評判が特によかった。『ドイツ・アルゲマイネ新聞』からの記事である。

3号（3週間）のちの「1844年のライプツィヒの復活祭［ユビラーテ？］の大市」（1844年第26号）はくわしい論説である。外国からの客ではブカレストから特に多く、ペルシャ、マケドニア、ベルグラードも多かった。ドイツ人も予想以上に集まり、英国やフランスとの直接貿易の影響があるとはいえ、1842年の市場の閉塞と販売不振から回復して、ライプツィヒがその地理的位置から内陸部の中心市場であることに変わりはないことを強調している。以下、個々の商品についてくわしく述べているが、特に目についた点だけあげる。

毛織物類は12-13万反が搬入され、その4分の3ぐらいが売られた、とやや少ない計算である。梳毛製品はほぼ売り切れ、綿糸や絹糸との交織物や装飾模様を施した新製品がたくさん登場して人目を引き、綿織物ではアウクスブルクとスイスの製品の評判が良かった。上記のニュースにない毛皮類については特にくわしい。靴の底革は種類と産地によって30-32ライヒスターラーから38-40ライヒスターラーまでさまざま、仔牛と馬の革は15-20％の値上がり、ロシア（シベリア）のてん、りす、狐、米国のあらいぐま、カナダの大やまねこ、などの毛皮が搬入されて売買され、また大陸や海を超えてシベリアや北米や清国にまで送られた。まさしく陸上の中継貿易港である。野兎は25万匹ほどが搬入され、大部分はギリシャに売られた。その他、装身具、宝石などの奢侈品、食器や雑貨、350頭ほどの高級馬の多くはオーストリアへ売られた。貨幣が不足していなかったので、手形の取引は少なかった。金貨（ルイドール）が値上がりしたので、2％割引のプロイセンの通貨やドゥカート貨がよく使われていた。

共通のドイツの関税制度を作るために諸領邦の協力を訴えた「ドイツ商人・工場主協会」の運動（関税同盟の発端）が、1819年のフランクフルトa. M.の復活祭の大市から始まったように、領邦の国境を超えてドイツ各地から、外国からも商工業者が集まる大市は、各地や各国の情報が交換されて、全国的な運動が発生する機会になった。「今年のライプツィヒのユビラーテの大市におけ

るドイツの工業家の全国集会の討議」（1844年第20号）を読むと、ライプツィヒの大市がドイツの工業家の全国的結集の中心地になっていたことが分かる。

この集会は4月29日にライプツィヒの書籍商の取引所で、関税同盟諸国の工業家を集めて開かれた。前年のミカエル祭の大市でも同様の集会が開かれ、ケムニッツのアイゼンシュトゥックが準備委員会の議長に選ばれていた。議長は、「全ドイツ工業協会」の設立を目標に各地に同様の協会が設立されているが、政治的な妨害（プロイセンから？）もあることを説明して、事態を静観するか、「全ドイツ工業協会」の設立の計画を続けるかを図った。後者に賛成の声が強かったので、委員会は集会で次の点を決定するように提案した。

①毎年、フランクフルトa. M.の復活祭の大市、ライプツィヒのユビラーテの大市、フランクフルトa. M.の秋の大市、ライプツィヒのミカエル祭の大市に「全ドイツ商工業者の集会」を開いて、ドイツの商工業に共通の案件を討議し、改善の提案を行う（両市の許可を前提とする）。

②集会の招集と運営のために、開催地の両市に毎年最初の集会で委員会（2名の商工業者）が選ばれ、実務の書記1名を任命する。任期は1年。

③委員会はドイツの商工業者からの提案を集会の6週間前までに新聞（ジャーナル）に掲載し、討議される議題をあらかじめ開催地で公表すること。

④委員会は受け取った提案や報告を交換し、開催された集会の記録を通知し、次の集会に提案し公表すること。

⑤関税同盟加盟国の商工業者は誰でも集会に出席する資格をもつ。但し、事前に委員会に申し込んで入場券を受け取ること。

集会の討議では、ドイツの商工業者の結集のために「新聞」との提携が重要である点——リストの『関税同盟新聞』と『国民的工業のためのアルゲマイネ新聞』とが候補にあがった——、両市の委員会が同じ目標を目指す関税同盟諸国の工業協会とどのような関係を結ぶか、という2点が中心になった。

最後に、議長は改めて次の点を図った。①定期集会をフランクフルトa. M.とライプツィヒで定期的に開くこと、②委員会はその通知を関税同盟諸国の既存の協会や今後結成される協会に送ること、③提携する新聞は当面、ライプツ

ィヒの委員会の判断に任せること、④署名が終わったらただちに必要な資金の調達にとりかかること。集会はすべての点に賛成し、委員会のメンバーを2人から3人にすることを決めた。ライプツィヒの委員会のメンバーにはケムニッツのアイゼンシュトゥック、ゴータの商業顧問ケメラー、グローセンハインのボーデマーの3人が、また『国民的工業のためのアルゲマイネ新聞』の編集者を書記に選び、寄付集めが始まった。

「フランクフルトとライプツィヒの大市における工場主の集会」(1844年第44号) によると、今回のフランクフルト a. M. の大市には南ドイツの工場主が集まり、ある演説が行われたというが、報告はまだ届いていない。また、10月10日のライプツィヒの大市でも北ドイツの工場主の集会が開かれ、麻糸紡績の将来や関税による保護の必要、労働者の状態の改善、などの声が出たという。

1847年の『新聞』にはライプツィヒとフランクフルト a. d. O. の大市の報告が載っている。「ライプツィヒの大市の結果」(1847年第21号) は、春の大市の取引が低調であった原因は価格の高騰とドイツの工業製品の信用を落とす詐欺の横行にある、という残念な報告である。「フランクフルト a. d. O. の大市の報告から」(1847年第48号) は『ベルリン商業雑誌』からの抜粋である。大市の主力商品は綿製品と羊毛製品で、英国の綿製品は東欧へ売られた。ハンブルクから北欧へ、ハンザ都市やオランダ経由で北米へと販路は広いが、ここでも商品の信用が揺らいでいた事実が報告されている。

海の港で密輸が行われたように大市 (陸の港) でも密輸は日常茶飯事であった。「大市の関税猶予を使った密貿易『プロイセン・アルゲマイネ新聞』から」(1844年第36号) には、『国家』紙が伝える外国品を国産品と偽って輸入関税を脱税して税関の役人を欺く手口が載っている。『ライプツィヒ新聞』にも、「……英国人はプロイセンの東部国境にある合法的な倉庫から関税同盟内に密輸を行い、このベルリンにさえ多くの商品が通過品として関税を支払わずに自由に持ち込まれている」という記事が載ったという。「大市の関税割引、関税猶予および戻し税」(1847年第20号、ニーダーラインから) は外国商人を関税の猶予や割引で優遇し、密輸の取締に甘い政府への糾弾である。「自国の工場

主に一切の支援を拒んで、彼らの正当な要求である輸出の際の戻し税を拒否する一方で、祖国の市場を外国品で溢れさせる商人に、権利を要求する口実などまったくない、寛大極まりない特権を与えている」と*。

　* 大市の関税割引：Meßrabatt、関税猶予：Zollcontirungen。

8. 物価と消費

(1) ドイツの穀物と北米の穀物

　関税同盟は総会で3年間の関税率を決めることになっていた。1834年に発足してから、総会は36年、38年、39年、39/40年に開かれ、1841年に第2期に入ってからは三月革命までに42年、43年、45年、46年と4回開かれた。発足時には基本的に自由貿易を原則とする「プロイセン関税法」(1818年)の関税率を採用していた。ただし、課税方法は従量税(従価税でなく)であったから、その後輸入品が値下がりすると、実質的に関税引き上げの保護機能を果した。1840年代に入ると保護関税を求める南ドイツが総会のたびに関税率の変更を求めたが、自由貿易を維持する北ドイツ(プロイセン)はこれを拒否していた。

　北ドイツ(プロイセン)が自由貿易を維持しようとしたのは前にも述べたように、穀物(羊毛や木材も)を英国へ輸出していた貴族農場主(ユンカー)の利害によるもので、英国の工業製品に対する関税を引き下げて、英国への穀物輸出を維持しようとしていたのである。ところが、すでに述べたように、合衆国の北西部に穀倉地帯が発展して、ドイツより安い・大量の・良質の小麦を生産し、また英国もカナダ経由で輸入する北米の小麦(粉)の関税をドイツ産の4分の1に引き下げて優遇する措置を取るようになったので、北ドイツから英国への穀物輸出の前途には暗雲がたちこめた。リストは『関税同盟新聞』紙上で何度もこのことに警告を唱えている。

　「要するに、こうした事情[遠からず北米が北ドイツよりずっと大量の・安い・良質の小麦を英国市場に供給するようになるだろう、という事情]のもとでは、北ドイツの穀物農場主はもはや英国市場から利益を期待することはできず、また彼らにとって、内陸の農業者や羊毛生産者にとっても、国内工業の発展と熱帯地域との貿易の発展とからしか利益は生じないことが明らかである」。「北ドイツの英国との穀物貿易および英国穀物市場における北アメリカ人の競

争」(1843年第5号)*。

  * 英国の小麦の平均価格をクオーター当り50シリング（小麦粉ファス当り30シリング）、輸入関税をドイツ産20シリング、カナダ・北米産5シリングと仮定すると、ドイツの小麦は関税、輸送費、保険・販売手数料、商業利潤、利子、倉庫料を差し引いて21シリング、これはヴィスペル当り34ライヒスターラーになる。ドイツの海港とベルリンでは現在42-44ライヒスターラーしているから採算がとれない。一方、カナダ経由の小麦粉は関税、輸送費、利益……を差し引いてファス当り19シリングになる。これは4と1/4ドルであるが、ニューヨーク市場の価格は3と3/4-4ドルであるから、製粉業者は五大湖地方で買いつけた小麦を製粉して英国へ輸出して十分採算がとれる、……と上記の論説にある。

 ところで、ドイツでは三月革命直前の1846年から47年にかけて穀物価格が高騰して社会問題になった。ドイツ史の年表には「穀物とジャガイモの不作で、この必要な食料品の価格は3倍にあがった。ドイツ各地に深刻な飢饉が広がった」とある**。こうした事情を反映して、47年の『新聞』には価格の高騰と穀物不足に関する記事があるが、それ以前では、「プロイセンの穀物価格」（1845年第25号）がある。これは、プロイセンの新聞が伝える45年春のプロイセン王国内の都市の穀物価格の概観である。穀物不足で価格が高騰したプロイセン州の都市を例外として、一般に工業地帯で穀物価格が高い。たとえば、ライン州の14の都市の平均価格は、小麦がブッシェル当り61と3/4銀グロッシェン、ライ麦が49と1/5銀グロッシェンで、ポンメルン州とブランデンブルク州の小麦47と1/3、ライ麦35と3/4より高い。農業州のほうが価格の変動幅が大きく、穀物取引が投機的であるのは、恒常的な安定した販売機会が不足しているからであろう。地代の均等化も長期信用もない。

  ** Deutsche Geschichte in Daten, 1969, S. 396.

(2) 北米西部の物価の安さ

 これに対して、『新聞』には北米西部の物価の安さを伝えるニュースがたくさん載っている。穀物不足と価格高騰に苦しむヨーロッパの人々には驚きであったのだろうか。「アメリカの穀物と穀粉」（1843年第6号）は1843年の『アメ

リカ年鑑』からとったもので、昨年の総収穫量は7億5,500万ブッシェル。「したがって、「北ドイツの穀物貿易について……」の論文で予想したのとほぼ同じ」と、これはリストの注記であろう。これは人口1人当り42と1/2ブッシェル（約5と1/4クオーター）で、英国の生産の2倍である。最近の報道によれば、小麦粉は海港都市でブッシェル当り3と3/4ドル、内陸部では40-70セントで売られていた。したがって、現在のドイツの内陸部の値段より50％ほど安い。

「北米の生活資料の安さ」（1843年第20号）は英国の新聞に掲載された北米西部諸州からの手紙である。それによれば、西部では極上の牡牛の肉が2セント（3クロイツァー、1ポンド（重）当りか？）、バターが5セント、七面鳥が12-15ポンド（重）のもので25セント、最上級の小麦粉20ポンド（重）が1シリング（36クロイツァー）だという。「北米の綿花と食料品の価格」（1843年第43号付録）によれば、綿花の価格は安定して、上昇傾向、ウプランド（の綿花）はポンド（重）当り7-8セント、小麦粉は1樽（ファス）当り4と1/2-4と5/8ドル、小麦は50-60セントで、豊作と販路の不足とのために下落の傾向にある。

もう1つ、「北米西部の物価の安さ」（1845年第47号）は『イリノイ新聞』が報じている西部の生活資料の価格である。最上の牡牛の肉が2-3と1/2セント（1セント＝1と1/2クロイツァー）、他の種類の食肉も同様に安い。小麦は1ブッシェル（60ポンド（重））当り35-50セント、とうもろこしはブッシェル当り20セント、じゃがいもはブッシェルあたり12-15セント、バターはポンド（重）当り8セント、チーズは同じく5セント、猟獣の肉、魚、鳥は余るほどあり、林檎、桃、その他の果物も同様。

（3）英国の鉄の価格の変動

鉄については英国の価格の記事が数編載っている。ドイツはまだ英国の鉄に依存していたので、その価格に注目していたのであろう。

はじめに、1830年から48年までのグラスゴウにおける銑鉄1トン当りの年平均価格をあげて、これを参考に以下の記事を読むことにしよう*。

　*この表は後述する「英国の鉄価格の変動」（1849年第11号）にある。最高価格（1836

表 8-1　銑鉄 1 トン当りの年平均価格

1830年：	100s.-d.	1837年：	80s.-d.	1844年：	54s. 9 d.
31	：90	38	：80	45	：76
32	：90	39	：90	46	：71　8
33	：80	40	：75	47	：65
34	：85	41	：60	48	：44　4
35	：90	42	：50		
36	：135	43	：40		

年：135シリング）と最低価格（1843年：40シリング）とでは、変動幅は 3 倍（3分の1）以上もある。

「英国鉄工業の現状と銑鉄の異常な低価格についての説明」（1843年第39号）は、グラスゴウの年平均価格が最低の年の記事である。鍛鉄所はフル稼働だが、火の消えた高炉は再開していないという『ウルバーハンプトン新聞』と、銑鉄生産は新たな興隆を開始したという『ランカスター・ガーディアン』紙の報道に続いて、銑鉄の低価格の原因の一部を次のように説明している。鉄工場主がこれまで捨てていたスラッグをもう一度溶鉱に使っているからで、当然品質は悪くなる。大陸の製鉄所はこの低価格の影響に苦しんでいるが、品質の劣悪に気付くことであろう。

1845年には 3 編。「英国の鉄価格」（1845年第 8 号）によると、価格は上昇を続け、先月開かれたスタッフォードシャーと南ウェールズの製鉄工場主の集会で価格をトン当り10シリング-1 ポンド程度引き上げることが決議された。現在銑鉄はトン当り 3-4 と 4 分の 1 ポンド、棒鉄は 6-6 と 2 分の 1 ポンドしている。需要が生産を上回り、鉄工業は繁栄している。スタッフォードシャーでは特に機械、船、農機具などが、南ウェールズでは主として鉄道用のレールが作られている。ちなみに、この第 8 号の発行は 2 月25日付けであるが、グラスゴウの価格は 2 月が70シリング 6 ペンス、3 月と 4 月が100シリングと、1844-48年間で最高である。

「英国の鉄価格」（1845年第22号）は、南スタッフォードシャーの鍛鉄工場主が鍛鉄の価格を40シリング（3 分の 1 以上）引き下げて、75シリングに固定することで一致した、と伝えている。理由はこれまでの110-120シリングでは売れなくなってきたからだという。この記事は英国の鉄価格の引き下げがドイツの鉄工業に及ぼす影響を懸念して、鉄関税の引き上げが必要であると主張して

いる。英国だけでなく北米の鉄工業の急速な発展にも注目することが必要である。1845年の年平均価格は76シリングである。

「英国の鉄価格」(1845年第30号) は高炉の所有者がグラスゴウで開かれた定期集会で、銑鉄の価格をこの月のうちにもトン当り90シリングに固定すべきであると決議したことを伝えている。記事

表8-2　1844-48年のグラスゴウのトン当り鉄価格の概観

	1844年	1845年	1846年	1847年	1848年
1月	40s.-d.	60s.-d.	80s.-d.	73s. 4 d.	48s. 6 d.
2月	45	70　6	77　6	73　4	50
3月	50	100	70	71　1	44　2
4月	65	100	66	70　8	41
5月	65	85	70	65　3	44
6月	65	63	68	65	43
7月	60	65	70	68　1	45　3
8月	55	62　6	75	67　9	45　3
9月	50	75	73　6	66　6	45　3
10月	52　6	75	69	59　10	42　9
11月	52　6	75	69	51	41　9
12月	57　6	75	72　6	47　6	42
年平均	54s. 9 d.	76s.	71s. 8 d.	65s.	44s. 4 d.

出典：Robinow Neil et Comp. と Robinows-Marjoribank の報告から。

の筆者は「しかし、ひそかにもっとずっと安く売られるであろう」と付け加えている。

「英国の鉄価格の変動」(1849年第11号) は、ジーゲンで出たばかりのドイツの鉄工業に関する意見書にもとづいて、英国の鉄価格の変動がドイツの鉄工業に及ぼす影響を論じた報告である。英国の鉄価格が大きく変動していることはグラスゴウの価格の概観から明らかであるが、この価格の変動は特に関税によって保護されていない国に危険な影響を及ぼす。価格が上昇して好景気のときには、ドイツの鉄工業でも既存の経営を拡張したり、多額の資金を投じて新しい設備に着工したり、将来を見込んで原材料を調達したりする。しかし、好景気は精々1年で、突然、英国の鉄価格は原価に、あるいは原価を割るほどに下落し、ドイツの鉄工業は大きな損害を受ける。意見書はこうした場合を想定して、英国の鉄価格の変動に対処して関税の引き上げと何らかの優遇措置とを求めている (表8-2)。

表 8-3 地域別の綿花の消費量 (1)

(単位：100万ポンド（重))

	1836	1837	1838	1839	1840	1841	合計
英国（大ブリテン）	350	369	435	362	473	422	2,411
フランスと隣接国	118	121	133	110	157	154	793
ロシア、ドイツ、オランダ、ベルギー	57	58	61	48	72	65	361
アドリア海諸国	28	32	26	26	28	29	169
北米合衆国	86	82	92	103	111	115	589
合　計	639	662	747	649	811	785	4,323

(4) 綿花の消費と綿製品の輸出

　綿工業の原料として重要な綿花の消費については、「ヨーロッパと北米の綿花の消費」(1848年第13号) と「1836年以降の綿花の消費」(1849年第12号)、綿製品の輸出については「1844年の英国の植民地と外国、特にドイツ、オランダ、ベルギーとの原綿と綿製品との交易」(1846年第41号) がある。初めの2編はどちらもマンチェスターのドゥ・フェイ商会の報告からとったもので、1836年から47年までは同じで、後者には1848年の数字と短い説明とが加わっている。48年の記事を読むことにしよう (表8-3、表8-4、表8-5)。
　1836-47年の12年間では英国が56.7％を占めている。
　紡績工と工場主の手もとにある在庫10万5,000バレンを、1847年には1バレン当り371ポンドであったが、393ポンドと最大重量に見積った。10時間労働法の導入の影響はない。平和の恩恵を受けた国（米国、英国、ロシア）の消費量は1848年に増加している。北米の綿工業の発展は注目に値するもので、1848年には前年に比べて綿花の消費量は週当り約2,000バレン増加している。関税の引き下げが英米間の貿易を拡大させた。以上のような説明がついている。

　表8-3から表8-5の数字は各国の綿花の消費量であるが、最後の「1844年の英国の植民地、外国、特にドイツ、オランダ、ベルギーとの原綿と綿製品貿易」(1846年第41号) には1843年と44年の英国の綿花の輸入量が輸入先ごとに

表8-4 地域別の綿花の消費量 (2)

(単位:100万ポンド(重))

	1842	1843	1844	1845	1846	1847	合計
英国(大ブリテン)	462	531	543	597	604	425	3,162
フランスと隣接国	163	152	146	158	159	112	890
ロシア、ドイツ、オランダ、ベルギー	78	82	86	96	97	97	536
アドリア海諸国	38	44	26	38	39	31	216
北米合衆国	105	131	143	158	176	175	887
合 計	846	940	944	1,047	1,074	840	5,691

表8-5 地域別の綿花の消費量 (3)

英国(大ブリテン)	550,000,000ポンド	54.2%
フランスと隣接国	119,000,000	11.7
ロシア、ドイツ、オランダ、ベルギー	108,000,000	10.6
アドリア海諸国	29,000,000	2.9
北米合衆国	209,000,000	20.6
合 計	1,015,000,000	

表8-6 原綿の輸入量

(単位:100万ポンド(重))

	1843年	1844年	その割合
北米から	574 3/4	517	5/6
ブラジル	18 3/4	21	1/26
トルコ、シリア、エジプト	8 1/2	5 1/2	1/120
他の諸国	4	11 3/4	1/55
英領東インド、モーリシャス	65 1/2	88 1/2	1/7
西インド	1 1/2	1 3/4	
合 計	673	646	

記されている(表8-6)。

英国が輸入して消費した綿花は綿糸や綿布に加工されて、その大部分が外国へ輸出された。この論文には、1844年(1843年)の原綿の輸入量とその輸入先と並んで、綿製品の輸出額とその輸出先とが記されている。

①綿製品の輸出額:2,575万ポンド(ス)(44%)。(2,350万)(45%)
　英国の総輸出額:5,850万　　　　　　　　(5,225万)

綿製品の輸出額は1820年の1,650万ポンド（ス）から1.56倍。

英国の総輸出額は18世紀初めに650万ポンド（ス）以下、1782年に1,300万ポンド（ス）以下、1793年に2,000万ポンド（ス）以下。

②綿織物の輸出額と輸出先。上記の2,575万ポンド（ス）のうち：

◆白地綿布またはキャリコ：935万ポンド（ス）36％。（800万）（31％）

これは、およそ6億4,300万ヤードで、そのうち：

　　東インド、セイロンへ2億0,600万ヤード（32％）

　　香港へ　　　　　　　　7,400万　　　（12％）

ブラジルへは7％、ヨーロッパではトルコへ7,000万ヤード、イタリアへ3,000万、ポルトガル、スペインと続く。ドイツへは1,850万ヤードと少ない。北米は1,100万ヤードで、むしろ南米などに輸出していた。

◆捺染、染色綿布：825万ポンド（ス）（32％）。（725万）（28％）

これは、およそ4億0,350万ヤードで、そのうち：

　　トルコへ4,950万ヤード　　ブラジルへ3,500万ヤード

　　東インドとセイロンへ3,250万ヤード　　ドイツへ3,100万ヤード

以下、イタリア、ポルトガル、オランダ、ベルギーと続く。清国は白地キャリコ7,425万ヤードに対して染色綿布は僅かに550万ヤード。

◆編み物：120万ポンド（ス）（5％）。（100万）（4％）。そのうち；ドイツだけで20万3,000ポンドと約6分の1で、東インドの4倍。

③綿糸の輸出量。1億3,850万ポンド（重）（1億4,025万）

　　1820年：2,300万→1830年：6,400万→1840年：1億1,850万ポンドと10年ごとに倍増の勢い。そのうち：ドイツ、オランダ、ベルギーへ5,850万ポンド（重）と約半分（6,350）。

④綿製品の輸出先。

ドイツへ310万ポンド（ス）、オランダとベルギーを加えると500万、東インド、セイロンへ475万、トルコへ200万、香港、清国へ150万、ロシアとブラジルとイタリアとへ133万ずつ、北米へ100万、シリア、パレスチナ、エジプトへ90万、英領北米とポルトガルとスペイン、ジブラルタルとへ75万ずつ、西インドへ60

万ポンド（ス）。以下、14の国と地域は省略する。

　この論文は最後に、ドイツが、オランダとベルギーを経由して入る分を含めて、英国から多額の綿製品を購入していること、トルコ、シリア、パレスチナ、エジプトへの英国の輸出が増加していることに注目している。

　以上、英国を中心にして綿花と綿製品の消費や輸出を述べたが、綿花を火薬の代わりに利用する、という珍しい記事を1つ紹介しよう。「シェーンバインの破裂する綿」（1846年第39号）は、火薬の代わりに綿を利用する方法をバーゼルのシェーンバイン教授が発明した、というニュースである。綿をどのようにして破裂させるのか、その実験はいつ、どこで行われたのかなど、知りたいことが書いてないのが残念だが、火薬より5倍か6倍遠くまで飛ばし、費用は半分しかかからないという。圧縮した綿は火薬より軽く、場所をとらないし、綿を使った榴弾は火薬の榴弾より20倍、30倍の破壊力をもつだろうから、これまでの火器を大きく変えることになろう。しかし、その後もずっと今日まで火薬が使用されていることからみて、この発明（？）は一般に認められず、広く利用されることがなかったようである。

（5）食肉の消費

　パンとともに欧米人の食生活に欠かせない肉の消費については、フランス人とドイツ人とについての数字がある。

　「パリの食肉消費」（1843年第20号）にはパリで消費された牛と羊の数が記されている。1842年12月には雄牛が6,731頭（前年には6,651頭）、牝牛が1,743頭（1,892頭）、子牛が5,724頭（5,407頭）、羊が3万8,828匹（4万790匹）。1年間の消費数は雄牛が7万1,531頭、牝牛が1万8,850頭、子牛が7万1,731頭、羊が44万6,576匹であったという。ちなみにパリの人口は1800年に54万7,000人。1850年に105万3,000人であったというから*、この数字の1842年には90万から95万人ぐらいだったのではなかろうか。また、牛1頭、羊1匹といっても、体重が違えば肉の量も違うのは当然である。

　　* C. M. Cipolla (ed.), The Fontana Economic History of Europe, Vol. IV, p. 750.

表 8-7　フランスの家畜数と屠殺数（1840年）

フランスは人口3,422万6,000人に対して（カッコ内は1,000人当りの頭数）
　牛（Rindvieh）：993万6,400頭（1,000人に290）。その内訳は
　　雄牛（Stiere）：39万9,000頭（11）　　雄牛（Ochsen）：196万8,800頭（57）
　　牝牛：550万1,810頭（161）　　子牛：206万6,800頭（61）
　羊：3,215万1,430匹（1,000人に939）。豚は約400万頭
屠殺数は
　牛：369万9,200頭（1,000人に108.1）。その内訳は
　　雄牛：49万2,900頭（14.4）　　牝牛：71万8,900頭（21）　　子牛：248万7,400頭（72.7）
　羊：580万4,700匹（1,000人に169.5）

「ドイツ関税同盟に関してフランスの利害と関係とについての意見書、農耕とぶどう栽培、家畜飼育と食肉消費：家畜関税」（1844年第34号）はフランス側の意見書であるが、そのなかに家畜数や食肉消費についてドイツと比較した部分がある。貿易省の資料によると、1840年には表8-7のとおりである。

フランス国民1人当りの消費量は平均して、11と29/100キログラム。

すなわち、牛が8と94/100キロ、羊が2と58/100キロで、1830年よりやや減っているという。通商大臣は「英国では1人平均68キロを、フランスでは14キロとほかに9キロのソーセージを食べる。パリでは48キロとほかに8キロのソーセージ。1789年にはパリで1人58キロだったから、人口はほぼ倍増したが肉の消費は減少した」と言っている。

意見書にある関税同盟の数字は明らかに過剰であるので、ディーテリッチの統計表から1837、38、39年の3年間の平均の数字をあげる（表8-8）。

牛、羊、豚のどれについても国ごとの数にかなり大きな違いがあるが、それはおくとしよう。食肉の消費量が多いのはバイエルン（45.4ポンド）とナッサウ（45.2ポンド）、少ないのはザクセン（28.3ポンド）である。ディーテリッチはフランス人の消費量を平均29-30ポンドと見積っているが、これに豚肉を加えて36-40ポンド（1ポンド＝500グラムとして18-20キロ）とすると、ドイツ人より少ないとはいえないだろう。ちなみに、1836-39年の3年平均の消費量はベルリンが109ポンド（54.5キロ）、パリが約56キロ（112ポンド）であったというから大きな違いはない。

表8-8 関税同盟諸国の1人当り食肉消費量

	雄牛と牝牛	子牛	羊	豚	合計
プロイセン	16.295	5.208	5.439	8.241	35.183
バイエルン	29.292	7.189	1.739	7.189	45.409
ヴュルッテンベルク	23.354	6.59	2.144	6.106	38.192
ザクセン	18.111	4.446	2.256	3.462	28.275
クアヘッセン	15.415	4.204	3.763	16.772	35.154
ヘッセン大公国	16.111	5.91	1.643	11.735	35.399
バーデン	14.205	3.749	841	14.219	33.014
ナッサウ	25.973	7.083	2.535	9.597	45.188

　フランス人とドイツ人は1年間に1人だいたい18-20キロ（36-40ポンド）の肉を食べていた、という新聞記事を紹介したが、これはいまから170-180年ほど前のことである。現在の肉の消費量はどれくらいだろうか。朝日新聞「Glove」の数字を借用してあげておこう（2011年11月18日号）。

　1人当り年間消費量が多いのは、牛肉ではアルゼンチンの54キロ、豚肉ではオーストリアの65.5キロ、羊肉ではモンゴルの49キロ（2009年）、日本では1世帯当りの購入量は牛肉では近畿地方が9.7キロと関東の5.8キロを上回り、豚肉では東日本が20キロ超と東海以西の14-18キロを上回っているということである。

(6) 砂糖の輸入と消費——甜菜糖と甘蔗糖

　食生活に欠かせない嗜好品で、植民地産品の代表的なものは砂糖とコーヒーである。18世紀から19世紀にかけてヨーロッパの諸国で生活水準が向上して、砂糖やコーヒーの消費が上流階級から中産階級、下層階級にまで広がるにつれてその輸入が増加した*。それにつれて19世紀には、砂糖やコーヒーなどの植民地産品（熱帯の特産物）は、植民地に原産地を持つ国（特に英国とオランダ）の間でも、それを持たない国（たとえばドイツ）との間でも貿易戦争（差別関税）の火種になったし、また、砂糖の場合には国内の甜菜糖の製造業者と海外の甘蔗糖（植民地糖）の輸入・精製業者との間の関税率をめぐる利害対立の原因にもなった。砂糖から始めよう。

＊『モーニング・クロニクル』紙（9月13日号）はいう、「小麦はジョージ3世の治世（1760-1820年）の初めにはある程度まだぜいたく品であった。大多数の国民は当時はまだライ麦と大麦とで暮らしていた。今日では小麦は生活必需品である。砂糖もまさに同じである。文化の進歩とともにますます、かつてぜいたく品であったものが生活必需品になる。今日では貧しい者も富める者も英国では砂糖を必需品に数えている」「英国とブラジル」（1843年第50号）。

　英国では、すでに18世紀前半に国内消費用の砂糖の輸入量が3倍になったが、「英国の砂糖輸入」（1843年第50号）によれば、1843年1-5月の輸入量は163万0,795ツェントナー（前年同期には153万ツェントナー）であった。1ツェントナー＝100ポンド＝50キロとして換算すると約1億6,300万ポンド＝8,150万キロとなる。このうち外国産の砂糖は20万7,512ツェントナー（13％）、輸入された砂糖のうち英国内で消費された分は42年には71［万？］ツェントナー、43年［1-5月？］には31［万？］ツェントナー、その他はヨーロッパ諸国、主としてドイツへ再輸出された。この数字をもとに計算すると、年間の輸入量は370万-390万ツェントナー（20万トン弱）ぐらいだったかと思われる。

　『新聞』の同じ号には、『モーニング・クロニクル』紙からの引用を載せた「英国とブラジル」（1843年第50号）があるが、ここには、「現在の英国人の消費は300万-400万ツェントナーの間で、1人当り16-17ポンド」とあって、上の記事の数字と食い違っている。こちらの記事は、砂糖の消費が伸びないのは「非常識な関税率」のせいだといって、砂糖の輸入関税の引き下げを求めている。なお、「ドイツと英国　第2論」（1844年第19号）には、英国は1人当り17ポンド（重）の砂糖を消費し、関税同盟（ドイツ）は5ポンド強（英国の約1/3）しか消費していない、とある。また、「英国の砂糖関税法とドイツの貿易」（1846年第46号）には英国の砂糖関税の表が掲載されている（表8-9）。

　甜菜糖の生産が行われていたヨーロッパの国々では、砂糖の消費量は国内消費用の甜菜糖の生産量と植民地糖（甘蔗糖）の輸入量との合計であった。「オーストリアにおける植民地糖の製糖業と甜菜糖の製糖業」（1845年第13号）によれば、オーストリアでは、甜菜糖の原料になる甜菜（砂糖大根）の作付面積は

表8-9　英国の砂糖関税

	1844.7/4	1845.4/24	1846/47	1851.7/5
英領植民地から	1 Pf. 4 Sh.	14 Sh.	14 Sh.	14 Sh.
英領東インドから	1　　12	18	17	14
自由労働の国から	1　　14	1 Pf. 3	1 Pf. 1 *	14
奴隷労働の国から	3　　3	3　　3		

注：＊：1847.7/5. から1 Pf.→18Sh. 6 d.→17Sh.→15Sh. 6 d.→14Sh. と年々減少。

1842年に7,260ヨッホ（1ヨッホは約50アール）、収穫量は220万9,945ツェントナー、甜菜糖の生産量は14万1,400ツェントナー、これに対して課税対象になった植民地糖は49万6,055ツェントナーで、1：3.5の割合であった。これはオーストリアの関税領域内8州の合計で、国内消費の割合は分からない。

「ロシアの砂糖輸入」（1845年第40号）によれば、輸入量はバルト海諸港と陸路の合計で13-15万箱でドイツの半分以下、キューバからハンブルク経由でサンクト・ペテルスブルクへ、ここで精製された。オデッサは外国で精製された砂糖を少量輸入。甜菜糖は9万ツェントナー以下である。

「フランスとドイツの甜菜糖と植民地糖　ライン川下流から」（1848年第3号）によれば、フランスの甜菜糖の生産量は1844/45年に3,600万キロ、1846/47年に5,200万キロ、1847/48年に6,500-7,000万キロ（見込み）で、これに対して植民地糖の輸入量は1847年1-9月に6,700万キロ（前年同期は6,000万キロ）であった。年間に換算すると約9,000万キロになるが、この記事は、海港都市の輸入商人と回船業者が製糖工場主と結んで、通商大臣に甜菜糖の競争を押さえるように請願書を出したことを伝えている。ちなみに、「フランスの甜菜糖製造」（1845年第39号付録）によれば、1844/45年に北部諸州の生産量が1839年恐慌以前の1,800万キロに回復し、来年は2,800万キロが予想されるとある。北部諸州がフランス全体の約半分を生産していたようである。

関税同盟（ドイツ）については「関税同盟諸国の甜菜糖の統計」（1847年第22号）と「関税同盟の甜菜糖製造」（1848年第13号）に、国別（プロイセンは州別）の課税対象となった甜菜の生産量と（工場数）の表が載っている。後者

表 8-10 甜菜の生産量と工場数
(生産量の単位:ツェントナー)

	プロイセン	他の諸国	合 計
1845/46年	3,879,554 (77)	575,537 (19)	4,455,092 (96)
1846/47年	4,968,586 (86)	665,261 (21)	5,633,848 (107)

注:1836-47年間の工場数では1838年が159、1841年が136と多い。課税対象の甜菜の生産量は1846/47年が最大で、1841/42年がこれに次ぐ。1838年の生産量は不明。プロイセンではどちらもザクセン州が断然多く(1841/42年で65％、1846/47年で71％)、シュレージエン州がこれに次ぐ。他の諸国では、工場数ではバイエルン、生産量ではバーデンが第1位。生産量は1ツェントナー以下は切り捨てた。また、甜菜糖の生産量を原料の甜菜の1/17と仮定すると、関税同盟の甜菜糖の生産量は、1845/46年に約26万ツェントナー、1846/47年には約33万ツェントナーとなる。

の表を簡略化してあげよう(表8-10)。

この表には甜菜糖の生産量は載っていないので、原料の甜菜の17分の1と仮定して、関税同盟の推定生産量を注記したが、フランスとドイツを比較した上記の論文(1848年第3号)も、1845/46年の関税同盟の甜菜糖の生産量を約30万ツェントナーと推定している。これに対して「関税同盟の砂糖消費(私信)」(1844年第52号)には、1841/42年と1843/44年の甜菜の生産量だけでなく、甜菜粗糖の生産量と植民地(甘蔗)粗糖の輸入量、それを合計した粗糖消費量の一覧表が載っている。1843/44年の分を簡略化してあげておこう(表8-11)。

この私信にもとづいて、1ツェントナー=50キログラム、1ポンド=500グラムで計算すると、1843/44年の関税同盟の粗糖の消費量は約145万ツェントナー(7,250万キロ、1億4,500万ポンド)、そのうち植民地糖の輸入量が約124万ツェントナー(6,200万キロ、1億2,400万ポンド、約85％)、甜菜糖の生産量が約22万ツェントナー(1,100万キロ、2,200万ポンド、約15％)となる。また、人口を2,770万人(プロイセンは1,527万人)として計算すると、1人当りの砂糖消費量は2.6キロ(5.2ポンド)、プロイセンは約4.0キロ(8.0ポンド)となる。ちなみに、私信には、関税同盟が成立した1834年には2.35関税ポンドで、10年間にほぼ2倍に増加した、と記されている。

輸入量と消費量については記事によって多少の違いがあるので、他の数字も紹介しておこう。「ドイツの砂糖とコーヒーの消費(私信)」(1844年第49/50号)は、1788年頃のドイツの砂糖消費量を約8,000万ポンド(約4,000万キロ、約80万ツェントナー)、1820年代初めの輸入量を約1億2,000万-1億3,000万ポンド(約6,000万-6,500万キロ、約120万-130万ツェントナー)、1840年の輸入量を2

億ポンド（1億キロ、約200万ツェントナー）をそれほど下らない、と述べている。最後に、「フランスとドイツの甜菜糖と植民地糖。ライン川下流から」（1848年第3号）には次の記述がある。最近数年間

表8-11　ドイツ商業同盟（関税同盟）諸国の粗糖の消費

（単位：関税ツェントナー）

	プロイセン	他の諸国	合計
甜菜の生産量	3,811,329	515,063	4,326,391
甜菜粗糖	190,566.44	25,753.11	216,319.55
植民地粗糖*	1,022,280.20	215,088.74	1,237,368.14
粗糖消費量	1,212,846.64	240,859.05	1,453,687.69

注：*植民地粗糖の輸入量は1843年の数字。なお、1843年の関税同盟の人口は約2,771万人、プロイセンは約1,527万人である。なお、この私信の筆者は甜菜粗糖の生産量を原料の甜菜の1/20としているが、技術の改善を考慮すると、1/17ぐらいではないかと思われる。1/17で計算すると、1843/44年の生産量は25万4,500ツェントナーになる。

の平均で、関税同盟市場へ入った植民地糖は140万ツェントナー（7,000万キロ、1億4,000万ポンド）、そのうちオランダ経由が36％、ベルギー経由が9％、ハノーファー経由が6％、他の北海諸港経由が22.5％、バルト海経由が25.7％であり、関税同盟の甜菜糖生産量は推定30万ツェントナー（1,500万キロ、3,000万ポンド）である。

　度量衡の換算で疲れた頭を休めるために、甜菜と甘蔗以外の原料から砂糖を作る試みを読むことにしよう。「いちじくから砂糖を作る」（1843年第4号）はアルジェリアでラモリシェール将軍がたまたま見つけたやりかた。いちじくは野生しているので、1ポンドのいちじく糖が4スー（サンチーム）と安い。アルジェリアのフランス人はこの発明に注目しているが、植民地糖の輸入業者や甜菜糖の生産者は、アルジェリアでは綿花を栽培したほうが良いと言っている。

　「ハンガリーとトウモロコシからとった砂糖」（1843年第17号）によれば、この方法は昨年北米合衆国で成功したが、1ブッシェルが6セント（3クロイツァー）と安い西部諸州では盛んになるだろう。もっと大きな利益が見込まれるのはハンガリーで、ここにはいまはヨッホ当り15-20グルデンだが、潅漑によって100倍にもなる土地が広がっている。1アッカー（4万英平方フィート）の土地から10ツェントナーのトウモロコシ糖がとれ、たくさんの葉は飼料になる。茎は糖分を含み、穂軸を花の開く前に摘み取ると糖液が茎に（北米では9

月に)たまる。葉や根をとってから、鉄のシリンダーの間を通して茎を粉砕し、圧縮する。できた液に石灰水(1ガロンにスプーン1杯)を入れてかき混ぜ、1時間おいてから6分の1ほどに煮詰める。表面にできる泡をすくいとることが必要。甜菜糖の製法より簡単で、今年中にハンガリーでも始められるだろう。

「トウモロコシからとった砂糖」(1844年第4号)は『学界情報』誌に載ったパラス博士の研究である。トウモロコシの茎は甘蔗と同じぐらい糖分を含んでいる(かえでの樹液の5倍、甜菜と甘蔗の3倍)。種を蒔いてから成熟まで80日(甘蔗は18か月)、糖液の抽出はかんたん。この発見は昨年北米から報告された硝酸塩の液に漬けて発芽を早める発見とともにハンガリーやドナウ川下流諸国にとって極めて重要で、今後が期待される。

「ドイツでも麦芽の代わりに砂糖が」(1847年第9号)によれば、32ツェントナーの糖蜜から14クオーターの大麦と同量のアルコールができる。現在の大麦と砂糖の値段を比べると、ケルンの『商工業新聞』によれば砂糖のほうが32ターラー21銀グロッシェン有利。ビールの醸造では2ツェントナーの糖蜜は1クオーターの大麦モルツと同量の結果で、ケルンでの値段は1クオーターのモルツが14ターラー26グロッシェン、2ツェントナーの糖蜜は13ターラー9銀グロッシェンである。

ジャマイカ島で甘蔗の栽培や砂糖の精製に蒸気力が利用されていたことについては、前に述べたとおりである。

(7) コーヒー、紅茶、その他

コーヒーについては「オランダ商事会社のコーヒーのオークション」(1847年第11号)が概略を知るのに便利である。オランダ商事会社は倒産したオランダ東インド会社に代わる民間の株式会社で、1824年に設立された。記事はこの会社が開いた大規模なオークション(本国全州の1年分の需要が1度に充足されるほどの植民地産品の競売)の際の会社の報告である。

コーヒーは特に好調で、西インドの収穫が前年より落ちたことと、ブラジルがほぼすべて北米へ売ってヨーロッパ市場でオランダと競争できないこととの

ためである。コーヒーの原産地は西インド、ブラジル、オランダ領ジャワ島の3地域であった。ただし、記事の筆者（編集部）は「人間の尊厳を蹂躙するジャワ島におけるオランダ政府の強制栽培制度」*への懸念を書くことを忘れていない。ともあれ、コーヒーの消費について会社の報告は続く。

* 強制栽培制度は労働時間の2割を指定作物の栽培に当てるように強制するもので、オランダ政府はドイツへ輸出するコーヒーの栽培にこの制度を導入した。リストはこれを「残虐経営」と批判している（「ジャワ島におけるオランダ政府の強制栽培制度」1847年第6号）。

フランスは人口3,450万人でコーヒーの消費量は1845年に1,600万キロ、1846年に1,750万キロ（1人当り0.46キロと0.5キロ）、これに対してベルギーは人口450万人で1,300万キロ（1人当り2.9キロ）、オランダは人口250万人で2,100万キロ（1人当り8.4キロ）を消費している。英国は1846年に1,575万キロで、関税と年2,000万キロの紅茶の消費とがコーヒーの増加を阻んでいる。有望なのは北米で、この23年間にコーヒーの消費量は1,200万ポンドから1億5,000万ポンドに増加した（12.5倍）。オランダ、ベルギー、北米の3国は上記の消費量の一部を再輸出している。これに続くのは関税同盟で、年間の消費量は約4,000万キロ、1人当り約1.5キロである。

この会社のオークションについては、もう1編「オランダ商事会社の商業」（1845年第40号）があるが前述した（19-20ページ）。会社の販売量はこの12年間に砂糖は12倍、コーヒーは6倍、インディゴは4倍にふえた。会社の商売には178隻の船が従事し、運送料1,100万ギルダー、海上保険料74万1,206ギルダーを支払っていた。

以下、その他の記事で補足しておこう。

「ブラジルのコーヒー生産」（1845年第40号）はコーヒー豆を乾燥させる新しい装置のニュースである。黒人20人分の仕事を行い、この装置を使って乾燥させた豆の値段は60-80%高い。年600万アロバ（1アロバは約15キロ、約9万トン）のコーヒーを輸出しているリオ・デ・ジャネイロのような州にとっては特別に重要な発明である。なお、「ブラジルのコーヒーかジャワのコーヒーか」

(1848年第23号）には、ブラジルのコーヒー輸出量が800万アロバ（約12万トン、2億5,600万ポルトガル・ポンド）に達している、とある。

「ジャワ島のコーヒーの収穫」（1845年第50号）によれば、コーヒー豆は昨年夏の湿気によって打撃を受け、前年の6,150万キロに対して今年の収穫量は5,050万キロを超えないだろう、と見積られている。「ジャワ島とマドゥラ島の生産、貿易および財政、1843年」（1845年第43号）は、コーヒーの値段が10-12年前には100キロ当り160フランしていたのが、1843年には93フランに下落したと伝えている。これはフランス農耕・通商省の統計資料であるが、そこには1844年と45年前半のオランダ商事会社の売上が載っている。1844年の販売量は上にあげたが、1845年前半の販売量は2,337万8,560キロ、半年間の平均価格はキロ当り1フラン02サンチームである。「ジャワ島におけるオランダ政府の強制栽培制度」（1847年第6号）は、政府の［直営農場の］コーヒー生産量を87万8,178ピクル（1ピクルは約60キロ）を下らない、これに対して民間人の［農場の］コーヒー生産量を14万3,489ピクル（ほぼ6：1）にすぎない、と伝えている。

「ドイツの砂糖とコーヒーの消費（私信）」（1844年第49/50号）はドイツの消費量を次のように述べている。コーヒーの輸入量が増加するのは、砂糖より遅れてフランス革命後で、革命が始まった頃にはせいぜい4,000万ポンドで、大部分はドミンゴとマルティニック諸島からフランス経由で、一部がジャワとスリナムからオランダ経由であった。ジャワからの輸入量は1830年代から増加し、1840年には少なくとも5,000万ポンド、一方、ブラジル、キューバ、プエルトリコなど新大陸から1億-1億1,000万ポンドで、1：2ぐらいの割合であった。総輸入量は約1億5,000万ポンド、その大部分がドイツで消費され、ごく一部がハンザ都市から北欧やロシアへ再輸出された。1822年の消費量を8,000万ポンドとすれば、この20年間の消費の増加は砂糖を上回るほどである。この私信の筆者の推計によると、1840年にドイツの輸入量は砂糖が約2億ポンド、コーヒーが約1億5,000万ポンドとなる。

砂糖とコーヒーの輸入に関する新聞記事を読むと、ドイツが直接貿易によっ

て熱帯の諸国へ工業製品を輸出してそれと引換えに植民地産品を輸入せよ、という「国民的貿易政策」の主張が強く出ており、これを主張する保護主義（国内工業の利害）と、英国やオランダからの輸入を維持しようとする自由貿易（中継貿易の利害）との対立が背景にあることが分かる。ちなみに、1847年の関税同盟の関税収入は2,700万ターラー余で、コーヒー、砂糖、その他植民地産品の関税がおよそ60％を占めていた。

コーヒーといえば紅茶、紅茶といえば英国、まず「英国の紅茶貿易」（1844年第7号）を読むことから始めよう。「貿易台帳」によれば、英国の輸入量は1842年に4,300万ポンド（重）、43年に4,700万ポンド、国内消費量は1842年に3,700万ポンド（86％）、43年に3,900万ポンド（83％）であった。価格は昨年（1842年）ポンド当り3ペンス（9クロイツァー）下がった。最大の輸入先が清国であったことは第Ⅰ部の清国の貿易で述べたとおりである。

その他、茶の産地についてのニュースが数本ある。「ブラジルの茶の栽培とドイツの貿易」（1843年第45号）は、ブラジルの茶の栽培が予想以上に成功し、重要な輸出品になったことを伝えて、ドイツがブラジルと直接貿易を行い、差別関税を採用することを期待している。最後に「英国は現在すでに、その植民地を含む消費量よりずっと多量の茶を清国から、最近ではアッサムから輸入している」とある。もう一本「ブラジルの茶の栽培」（1844年第7号）も茶の木の栽培が盛んなことを次のように伝えている。ミナス・ゲラエス、サン・パウロ、サンタ・カタリナ州がこの栽培に最も適していること、ラゴア・デ・フライタスの植物園から数百粒の種をこれらの州とエスピリト・サント州へ送ったこと、サント州では、専門家のレンドン氏とフランス人植物学者ギルマン氏の主張にしたがって茶の栽培が盛んに行われ、数年後には重要な輸出品になって、コーヒーのようにヨーロッパ市場で紅茶の価格に大きな影響を及ぼすであろう。

東インドについては2本ある。英国人がインドのアッサムで茶の栽培に成功したのは1830年代だというが、「アッサム茶栽培会社」（1844年第28号）は数週間前にロンドンで開かれた年次総会のニュースである。暫定的な事業報告によ

れば、アッサム地方の茶の栽培は将来有望で、品質がよい。ただしこれまでのところ、当初の無用な出費が大きかったために資金が不足している。総会は7月19日まで延期し、当日、取締役の主要報告を聞くことにした。「セイロン島の茶の栽培」(1845年第52号)は、ジャワ島におけるオランダ人の先例にならって、英国人は現在セイロン島に茶の木を移植している、というもの。セイロン(スリランカ)で茶の栽培が始まったのは20年ほどあとである。

　紅茶も輸入関税をめぐって業者や消費者と財政当局との間で意見が対立していた。「茶の関税」(1847年第1号)によれば、現在は輸入量4,400万ポンド(重)、関税率2と1/2ポンド当り2シリングで、国庫に入る収入は481万2,500ポンド・スターリングであるが、関税を1シリングに引き下げると、輸入量が50％ふえるとしても150万ポンド(ス)の欠損になるという。

　タバコもヨーロッパ諸国が輸入していた植民地産品であるが、『新聞』にはニュースが少ないので省略して、次に、ヨーロッパの食生活に欠かせないぶどう酒(ワイン)の記事を読むことにしよう。「英国のぶどう酒の消費」(1843年第27号付録)によれば、1842年の消費量は721万6,113ガロン(1ガロン(英)は約4.5リットル)、1モルゲンのぶどう畑の収穫量を350ガロンと低く見積ると、この消費量は2万モルゲンほどのぶどう畑の収穫量に当る。ドイツ、フランス、シチリアを含むイタリア、スペイン、ポルトガル、マデイラ諸島、テリファ諸島、喜望峰には数百倍のぶどう畑があり、生産量は英国への輸出の数百倍になる。フランスの消費量のないのが残念である。

　「ぶどう酒の恵み」(1846年第36号)はドイツのライン川中流地域のぶどうが豊作であることを伝えている。ラインガウでは昨年は1,500-2,000樽(Stück：1,200リットル入り)だったが、今年は6,000樽、すなわち800万本(Flasche)、プファルツ(ここには、ニールスタイン、ラウベンハイム、ボーデンハイム、オッペンハイム、ディーンハイム、グンテルスブルム、ウォルムス、対岸にはビンゲン、ガウアルゲスハイムなどの特産地がある)では今年は少なくとも2万樽、すなわち2,400万本できるだろう。どちらのぶどう酒も味も量もこれま

でにないほど豊富である。

　プロイセンの統計から、「プロイセンのぶどうとタバコの栽培」（1848年第12号）は『租税、商工業法の中央紙』に掲載された1843-46年の栽培面積である。1846年のぶどうの栽培面積は6万1,496モルゲン19ルーテ（1ルーテは約14平方メートル）、そのうち、ライン州が4万8,345モルゲン112ルーテで、80％近くを占めている。ぶどう酒は83万2,162アイマー30クワート（1アイマーは約60リットル、1クワートは英国では約1.4リットル）、そのうち、ライン州が70万6,906アイマー58クワートで85％ほどを占めている。ついでにタバコの栽培面積をあげると、課税対象分と非課税分との合計が3万7,844モルゲン79ルーテで、ぶどうの栽培面積の約60％である。

　「ドイツのぶどう酒貿易」（1849年第3号）によれば、輸出は1836年の14万3,533ツェントナーから45年の8万102ツェントナーへと減少、この10年間の平均は12万1,497ツェントナー（7万2,898アイマー）、これに対して外国産ぶどう酒の関税同盟への輸入は年平均で18万5,233ツェントナー（11万1,140アイマー）で、輸入超過であった。英国をはじめドイツのぶどう酒に対する関税が高いからだ、と述べている。ただし、フランスは陸路の輸入には100リットルあたり15フラン、海路の輸入には35フランを課し、ドイツよりスペイン、ギリシャ、イタリアのぶどう酒を競争相手と見ていた。

　最後に、海産物を2つあげておこう。まず鰊（にしん）について。「オランダの貿易力と鰊」（1843年第45号）はオランダの歴史を振り返っている。ペーター・ベッケルの鰊の塩漬けの発明と鰊漁がオランダの貿易と海運の隆盛、ドイツの海港都市に対するオランダの優位、ドイツ帝国からのオランダ独立の主要な原因であったこと、しかし現在では年々鰊漁が衰退していることは歴史的事実である。今年の漁獲は不振で、百年前には話題にもならなかった英国人の鰊漁が、昨年には漁船1万2,476隻、漁船員8万3,838人を数えている。「今年の鰊漁」（1845年第47号）は、上の記事を裏書きするように、アイルランド西海岸で、塩漬けに必要な塩が足りないほど、豊漁であったことを伝えている。

　牡蛎（かき）についても2本ある。「フランスの牡蛎の消費」（1844年第

49/50号）によれば、1827年にパリでは85万フラン（卸値）の牡蛎が売られたが、1836年には121万9,000フランにふえ、それ以来交通の改善の結果2倍以上にふえた。値段は変わっていないという。すなわち、50ダースの籠が11フラン44サンチーム（1ダースが22と9/10サンチーム）である。小売りは1ダースが50-60サンチームである。「牡蛎の漁獲」（1845年第47号）によれば、主要な漁場は英仏海峡、特にジャージー島の近くとエジンバラに近いプレストンパンス湾付近の2個所で、後者の漁場では最高に評判の良いパンドール牡蛎がとれる。この牡蛎は直径2インチ以上のものは少なく、透明な殻が特徴である。ジャージー島の牡蛎は大きい点が特徴で、平均で直径5インチもある。女王の王冠を飾る真珠はインド洋から運ばれてくる。太平洋には直径1フィートの牡蛎もいる。ジャージー島の牡蛎漁はかのウォーター・ローリーのもとで始まり、盛衰を経て1797年以来復活した。英仏両国の漁夫の間でトラブルもおこるが、2月から5月にかけて500隻を下らない船と、ケントとサセックスの漁夫3,000人ほどがここで牡蛎の漁獲に従事する。1週間の漁獲高は5,000ポンド・スターリングといわれ、その大部分がロンドンへ送られるという。『ヘラルド』紙の伝えるニュースである。

9. 市民生活、発明・発見、その他

(1) 道路の舗装

　ヨーロッパの古い町というと石畳の道を思い浮かべるが、『新聞』には木の舗装のニュースが2本ある。

　「木の道路舗装」（1843年第6号）は、最近、ハンブルク市でも行われた木の道路舗装の試みを次のように伝えている。舗装工事は英国人労働者によって、最新の英国の工法で行われ、材木も英国から取り寄せたという。新聞によれば、ブラジルの砂糖やジャワ島のコーヒーのように、間接に（外国の材木を英国を中継して？）購入したということである。

　「ロンドンの木の道路舗装」（1843年第20号付録）はロンドンで評判になっている「ペリングの特許」という工法である。デリスル伯の特許の欠点は馬が足を滑らせて不慮の事故に遭うことであった。新しい工法では、馬が止まることができる挿入物を使うことでこの事故が避けられるという。また、新しい舗装はこれまでのものに比べて摩擦に対して80％抵抗が強く、そのうえ工事がヤード当り1シリング安く、15-30％多い利益を事業者に保証している。この道路舗装を引き受ける会社を設立する集会で、ローリー卿は、新しい工法は木の道路舗装に反対しているあらゆる異論を克服した、と明言した。会社が設立されて、リー＝スチーブンス氏が必要な契約を締結することを委任された。

　これに対して、「珍しい舗装」（1844年第21号）はゴムの舗装である。『文芸新聞』によれば、ロンドンの提督広場は現在ゴムで舗装されている。この新聞は、若い幹部が古い幹部をいかに越えて飛び去っていくだろうか、と記している。

　舗装ではないが、街路掃除機のニュースがある。「新式の街路掃除機」（1843年第52号）によれば、ロンドン市当局がロンドン全部の清掃を引き受けた1会社と契約を結んだ結果、新式の街路掃除機が市のすべての街区で清掃の仕事を

引き受けることになった。この新しい方法は、［時間や労力や費用の］大幅な節約のほかに、清掃中に道路の通行が中断されないという有利さを提供している。この機械は1時間に2英国マイル（約3.2キロ）の速さで街路を移動するということである。

汽車や馬車が走行するレールに鉄でなく木を利用する試みは各地で行われていたが、その1つロンドンで行われた走行試験、「木製の鉄道」（1844年第6号）のことは、4．鉄道と運河、で述べた。

道路の舗装やレールに木が利用されたことに関連して、木の保存に関するニュースを2つ読んでみよう。「木材の保存」（1843年第21号）は、塩水に漬けることで木材を長持ちさせようという新説である。『鉄道雑誌』は木材を保存するのに硫酸やタールを塗ることに異議を唱えている。木材の表面に作用するだけで、内部の腐敗を防ぐことができない、というのである。塩水の貯水池の松や樅は100年以上使っても腐らず、石のように固くなる。乾燥した場所で使う場合にはほとんど壊れず、地中に建てられた場合もほぼ同様である。人工的に塩水に漬けた場合でも、自然のなかで長年塩水の影響を受けてきた木材と同じ効果があるか、確かな結果が出ることが望まれる。

もう1つ「木材を保存するペインの発明」（1843年第33号）は3で注記したが、ロンドンでの実験は成功したが、まだ広く知られていないという。

(2) 水道、井戸、公衆浴場

水道というと古代ローマが有名であるが、ヨーロッパの都市で水道事業が復活するのは15-16世紀以降のことではないだろうか。ロンドンでは1582年に初めてロンドン橋の上にポンプが作られたというが、この『新聞』が発行されたアウクスブルクでは、15世紀に堀抜き井戸や給水装置が作られ、16世紀には年10グルデンの料金か一時金200グルデンを支払えば自宅に水道を引くことができたという。あの豪商ヤーコプ・フッガーが寄付した「フッゲライ」では、1638年に病室に使われていた2軒の家に水道が引かれていた。下水は敷地のなかを流れる小川と下水だめを利用していた*。

＊「フッゲライ」については、諸田『フッガー家の遺産』（有斐閣、1989年）248ページ。ロンドン橋のポンプは『世界大百科事典』（平凡社、第15巻）による。

　「ニューヨークのクロトンの水道」（1843年第21号）は、1,200万ドル（3,000万グルデン）をかけて建設したニューヨークの水道のニュースである。都市の景観や快適さや産業を促進する事業（インフラの整備）の点で、北米はフランスやオランダを、英国さえも凌駕しているが、フィラデルフィアの水道もその一例である、とその説明から始まる。フィラデルフィアではどの家も小さな庭や家の後ろの土地に水が流れている。もっと良い家では水が各階に分かれて引かれていて、多くの家に、ヨーロッパの大きな公衆浴場のように好きなように水を使うことができる自分の家の浴室がある。どの通りにも幹線水路の開口部があって、栓を開けば大量の水が出て、火事が起こった時の消火や洗濯、夏には水を撒いて道路を冷やすことが容易になった。普通の家はこの快適さに対して年間でせいぜい5ドル（12グルデン30クロイツァー）、大きな家や事業所は使用量に応じてもっと多く支払っている。この料金が投下資本の利子や修繕費用の支出に十分見合っている。

　フィラデルフィアの水道についてこのように述べたうえで、「ニューヨーク市が最近完成したいわゆるクロトンの水道は、フィラデルフィアの水道の上を行くものである」と、クロトンの水道の説明に移る。

　貯水池のクロトン湖は400エーカーの広さで水路の長さは全長50英国マイル（約80キロ、古代ローマのアッピア水道は16.5キロ）、25の河川を通り、全部で6,841フィート（約2,280メートル）の長さの16のトンネルをくぐり抜けて、毎日5,000万ガロン（1ガロンは緑色の瓶5～6本）の水を市の各地区に供給している。この水道には多くの高架橋があって、そのうちのいくつかの高架橋はその壮大さにおいて古代ローマの最大の高架橋に劣らない。たとえばハーレム川を渡るものは長さが1,460フィート（約487メートル）、クラウデニング峡谷を渡るものは1,900フィート（約633メートル）である。建設委員会の報告によれば、この水道だけで供給する水量は古代ローマの水道14本分（1日に4,000万

ガロン）を5分の1上回るという。この事業はニューヨーク市の費用で企画されたが、同市は人口40万人を数え、15-20年ごとに倍増しているので、ますます関心を集めるであろう。

　自然の川や湖、池や沼からではなく、人口的に水を得る方法は井戸を掘ることであろう。アウクスブルクに15世紀に堀抜き井戸があったことは上にのべたが、19世紀には井戸の掘削は相当進んでいたと思われる。フランスとルクセンブルクから、その堀抜き井戸のニュースがある。

　「パリのアルトア式井戸」（1843年第27号付録）は次のように述べている。パリの自然史博物館の庭に深さ900メートルのアルトア式井戸が掘られることになった。この深さで暖かい水（温泉？）を得ることが期待され、また無料の浴場の建設を目指している。アルトア式井戸は堀抜き井戸のことで、アルトアはフランス北西部地方である。

　もう1本の「アルトア式井戸」（1846年第33号）を読もう。ルクセンブルク公国で、他のどんな井戸より深いアルトア式井戸が掘られた。この井戸は深さが2,336フィート（約780メートル）あり、パリ近郊のグレネレにある有名な井戸より984フィート（約330メートル）深い。この巨大な工事は長大な岩塩の鉱床を得るために企てられることになったという。ここにあるグレネレの有名な井戸は上のパリの自然史博物館の井戸とは違うようで、ことによったら、各地で競って深い井戸を掘ろうとしていたのかもしれない。

　上記のパリの井戸が無料の浴場の建設を目指しているとあったが、スコットランドのエジンバラにも公衆浴場の建設計画があった。「労働者階級のための公衆浴場」（1844年第3号）によれば、最近エジンバラで労働者階級のための公衆浴場の建設が提案され、ダムファーリン卿の司会で集会が開かれた。この企画はある民間会社から出たもので、ごく安い料金で入浴できるという。これによって公衆の健康状態が改善され、英国全土でこれにならって公衆浴場の建設が進むことが期待される。

　水や井戸の話が出たので、川底のトンネルのニュースをあげよう。「テームズ川のトンネル」（1843年第27号）は、この2か月間に67万5,640人が通行した

ことを伝えている。ロンドンの人口を250万人（1850年268万5,000）と仮定すれば、これは相当大きな数字である。

　水道や井戸と直接の関係はないが、工事用の機械の記事が2本ある。「浚渫機械」（1843年第20号）はソーヌ川を浚渫するためにシャロン付近で使われていた機械で、記事の筆者は「ロマネスク的、ゴシック的な美しい骨董品」と記している。「掘鑿機」（1843年第44号）は『タイムズ』紙の報道、北米人コクランが発明したこの巨大な機械の実験が、昨日ケラル社によって行われた。20馬力の蒸気機関で動かされ、大量の土石を数分間で除去したので、見学者は全員驚いたという。コクラン氏によれば、この機械は固着している堅い土地の場合に特に性能を発揮する。このような機械がガスタン〜カウンティーズ鉄道ではすでに稼働している、とわれわれは聞いている。

（3）銀行

　産業社会が広がるにつれて、王室や政府、大土地所有者のためばかりでなく、商工業者のための銀行を望む声が強くなった。貨幣不足に苦しむ商工業者にとっては、産業発展の潤滑油ともいうべき貨幣を安く豊富に供給してくれる銀行の設立が待ち望まれていたのである。

　「イングランド銀行」（1694年設立）や「フランス銀行」（1800年設立）のような中央銀行をもたない関税同盟（ドイツ）では、『新聞』が発行されていた1840年代には、プロイセンで、一方ではメヴィッセンやカンプハウゼンらライン地方の実業家が要求した鉱山業の株式会社と株式発券銀行の設立の請願が拒絶され（1845年）、他方では「王立銀行」（1765年設立）から「プロイセン銀行」への改組（1846年）が行われた。こうした状況を反映するかのように、1845年の『新聞』には新しいベルリンの銀行に関するニュースが多い。この銀行をめぐっては、基本的に政府の銀行であった「王立銀行」を「プロイセン銀行」に改組しようというプロイセン政府の銀行政策に対して、「イングランド銀行」が「今日の英国の偉大さに最大の貢献をしたように、ドイツでも、英国を見習おうとするなら、その道が選択されねばならない」という、商工業者の要求が

ぶつかっていたことが読み取れる*。

> *この問題については、肥前栄一『ドイツ経済政策史序説』（未来社、1973年）第4章「ドイツ産業革命と銀行政策——プロイセン銀行の成立過程を中心に——」がくわしい。イングランド銀行云々の引用は、後述する1845年第20号の「物見櫓」欄から。

「ベルリンの銀行の創設者としてのv. ビューロウ＝クンメロウ氏」（1845年第5号）は、v. ビューロウがプロイセン国王に、頻発する貨幣不足からプロイセンの産業家を救うためにベルリンに銀行を設立する計画を提出した、というニュースである。この銀行の営業分野は不動産・動産抵当、割引・預金で、最小50ターラーの銀行券の発行も計画されている。創設時の資本金は250万ターラー、ただし必要な場合には1,000万ターラーまで増額できる。「王立銀行」は政府の貨幣業務のみを行い、民間には長い間銀行の利益が与えられなかった、と彼はこの企画の理由を説明している。カールスルーエ（バーデン大公国）とハノーファー（ハノーファー王国）でも銀行設立の企画が再燃している。

次の2編は「物見櫓」欄の記事である。「ベルリンの国民銀行」（1845年第20号）は、プロイセン政府がベルリンに国民銀行を作るという新聞報道に関して、「国民銀行」について論じている。最も重要な点は、ベルリンに設立されるという国民銀行が「プロイセン国民の銀行」か、それとも「ドイツ国民の銀行、すなわち関税同盟の銀行」か、という点である。既存のプロイセンの銀行は政府の業務を扱っていて、国民経済の観点からみて課題を果たしているとはいえず、商工業者の間から苦情が絶えない。これに続いて国民銀行の課題をあげて、イングランド銀行を見習うべきだという。この意味での国民銀行、すなわち関税同盟の銀行は加盟諸国の間の堅い結び付きがなければ信用を維持することができないであろう。その意味で、共同の関税収入（1845年に約2,770万ターラー）をもつ関税同盟が新しい銀行の保証人となることが期待される。

「ドイツの国民銀行」（1845年第39号）も、イングランド銀行にならって課題を果たす国民銀行の設立が各方面から要望されていることを述べて、すべてのドイツ諸国が代理店と支店を認めることを前提に、株式資本1,500万ターラー

といわれるこの銀行の影響がドイツ中に及ぶことを期待して、「われわれは緊張してその定款の草案を待っている」と結んでいる。

なお、国民銀行がプロイセンなど個々のドイツ諸国（領邦国家）の国民銀行か、それともドイツの（関税同盟の）国民銀行かという問題については、たとえば、創刊号の「雑録」欄の「国民銀行についてウェブスター」（1843年第1号）のように、合衆国の「州法銀行」（state bank）か「第2次合衆国銀行」のような「国民銀行」（national bank）かという問題も考えられていたようである。

銀行問題の議論は省略して、その他のニュースをあげよう。

「パリの貯蓄金庫」（1843年第16号）によれば、1842年の新規受け入れは27万6,602口、4,050万フラン、これに対して引き出しは7万7,657口、3,200万フラン、12月現在の資本は9,500万フラン、支払った利子は333万フランであった。政治学アカデミーで行われたデュパン男爵の講演によれば、この金庫は1818年に設立され、8年間ごとに預金者は2万人→4万9,000人→15万人、預金額は2,500万フラン→4,450万フラン→2億5,000万フランと増加した。預金者10万人の階層は手労働者階級が約77％、精神的教養のある者が約18％、不動産収入で暮らす者が約4％だということである。この金庫については「パリの貯蓄銀行」（1844年第13号）もある。前年（1843年）の預金口座は28万7,310口、金額は4,186万6,540フラン、払い出しは8万5,018口、金額は3,618万7,385フラン、利子は373万4,519フランである。前年末の預金者数は16万1,843人、預金額は1億478万6,308フランだということである。

「リスボンの商業銀行」（1843年第18号）はこの銀行の企画を次のように報じている。資本金は1株100ミルレイス（240グルデン）で2万株、発券、手形割引、貴金属の売買、動産抵当貸付、預金の受け入れ、の業務を行う。期間は15年で延長も可能、株主のなかから5人の取締役が選ばれるが、50株を所有していれば外国人でもよいという。この企画に署名が集められているが、記事の筆者は、「英国人はこの企画を妬んでいる」と書いている。

「ザクセンの信用協会」（1843年第20号）。この問題は最近ザクセンの身分制議会の第2院で審議に入った。本来は騎士領の所有者に限られていたが、第2

院の決議で農民にも拡大され、同時に国民銀行が設立されるということである。銀行ではないが、同じ号には「ニーダーラインの商業裁判所」という記事がある。ケルン、アーヘン、トリアーの先例にならって、デュッセルドルフでも、法律家の代わりに商人を商業裁判所の裁判官に任命することを請願する国王宛ての請願書が回覧されている、という。

「手工業者の信用協会」(1843年第27号付録) によれば、資金に乏しい手工業親方のために、彼らの未回収金の勘定で貸付を行う手工業者の信用協会——きわめて公益的な機関——がシュトゥットガルトに設立されたという。同じ号には「英国とドイツ」という『スタンダード』紙の報道が載っている。ハノーファー国王が6月8日に上院でヴィクトリア女王に忠誠を誓ったが、同紙によれば、そのなかで、国王は「余は忠誠を誓う」("I swear true allegiance") という言葉を強調したという。

その他、「ヴュルッテンベルクの工業銀行について」(1843年第16号)、「ハノーファー王国のための工業銀行の計画」(1845年第19号)、「都市の不動産のための不動産抵当信用機関　ハンブルク」(1845年第33号)、「関税同盟とオランダとの間の貿易関係について『外国』誌」(1846年第10号。このなかに「ジャワ銀行」の項目がある) などの論文には、時代の息吹を感じさせるものがある。

(4) 託児所と学校

「オーストリアの託児所」(1844年第20号) は、オーストリア王室が「高貴な熱意」をもって、「純粋な人間愛の事業」として、建設を進めている託児所についての『ウィーン新聞』の記事である。

ウィーンでは1830年5月4日に最初の託児所が競馬通り185番地の家屋内に開設された。これに続いて、同年7月にシャウムブルゲルグルント地区に、11月4日にマルガレーテ地区に開設された。ウィーンの施設 (本部協会) の規約が32年に皇帝によって裁下され、全国に支部協会を作ることが決定され、現在ウィーンには8番目の施設が、また近郊のバーデンにもできたところである。

王室全員の保護と援助を受けて、ウィーンばかりでなくこのような託児所は、リンツに１つ、グラーツに１つ、インスブルックに３つ、プラハに２つ、ミラノに３つ、パビアに１つ、クレモナに１つ、ヴェネツィアに３つ、ベローナに３つ、ペストに４つ、オーフェンに３つ、プレスブルクに３つ、オルデンブルクに１つ開設され、もっと小さな施設がノイゾール、ヴァイツェン、トルナウなど20余の都市に開設された。これらの施設では、２歳から５歳までの1,000人以上の幼児が養育と保護と教育を受け、その効果は何百もの実例によって証明されている。

　ドイツの工業家について出身した社会階層や受けた学校教育を調べてみると、1840年代を境に大きく変わっている、とザハトラーは述べている。それ以前には、労働者や下層市民出身で国民学校卒業の工業家（「技術者企業家」）が多かった（彼が調べた200人中70％）が、1840年代以降になると中間層の出身で上級学校で技術教育を受けた者（「ファブリカント」）の割合が半数を越えるという。大工の息子に生まれ、手工業を身につけたのちブレスラウの工業学校とベルリンの工業研修所で技術教育を受け、鋳鉄工場の支配人を経て1837年にベルリンに機械工場を設立し、「蒸気機関車王」といわれたボルジッヒや、教育ある農業者の息子に生まれ、ベルリンの砲術・工科学校で技術教育を受け、電機・通信界の第一人者となったW. v. シーメンスはその典型であろう。レドリッヒはこの変化を、技術の習得が「遍歴」または「旅」を通して行われた時代から、印刷と教育機関との普及によって技術の習得が客観化された時代への変化、だと述べている*。この点を頭の片隅に置いて、次の「フランスの機械製作とドイツの工業専門学校」（1844年第２号）を読むとよく分かる。

　＊この問題については、諸田「工業家の類型論の一考察」（大野英二・住谷一彦・諸田實編『ドイツ資本主義の史的構造』、有斐閣、1972年）を参照。なお、題名の「ドイツの工業専門学校」は "die polytechnischen Schulen in Deutschland"、ボルジッヒが出たブレスラウの工業学校は "Kunst-Bau-u. Handwerksschule" である。

　これは『バランシエンヌ情報』の記事からとったと思われ、筆者はフランスの機械製作のこの10年間の発展を、多くの点で英国を凌ぐほどだと誇っている。

蒸気機関車は、銑鉄の価格が高いのに、英国より安く、量的にも多い。つい最近まではすぐれた機械を提供する能力がなかったが、いまではドイツやイタリアを越えている。フランスの工場の方がヨリ良い仕事を提供するからである。ドイツは、工業専門学校の数や質では勝っているのに、機械製作でフランスに従属している。機械工学の教育を受けた若者が、卒業後に習得した知識を国内で発揮する機会がないのでは何の役にたつのか。ライン地方のすぐれた工業専門学校の有名な校長が私信に書いていたが、この学校の優秀な学生はベルギーやフランスや英国で仕事に就いているということだ。ドイツはその資本で外国の工業を養っているが、最も優秀な技術者も外国に提供しているのだ。ドイツの工業が急速に発展する直前の状況であろう。

「紡績学校」(1845年第52号)によれば、ナードホルン氏がヴェーメンのアフェルスバッハにヴェストファーレン風の紡績学校を設立した。この学校には、ここで授業を受けたのちに故郷に同じような施設を作るために、各地から生徒が送りこまれている。

最後に、「学校と実業」(1849年第21号) は、国家の物質的側面に対する学校の影響、国民の勤勉な働く人々にとっての学校を論じている。ドイツの学校は全体としてドイツ人の思考生活と同様に、生活の現実的な領域より観念的な領域にその機能を発揮している。「ドイツは、知性の国であり、哲学の源泉であり、観念の世界を豊かにする使命をもつことを誇りにしてきた。そして、この世界、この源泉から実際的な利益を引き出すことを気前よく他の諸国民に任せてきた」。「何百年ものあいだ、学校は学者と聖職者との営みであった。これからは、われわれの営みが学校になるであろう。その学校で国民は、それなしには倹約や勤勉や熟練の成果が狡猾な外国によって侵害される危険になるような、実際的な知恵を学ぶことができるのである」。

(5) 時計の製造、その他

『新聞』の創刊号の「雑録」欄に「時計の製造における革命」(1843年第1号) という記事がある。機械で部品を作り、それを組立てて時計(掛け時計)を作

9. 市民生活、発明・発見、その他

るやり方を革命といったようである。

　英国では18世紀末の1796年には19万1,678台の時計を製造していたが、スイスとフランスとの競争の結果、昨年（1842年）には10万台しか製造されなかった。だが、いま英国の新聞は新しい発明を伝え、時計の製造においても英国の優位が回復しつつあるという。すなわち、時計を構成する各部品を機械を使って1人の労働者が1日に200個から300個作り、これを組立てて、工場全体では1日に200個から300個の時計が製造されるようになった、というのである。製品はいままでのものより外観が美しく、ロンドンの時計製造者たちは組合を作って、このやり方を採用している。フランス語とイタリア語を使うスイスの諸州にとっては脅威であろう。

　機械の力を使った時計の製造のニュースはもう1編、北米の例がある。「バーデン領シュヴァルツヴァルトの時計製造と北米コネチカット州の時計製造」（1845年第44号）は、時計（掛け時計）の販売における逆転現象を次のように述べている。数年前まではシュヴァルツヴァルトから数千台の掛け時計が北米合衆国へ送られ、その販売や修理に携わるシュヴァルツヴァルトの人々が北米に永住していた。8日巻きの普通のシュヴァルツヴァルトの掛け時計は10ドルから15ドルで売られていた。だがいまでは、北米には1台も送られない。反対に、ハンザ都市では、北米製の置き時計の荷が早く到着しないか待たれている。

　アメリカ人が、作業の速さや容易さや精巧さの点で、製品の優美さと堅牢さの点で、特に価格の安い点で、いかに急速に時計の製造を改革し、完成させたか、驚くほかない。見ばえで劣るシュヴァルツヴァルトの掛け時計は、マホガニー製の外観と丈夫な歯車装置と見やすい文字盤の、北米製の置時計にとって代わられ、1個が2ドルか2と1/2ドルで売られている。コネチカット州には多くの時計製造所が成立し、毎日200個から300個のこうした時計が作られ、すべての作業が機械によって考えられないほど短時間と低コストで行われているからである。たとえば、さまざまな歯車は鋳造され、やすりにかけられ、検査をされたりしないで、1台の機械で1時間に数百個、きわめて正確にプレスされ、そのまま組み立てられる。2年前には1個が2-3ドルしていたのに、い

までは12の工場の競争の結果1ドルに引き下げられた。時計の外面はニューヨークで、南米の高価な木材を使って作られる。ニューヨークにはこうした工場が20あって、1年間に10万個以上作る工場もある。

数年前にはまだ1個25ドルから100ドルで南部諸州に売られていたが、いまでは好みの大きさの同じ製品が2ドルで世界中へ送られている。すでに大量の時計が英国とアイルランドへ、最近ではインドと清国へ送られている。コネチカット州だけから毎日3,000個の時計が送られているということである。製品の価格が安いのに、労働者の賃金はヨーロッパの水準からみて十分に高い。熟練労働者なら1人で1日に1ドルから1と1/4ドル、徒弟でも月に8ドルから9ドル稼いでいる。「時計の製造におけるこの成果によって、北米人（Yankies）は旧世界に対して、旧世界は今後この工業において新世界に期待しなければならない、という証明を提供している」。

以下、珍しいニュースをいくつかあげてみよう。

氷の輸出については2で述べたが、「鉄道ばかりでなく氷道（スケート場）も」（1843年第30号）は変わった氷の話である。カーク氏は人工の氷を作ることに成功した。夏でもスケートができる凍った湖で、これは流行になりそうだ。今度は1つの町から別の町へ氷道（スケート場）が作られるだろう。Eisenbahn（鉄道）とEisbahn（氷道）を引っかけている。

氷の話の次は熱い話である。「消煙装置」（1843年第27号）は、僅かな費用で燃料を30％節約できる装置がランカシャーで発明されたことを伝えて、この装置がすべての暖炉に備え付けられるべきだ、と呼びかけている。

「フランスの燃料消費」（1843年第20号）によれば、フランスの森林面積は、18世紀に燃料の消費が増加したために、以前は4,000万ヘクタールあったのに現在は600万ヘクタールに減少した。これに対して現在、275万トンの石炭、10万トンの褐炭、5万トンの無煙炭、25万トンの泥炭が消費されている。

「火に強い衣服」（1843年第49号）はパリの連隊長ポーランの発明である。皮製で全身を頭からすっぽり覆い、外のポンプから火に強いホースを使って空気

を送り込む。ロンドンのブレイドウッド邸の火事で試され、結果は良かった。技師のダウディングはこの衣服を身につけて燃えている地下室のなかで消火に当り、15分後に何の傷も負わずに火を消したということである。

「英国の家政百科事典」(1844年第38号)によれば、トーマス・ウェブスター編のこの事典が、たったいま、ロングマン書店から出版されたという。

「平均降水量」(1845年第9号付録)は各地の年間平均降水量で、仮に1インチを3センチとして記すと、英国は90センチ、1840年にはアバディーンで73.8センチ、ファルマウスで94.5センチ、ガスポートで76.5センチ、グリーンウィッチで54.6センチ、コークで74.1センチ、ポルトガルのコインブラでは369センチ、サン・ドミンゴでは360センチ、カエンヌでは348センチ、北ドイツでは69センチ、ペテルスブルクでは51センチ、シュレージエンとメーレンでは45センチ、南西ドイツでは54センチだという。

こんな記事もある。「敷き布団の詰め物に松葉を」(1843年第21号)。シュレージエンでは「あまも」(Seegras)の代わりに松葉が使われているが、伐採したばかりの木の葉がよいという。

「救命浮き輪」(1843年第44号)はアインブルグ博愛主義者協会の取り組みである。空気を詰めたゴム製の浮き輪で、腕の下で(腕を通して)身体につけると頭を水の上に保つ。湖や川でも救命用に使われるとよい。

(6) 発明、発見、探検

さまざまな分野で発明や発見が続いたことは19世紀の特色である。夢の実現を目指していた時代だともいえる。なかには秘法まがいの発明もあるが、それらのなかからいくつかを取り上げることにしよう。

1843年7月の『新聞』には、種子の発芽を促進する方法が2編掲載されている。まず、「ビッケスの発見」(1843年第29号)は、種子をある秘密の溶液に漬けて発芽と成育を促進させ、昆虫の害を防ぎ、収穫量もふやすという結構づくめの話であるが、「世紀の一大発明」という賞賛から未確認の「大ぼら」という非難まで、賛否が分かれているという。フランクフルト園芸・農耕研究所は

慎重派、これに対して有用派は、彼の方法はすでに『市民と農業者のための実用的・全般的助言』にもでている、という。2ポンドの炭酸カリと4ポンドの食塩を6マース（1マースは1-2リットル）の水に溶かし、この溶液を煮て冷やし、1マルター（115-180リットル）の穀物に同量を注ぐ。シャベルでかきまわして積んでおくと、1日後に穀物は膨らんで発芽していたのですぐに蒔いた、ということのようである。

「硝酸塩の溶液に種子を漬けて発芽を促進する、北米で行われた実験の大きな成果」（1843年第29号）は、北米で実験に成功したという報道である。ペンシルヴェニア州レディング（1826年から30年までリスト一家が暮らした町）のある住民が、硝酸塩の溶液に漬けた「とうもろこし」を自分の畑に5列、溶液に漬けない「とうもろこし」を25列植えつけたところ、溶液に漬けた5列は他の25列より収穫量が多く、害虫の被害が少なかったというのである。

「［装蹄用の］平頭釘を作る機械」（1843年第36号）は、普通の釘より長く直角の断面とピラミット形の頭部をもつ平頭釘をかんたんに作る機械である。発明したのはフランス人クリスチャン氏で、金敷かハンマーの中心にごく小さな穴を開け、そこへ白熱した鉄のちいさな棒を近付けて一撃すると、鉄材は口を通して打ち出される。発明者の言うところによれば、鉄材をずらしながら鍛造して打ち出すこの装置を使えば、鍛冶屋が1時間に精々50個か60個作るのに比べて15倍か20倍も多くの釘を打ち出すことができるということである。

望遠鏡は昔からあったが、「巨大望遠鏡」（1843年第49号）によれば、英国のロッセ伯が現在作らせている望遠鏡は長さが52フィート（約17メートル）、直径は基部で8フィート（約2.6メートル）、重さは3トンもある。この望遠鏡は2本の台脚（支柱）の間にあって、適度の対重と機械装置との力で容易に動かすことができるという。「ロース卿の巨大望遠鏡」（1844年第38号）も、ロッセ伯がロース卿になっているが、長さ50フィート、直径8フィートというから、同じ望遠鏡のことであろう。10月半ばまでには使用されるようになるだろうという。

「鰐の油」（1846年第33号）はセント・オーガスチン（フロリダ半島の東の付

9. 市民生活、発明・発見、その他　217

け根の町）からの手紙である。いままで知られていなかったが、鰐は鯨より有用な動物で、鰐の油をとるために当地からセント・ジョーンズ川とブラック・クリーク川へ遠征隊が派遣されている。インディアンから教えてもらったが、鰐の油は鯨油よりランプ用に適し、大量にとるのも楽である。体長6メートルほどの鰐から1/2-1樽（バリラ）の油がとれる。最も油がのった、産卵の時期にだけ捕獲できる、という規則が必要になろう。南部の流れのよどんだ川や沼に鰐を放して、油をとる商売もある。「鰐はこれからは豚と同じように有用だとみなされるであろう」と、この手紙は結んでいる。

「澱粉」（1845年第42号）によれば、9月22日のフランス・アカデミーの会議においてクラーゲット氏が発明した澱粉の新しい製造法が発表された。これまでの、じゃがいもから作られた澱粉は味が悪くてパン焼きには使われなかった。クラーゲット氏の澱粉は味にまずさがなく、パンやビスケットに焼くと消化も栄養もよい。小麦粉と半々に混ぜると小麦粉だけのパンより味がよく、30％安い。もっとも、氏の発明というのは、これまでにも主婦の間で行われていたじゃがいもをパン焼きに利用するやり方を科学的に応用したものにすぎないが、だからといって、氏の発明が古いものということはできない。

発明や発見とならんで、未知の地域への探検や旅行も盛んに行われ、旅行記も出版された。『新聞』には旅行記の書評やその抜粋が掲載されている。そのなかからいくつかを読んでみよう。

「アフリカの大河の発見」（1843年第44号）は、インド艦隊のクリストファー中尉がアフリカ海岸の調査中に大河を発見したニュースである。この川はユブ川の北にあって、進むほどに川幅が広く（約100メートル）、底が深く（約20メートル）なる。現地の人は400マイル先まであるといった。この川の近くの住民は親切で、川岸の人々の生活は豊かである。中尉はこの川をハイネス川と名づけた。

「黒い樹液の発見」（1844年第4号）もアフリカ旅行中の発見である。スコットランド人の若いランダース船長がアシャンティ王国を旅行中、バーマンの近

くで原住民がある樹液を使って［身体を］黒く染めているのを見た。船長はこの樹液を集め、インディゴのように乾燥させて、カルカッタの農業協会に送ったところ、科学的な検査の結果、これは効果のある黒い樹液で、貴重な発見であることが明らかになった。『学界情報』誌に掲載されたニュースである。

「カシミールのショールの生産」（1844年第24号）は、ヒューゲル男爵の旅行記にある話。ここのショールの色の美しさは水の質によるものだろう。以前は１万3,000人が作っていたが、いまでは2,000人、特別上等のショールは20人が12か月かけて作る。コストは2,000ルピー（約1,500グルデン）で、そのうち700ルピーが貢租、800ルピーが労賃、１人の稼ぎは年40ルピー（約30グルデン）を超えない。原料の毛はラデハックやラサの高地に生息する特別の山羊の背中からとる。取引は１日中かかることも珍しくない。衣服の下に隠した手で値段を伝え、相手の目を見ながら商談が続く。必要な言葉を交わすだけで取引が数秒で終わるリーズの毛織物取引所の取引と比べると興味深い。「諸国民の文明と商業的成熟とは、売買が終わるまでにかかる時間によって測ることができるようである」とは、旅行記のなかの男爵の感想である。

「J. J. v. チューディ氏のペルー旅行（ザンクト・ガレン、シャイトリン＆ツォルコーザー書店）」（1845年第51号）はチューディの旅行記の書評であるが、冒頭の文章だけ紹介しよう。「きわめて知的な、啓発される、興味深い書物。南米を旅行したすべての人々と同様に、チューディ氏は、南米諸国の深刻な道徳的退廃について、南米諸国に支配的な清潔さと勤勉さとの欠如について、盗賊と殺人が日常茶飯事の内陸旅行の危険について、聖職者と俗人との間の数の不釣り合い（リマでは住民50人に聖職者１人）について、異種族混淆の日常化（リマでは白人１万9,000人にインディアン5,000人、黒人5,000人、混血人２万4,000人）について、証言をしている。……いまのところ、リマに定住しているのは北米の商人だけで、その数は近年いちじるしく増加して、深く尊敬されている。ドイツ人は個人としても商売人としてももっとも好まれているが、数が少なく、その多くは英国の大商店の代理人にすぎない。国民として嫌われているのは、南米諸国に対してわがもの顔に振る舞うその不遜さのために、英国

人とフランス人である。個人としては英国人は社会的にフランス人よりはるかに高く尊敬されている。フランス人は大部分が流行品の商人、理髪師、仕立屋、ダンス教師などである。フランス人より軽蔑されているのは、数の少ないイタリア人であり、もっと軽蔑されているのは……大部分が解放（独立？）以前に移住してきたスペイン人である」。異文化を低く見ている旅行記だろうか。

このほか、「旅行記　ブラジルの帝国（L'Empire du Bresil）、スザンナ伯爵著（パリ、1846年〔ママ〕）」（1845年第52号）、「［ドナウ］河口の町スリナ（マルミエの新著『ライン川からナイル川へ』から）（1846年第45号）などもある。

(7) 空を飛ぶ夢

鳥のように空高く舞い上がって、大空を自由に飛ぶことができたら、そんな人間の夢がようやくかなえられようとしていた。否、空を飛ぶことで人間は鳥を追い越すのではないか、そんなことを書く新聞まであった。

『新聞』の創刊号には「蒸気飛行機と地球を貫通するトンネル」（1843年第1号）という、『アトラス』誌と『ポンチ』誌からとった記事が載っている。『アトラス』のニュースは、「風と天候をものともせずに空中を駆け抜けて、4日間でロンドンから東インドに達する」機械が発明された、というもので、1月中にはもっとくわしく分かるだろう、と書いている。『ポンチ』のニュースはもっとすごい。ロンドンから広東まで地中をまっすぐ貫いてトンネルを掘るという計画である。英国最大の技術者の1人がこの企画を保証しているというが、いくら何でもこれは荒唐無稽の部類の話であろう。

「英国の空中蒸気船とウルムの空を飛ぶ仕立屋」（1843年第19号）は、人間を乗せて空を飛ぶ機械（飛行機、飛行船）を最初に考えつき、またそれを最初に報道したのがどこの国の誰で、どの新聞か、についての功名争いのような記事。この記事は最後に、「デダルス（ギリシャの伝説の名匠）以後に最初に空を飛んだのはウルムの仕立屋」で、ウルムの新聞が同郷人をとりあげないのは無責任だ、と憤慨している。

この記事のすぐ次にある「飛行の優先権」（1843年第19号）もこの話である。

デダルスの次に空を飛んだのはウルムの仕立屋か、それとも、王宮の庭園を飛んでみせるといってスコットランド国王からタングランド司教に任命されたイタリア人か、迷っているという*。このイタリア人は鶏の羽毛で作った翼をつけてスターリング城の稜堡（要塞の突出部）から飛んだが、水平でなく垂直に向かって、すぐ地上に落ちた。鶏でなく鷲の羽毛を使っていたら成功しただろう、と失敗の理由を説明しているという。

　*「ウルムの仕立屋」は、1811年に空中滑走の問題を解決しようと試みたアルブレヒト・ベルブリンガーのことである。なお、ウルムは南ドイツ、ドナウ河畔の町。

　「空を飛ぶ機械」（1843年第27号）はロンドンの工科専門学校のバッハホフナー教授の話である。教授は最古の時代から最新の時代まで空を飛ぶ試みについて、さまざまな模型を使って講義を行っている。教授は聴講生を驚かすために多くの機械を飛ばせ、この問題はすでに解決しているように思わせたが、実際には、教授の実験も説明も夢が実現する期待を打ち崩し、空を飛ぶことの困難を乗り越えたとはいえないものであった。

　空を飛ぶ夢の最後はメイスン氏の気球の話である。「飛行」（1844年第7号）はメイスン氏の気球を次のように伝えている。すなわち、アルキメデスの螺旋（プロペラ？）を使って軽気球を制御しようというアイデアで、卵形の気球の下にボートの形をした軽い木の箱を取りつけ、その中央に長方形の手押車（カレン）を吊して、その前方に軽い材質の大きいプロペラを、後方に気球を制御する舵をとりつける。『モーニング・クロニクル』紙は、室内で行われた試験の結果、アルキメデスのプロペラの力で気球が前方へ進み、制御できることが確かめられたこと、また、この試験に立ち会った同じ夢を追うグリーン氏もこの判断に同意したことを伝えて、メイスン氏の気球を推薦している。

　リリエンタールのグライダーが登場したのは、空を飛ぶ夢の話題が『新聞』紙上を賑わしてから約50年後、ライト兄弟の飛行機が登場したのは約60年後のことである。

10. 『関税同盟新聞』——本書のニュース・ソース

（1） 6年半、通算339号、5,916ページ

これまでは、『関税同盟新聞』を読みながら、黒船前夜の世界について、「世界の貿易」から「市民生活」まで、その当時の重大問題や今日では忘れられた珍しいニュースなど、興味の赴くままに話を綴ってきた。ここで、本書のニュース・ソースである『関税同盟新聞』について、かんたんに説明することにしよう。

『関税同盟新聞』（Das Zollvereinsblatt）は、1843年1月から49年6月まで6年半続いた週刊新聞である。1号は標準16ページ（1ボーゲン、全紙1枚分）だが、24ページや32ページの増ページの号や付録（Beilage）のついた号もあった（表10-1を参照）。最初の4年間（1843-46年）は『新聞』を創刊したリストが編集し、彼の没後2年半（1847-49）は、リストの遺志を継いでテーゲルが編集を続けた。49年7月からは紙名を『ドイツ労働協会新聞』と変更して、「全ドイツ祖国の労働保護協会」の機関紙になった*。

* 1844年には第42/43号と第49/50号とが合併号、46年には第13-20号が合併号、47年の付録は1回だけ4頁、他の8回は8頁、48年には第19号が8頁、第51/52号が合併号、付録は4頁。49年には8頁の号が11回。
　「全ドイツ祖国の労働保護協会」は1848年8月にフランクフルトa. M.で結成され、代表はホーエンローエ＝エーリンゲン公、代表代理はシュタインバイス。この協会についてくわしくは、柳澤治『ドイツ三月革命の研究』（岩波書店、1994年）368ページ以下を参照。なお、テーゲルはゲッチンゲン大学の私講師、リストの懇望をいれて1845年にアウクスブルクへ移った。病気のリストに代わって『新聞』を編集したことがある。「労働保護協会」の常任委員になった。

『新聞』が続いた6年半のうち、リストが編集していた4年間では、合併号を1冊とせずに号数で数えれば、通算209号、3,884ページ、テーゲルが編集した2年半では、通算130号、2,032ページ、合計して通算339号、5,916ページで

表10-1 『関税同盟新聞』

年	1843	1844	1845	1846	1847	1848	1849	通算
号数	52	53	52	52	52	52	26	339
16頁の号	41	39	35	52	52	50	15	284
24頁の号	2	6	9	0	0	0	0	17
32頁の号	9	8	8	0	0	0	0	25
付録アリ	21	1	12	0	9	1	0	44

ある。この時代には、1年か2年で廃刊に追い込まれたり、当局の検閲を受けて発行禁止処分を受けたりした新聞も少なくなかった。

たとえば、カールスルーエの『上部ドイツ新聞』は、主筆のギーネの主張があまりに公式的なために購読者が減って1842年9月に休刊している。また、42年1月にケルンで発刊した『ライン新聞』は、10月からマルクスが編集長になったが、当局の検閲を受けて翌年3月で廃刊に追い込まれている。リストとマルクスとを比べてみると、リストが結婚して長女が生まれた年（1818年）にマルクスが生まれており、リストの『関税同盟新聞』が発刊したすぐあとにマルクスの『ライン新聞』が発行禁止の処分をうけている。2年前（1841年）の秋にリストはこの新聞の初代編集長を要請されて断ったことがあり、42年に論文を1編寄稿している。

(2) 発行元と発行部数、コッタとリスト

『関税同盟新聞』の発行元はコッタ書店である。当主のコッタ男爵は父の代からのリストの後援者であり庇護者であった。特に父のコッタ男爵は、著者と出版者という関係を超えた同志的な関係で、リストとともに関税同盟の成立やドイツの改革のための仕事を闘ってきた。

ドイツは本の出版の盛んな国であり、17世紀初めにはフランクフルトa. M.で、後半にはライプツィヒで書籍の大市が始まった。リストが生まれた頃には、翻訳を含めて毎年5,000冊ほどのドイツ語の本が出版されていたという。1787年に父コッタは23歳で大学都市テュービンゲンに書店を開いた。ゲーテ、シラーをはじめ一流の学者、文化人を執筆者に擁し、ドイツを代表する新聞として国際的にも知名度の高い『アウクスブルク・アルゲマイネ新聞』（《A. Z.》紙）の第1号を発行したのは1798年9月である。リストは主著の『経済学の国民的

体系』(1841年)をコッタ書店から出版したほか、大部分の作品をコッタ書店が発行していた雑誌や新聞に発表している。

　しかし、『新聞』の発行については、息子のコッタとリストの意見は微妙に食い違っていた。上に述べたリストの主著は正確には『経済学の国民的体系　第1巻、国際貿易、貿易政策、ドイツ関税同盟』で、国民経済学の体系の第1巻であった。この本は数か月で品切れになるほど好評で、コッタはリストが第2巻を書くことを望んでいた。だがリストは新しい「貿易の新聞」を作ることを決めて、やや強引にコッタを説得したのであった*。この時、コッタは16ページの週刊新聞を1人で編集するのは大変だから共同編集者を置くことを勧めたが、リストはこれを聞き入れなかったといういきさつがあった。

　*　この頃書いた「農地制度、零細経営、国外移住」(1842年)のなかで、リストは、「講壇のための体系の建設にたずさわることよりも国民国家の建設にたずさわることのほうが、たとえそれが下働きの仕事にしかすぎなくともいっそう重要で名誉な仕事だ」と考えていた、と述懐しているが(『農地制度論』小林昇訳、岩波文庫、205-206ページ)、この時リストはコッタが望むように、第2巻を書いて「体系を仕上げる」仕事を後回しにして、新聞を作って「時局を論じ」世論に訴える道を選んだのではないだろうか、というのが筆者の見方である。それだけ「時局」(ドイツの貿易問題)が差し迫っていた、ということであろう。

　こうして『関税同盟新聞』はリストの単独編集で始まった。発行部数は1,000部、翌年には1,200-1,300部ぐらいに伸ばしたが、その後は減少を続け、1846年末には600-700部に落ちていたといわれる。初年度から毎号1,000部に近いというのは「19世紀としてはかなりの発行部数」とトロイエは復刻版の序文で述べているが、その後は発行部数が頭打ちになったまま回復せず、減り続けていった。売れゆきが伸びなかった理由は2つ考えられる。

　1つは『新聞』の発行に遅れが生じたことである。ドイツの貿易問題と世界情勢を論じる週刊新聞を1人で編集することは、リストのジャーナリストとしての才能をもってしても予想以上に困難であった。そのうえリストは「行動の人」であり、関税同盟のために毎年のように外国旅行をし、東奔西走を続けて

『新聞』の編集に専念することができなかった。コッタが忠告したように、複数の共同編集者という体制を作っていればよかったのである。定期発行は新聞の信用を維持するためには必須の条件であり、リストがテーゲルを呼んだのは、長期間のオーストリア、ハンガリー旅行でどうしても誰かの助けが必要だ、というよくよくのことだったのであろう。

　もう1つは検閲の問題で、これもコッタが危惧していた点である。当時のドイツで検閲が厳しく、言論弾圧の動きが強かったことはよく知られているが、コッタが、『新聞』が発行禁止になっては元も子もないから、特にプロイセンとオーストリアの官憲を刺激しないように、慎重な言い回しを求めたのに対して、リストはそれは編集に対する干渉で「私的検閲」だといって、この点でも両者の意見は平行線をたどった。リストもライプツィヒ時代に『鉄道雑誌』がオーストリアで発行禁止の処分を受けた経験があるので、1843年の夏にメッテルニヒと会った時には発売の許可を求めたのではないか、といわれている。結局、発行禁止の処分は受けなかったが、『新聞』はオーストリアでは「禁止された印刷物」に入っていたし、プロイセンの役人の間には、リストは「粗野で不遜で危険な陰謀家」という評判が広がっていた。

（3）記事と紙面

　『関税同盟新聞』は1842年10月4日に発行契約が結ばれ、翌43年1月から週刊紙として発行された。発行契約を結ぶ直前の10月1日付けの草稿に、「この定期刊行物の計画」が記されている。「ドイツの物質的利害総体の促進のため、特に経済学の国民的体系の発展のための百科的定期刊行物」であり、その内容を「関税同盟の諸問題、統計、商業、工業、農業、海運、運河、鉄道、河川航行、その他」と説明している。ドイツの一流紙であるコッタ書店の『アウクスブルク・アルゲマイネ新聞』に匹敵する新聞を目指すとも書いている。南ドイツの地方都市で、どうしてドイツの貿易問題や世界情勢を論じた新聞が発行されたのか、という疑問は、南ドイツの保護主義をバックにして関税同盟のためにリストが作ったことを考えると納得がいくのではないだろうか。

『新聞』の紙名について、契約書では「物質的利害の促進のための、特にドイツ関税同盟の諸問題のためのドイツの週刊新聞」もしくは「類似の紙名」となっている。だが、1週間後の10月11日付けのフェーゼ宛の手紙には、「多分関税同盟新聞という紙名の国民経済の新聞」とあり、下記の「趣意書」にも「関税同盟新聞という紙名で1843年1月1日からコッタ書店で発行される……新しい週刊紙」とあるから、「関税同盟新聞」という簡潔な紙名は契約の直後に決まったのではないだろうか。
　11月19日にコッタに送ったその「趣意書」(Prospektus) には次のような論説と記事を掲載すると予告している。要約すると、
　1）論説。関税同盟とドイツの保護制度の発展、国民的貿易政策と諸外国の事情についての正確な知識。
　2）ドイツの国民経済の発展。交通制度の完成、郵便・貨幣制度の改善、国民銀行、共通の特許法と商法、技術工芸の教育機関や工業博覧会など工業振興の手段、工場制度の規制、農地制度と農業立法、国外移住。
　3）国民的利害を守るために外国の新聞や雑誌からの攻撃に対する反論。
　4）ドイツ各地や外国からの通信。
　5）旅行記、議事録の抜粋、統計。
「ドイツの物質的利害のための中央紙」として「ドイツの物質的な国民的利害を外国に対して力強く代表する」ことを宣言している。
　創刊号の第1ページを開くと、最上段の左に号数、右に発行年月日、次の段に紙名が「関税同盟新聞」と大きく印刷され、その下に掲載記事を表す「目次」が小さい活字で入っている。「発刊の辞」はなく、「英国経済（学）の国民的体系とドイツの農業」という論説1編（13ページ）と、外国の新聞や雑誌からとった13編のニュースを集めて小さい活字で左右2欄に組んだ「雑録」とからなっている。巻頭のリストの論説は『新聞』全体の基調をなす論文であり、リストはこのほかに、ほぼ毎号のように数百編の時論を発表している。
　『新聞』の編集をリストが1人で行ったことは上に述べたが、国内工業のための保護制度（関税同盟）の強化、国民的貿易政策の実現という主張に共鳴す

表10-2 「雑録」、「物見櫓」、「報告」

	1843年	1844年	1845年	1846年	1847年	1848年	1849年
号 数	52	53	52	52	52	52	26
雑 録	40	27	26	14	0	0	0
物見櫓	23	23	40	31	48	36	12
報 告	20	0	0	0	52	51	26

る協力者はドイツ各地におり、『新聞』の購読者はドイツばかりでなく、遠く西アジアやメキシコにもいたから、彼らからの寄稿や通信や報告も掲載されている。紙名の案の1つに「ドイツの旗（船旗）」と並んで「関税同盟の物見櫓」を選んでいるように、自分で構築した独自の視点から現実を展望する能力にすぐれていたから、発刊から半年たった1843年の第26号からは、論説の前に「物見櫓」（Luginsland）という欄を設けて問題の解説や論評を載せることが多くなった。そのほか、本書で特に利用したのは、『新聞』の最後に小さな活字で左右2欄に組んだ「雑録」（Miscellen）という欄である（表10-2）*。

   * テーゲルが編集した1847-49年間は「雑録」欄がなく、「物見櫓」と「報告」が中心になった。

「雑録」欄にはドイツばかりでなく世界中の新聞や雑誌からとった興味深いニュースが要約して掲載されている。『全集』第7巻の序論によると、リストが『新聞』の編集に利用した外国の新聞・雑誌は表10-3のとおりだという。

また、『新聞』の目次（記事の見出し）に出ている新聞、雑誌の数は、筆者が調べた限りでは80点を超えている。当時、定職に就いておらず、固定給のなかったリストにはこれだけの新聞・雑誌を自分で買う資力はなかったはずである。大学の図書館も利用できなかったから、どこでこれを読んでいたのだろうか。疑問を解く鍵は「契約書」にある。第3条に「アウクスブルクのコッタの研究所（Institut、資料室？）にある文献資料は……リスト博士の使用に供される」とある。リストはおそらくコッタ書店の資料室に備え付けの内外の新聞や雑誌を利用したのであろう。1846年にコッタと「決裂」して、資料室を利用

表10-3 『新聞』の編集に利用した外国の新聞・雑誌

1. Times 2. Morning Chronicle 3. Examiner 4. Edinburgh Review 5. Westminster Review 6. Quaterly Review 7. Spectator 8. Farmers Magazine 9. Shipping and Commercial Gazett 10. Knights 11. Punch 12. British and Foreign Review 13. Economist 14. Globe 15. Standard ※. Colonial Magazine 16. Journal des Debats 17. Moniteur Industriel 18. Revue des deux Mondes 19. Revue de Paris 20. Revue indépendante 21. La Presse 22. Journal de Bruxelles 23. L'Emancipation 24. L'Indépendance 25. Revue de Bruxelles 26. Enquirer 27. India Mail 28. China Mail 29. Economist（カナダ） 30. Kingston Chronicle 31. Colonial Gazette 32. Jamaica Dispatch
その他、ロシア、オーストリア、ルクセンブルク、スウェーデン、スイス、オランダの新聞

注：1-15は英国、16-21はフランス、22-25はベルギーの新聞・雑誌、※は筆者が追加した雑誌。ここには北米のものが入っていないから、実際にはもっと多かったと思われる。諸田『晩年のフリードリッヒ・リスト』（有斐閣、2007年）7ページ。

できなくなったことは、その意味で痛かったと思われる。開通して間もない鉄道を使って、ミュンヘンの図書館も利用したではあろうが。

　『関税同盟新聞』はアウクスブルクという南ドイツの地方都市で発行された新聞であるが、地元の出来事を住民に知らせる地域の情報紙ではなく、リストが広い世界的な視野のなかで自分の主張をドイツ中の読者（世論）に向けて発信した「政治的な主張をもった新聞」であった。そのことがよく表れているのは「モットー」と「読者へ」という欄である。「モットー」は1844年第１号から45年第５号まで、論説の前に掲載された。ビショップ・ホールの言葉が21回、ベルギーの政治家ノトームの演説が17回、関税同盟の貿易政策を論じた筆者不詳の文章が19回である。「読者へ」はだいたい半年ぐらいの間隔で『新聞』の歩みや当面の課題、今後の目標などを解説している**。

　**「モットー」と「読者へ」の内容は、諸田『リストの関税同盟新聞』（私家版）20-23ページに詳しい。特に、1845年夏の関税会議を見据えた45年第１号の「新年の所感と希望」では、関税同盟が綿糸関税を３年間でオーストリアの水準に引き下げ、双方が優遇措置（差別関税）をとれば、6,000万人の自由な市場が実現する、と述べている。また、45年第52号では、来年には世界貿易に激変が起こり、穀物法が廃止されるその日から英国経済は「新時代」に入るが、ドイツ国民ほどこの激変から得るものが少なく失うものが多い国民はない、と警告している。

(4)『新聞』の創刊者リスト

『関税同盟新聞』を創刊し、みずから編集者となったリストはどういう人物だったのだろうか。一言で言えば、リストは「国民経済学者」であるが、「鉄道事業の先駆者」「政策論者」「編集・出版者」「ドイツ関税同盟の父」「住民参加の民主的な地方自治論者」でもあった。ドイツ、フランス、米国の20ほどの新聞や雑誌に発表したおよそ700編の時論、何通もの請願書や報告書や弁明書、600通をこえる手紙などを読むと、筆力旺盛な文筆家で論争の雄であったことが分かる。スイスや北米やフランスで暮らしたことがあり、フランスとベルギーの国王に謁見し、米国のジャクソン大統領と親しく、オーストリアの宰相メッテルニヒと会談し、フランスとロシアの高官から仕官を勧められたこともある。第2部の6で述べた農業化学者のリービヒはリストが英国通であることに驚いたという。外国の事情を良く知る愛国者であった。ドイツよりむしろ外国で成功し評価されたが、それでも、監視や迫害が待ち受けるドイツへ戻って、ドイツの統一のために闘った「行動の人」であり、結局、最後まで「祖国のために労を惜しまぬ無給の弁明人」であった。

リストの生涯は次のように要約することができる。

1789年　　南ドイツの帝国自由都市ロイトリンゲンに生まれる
1805-25年　ヴュルッテンベルク時代：「世界主義の経済学」への疑問
　　　　　書記→行政官→大学教授→［商業政策の闘争］→代議員議員→
　　　　　訴追、有罪判決→逃亡・亡命・収監→出所＝国外追放（渡米）
1825-32年　アメリカ時代：「国民経済学」の構想を宣言
　　　　　「アメリカ経済学概要」(1827)　ドイツ語新聞の編集 (1826-30)
　　　　　［ペンシルヴェニアの保護関税運動］　炭坑と鉄道事業に成功
　　　　　アメリカ合衆国の市民権を取得 (1830)
1833-37年　ライプツィヒ時代：鉄道事業の先駆者、ジャーナリズムの開拓者

	「ザクセンの鉄道システム」（1833）『国家学事典』『国民雑誌』（1834）『鉄道雑誌』（1835-37） 鉄道会社を追われる
1837-40年	パリ時代：懸賞論文（「自然的体系」1837）に続き『国民的体系』を完成　仕官を断りドイツ（ライプツィヒ）へ
1841-46年	晩年：「国民経済学」と「関税同盟」とのための闘い『国民的体系　第1巻　国際貿易、貿易政策、ドイツ関税同盟』出版（1841）「農地制度論」（1842）『関税同盟新聞』発刊（1843） 46年まで編集者として数百編の時論を発表　民間人の外交使節のようにベルギー、オーストリア、ハンガリー、英国へ旅行　英独同盟計画の挫折、仕官の失敗、生活の不安、心身の衰弱
1846年	オーストリア領クフシュタインで自殺　同地の墓地に埋葬

　「商業政策の闘争」の当時発行した『オルガン』（1819-21年、通算100号、最大4,000部、平均2,000部ほど）と、北米で鉄道の重要性を確信してドイツへ戻って作った『鉄道雑誌』（1835-37年、通算40号、350部超）とは、『関税同盟新聞』と並んで、リストのジャーナリストとしての能力を示している。4で述べたように、「ザクセンの鉄道システム」には総延長4,300キロに及ぶドイツの鉄道路線図が記されているが、蒸気鉄道が1本もない時の計画であることを考えると、その先見の明には驚くほかない。株式の発行によって資金を調達してライプツィヒ～ドレスデン鉄道（ドイツ最初の長距離鉄道）の建設を軌道に乗せたのもリストの功績であるが、この時にはドイツの市民権がなくアメリカ領事であったために鉄道会社を追われることになった。

　国民経済学者としてのリストの最大の業績は、パリで書いてドイツで出版された『経済学の国民的体系　第1巻　国際貿易、貿易政策、ドイツ関税同盟』（1841）である。この本はリストが「世界主義」の経済学に対して「新しい体系」（国民経済学）を提唱したもので、支配的理論に初めて疑問を抱いてから20年余にわたる思索と経験との結晶である*。リストはこの時、貿易問題が関税同盟（ドイツ）の将来を左右する死活問題だと考えて国民経済学の体系の第1巻

に貿易問題を選んだが、著書の出版後、最後の章「ドイツ関税同盟の貿易政策」を拡充し、著書への批評に対する反論を加えて第 2 巻を作ろうと考えた、と説明している。

> *『国民的体系』は、少々ひねった言い方をすれば、シュヴァーベン訛りのドイツ語を話す南ドイツ人で、アメリカ合衆国の市民であったリストがパリの図書館を利用してドイツ語で書いた本、だと言うことができる。リストが国際人であったことを示す一例である。

結局、著書の第 2 巻以降は書かれず、予定していたドイツ関税同盟の貿易政策とそれを取り巻く世界情勢、著書への批評に対する反論など、第 2 巻の内容に当る問題が『関税同盟新聞』に時論として発表されたのであった。この点についてはすでに述べたので繰り返さないが、『関税同盟新聞』は『国民的体系』に続く晩年のリストの最後にして最大の業績となった、と言えるのではないだろうか。

あとがき

　筆者は3年ほど前に、『関税同盟新聞』全339号の日本語の目次と、この『新聞』にリストが発表した論文のうち25編の内容の要約とを中心に、『リストの関税同盟新聞』（2012年、私家版）という本を作った。その時、会社を退職して学生時代に戻って歴史の本を読んでいるある友人から、この『新聞』の目次をみると面白そうな見出しが並んでいるから、これを使って、幕末の頃の世界の経済事情や技術の進歩、人々の生活などについて、論文というより読みやすい本を書いてみないか、という感想というかお勧めを頂いた。筆者も『新聞』の記事を材料にして肩の凝らない読み物を作ることができないだろうか、と考えていたところだったので、この友人のお勧めに背中を押されて、やっとのことで出来上がったのが本書である。

　『関税同盟新聞』（1843-49年）の原本は、今日では入手はおろか閲覧することも大変な貴重書である。しかし、幸いなことに1986年にドイツで復刻版が出て入手できるようになったので、自宅で座右においていつでも読むことができるようになった。ファイル管理の記録をみると、初めて原稿を保存したのは2012年12月となっているから、この2年間ほとんど毎日のように復刻版をひっくりかえして、読みづらい「ひげ文字」のドイツ語の文章と付き合っていたことになる。復刻版は『新聞』の1年分が合本になって全部で7冊──最後の1849年は6月末で終わっているから6冊半──、6,000ページ近い分量であるから、本書で利用したのはそのほんの1部分にすぎない。

　『新聞』を編集したリストは外国旅行や外国生活の経験が長く、挿し絵入りの大衆雑誌のさきがけといわれる『国民雑誌』（1834年）に、「ロバート・オーエン」「スペインの無敵艦隊」「ピョートル大帝」や、そうかと思うと「パオパブの樹」「電信装置」「駱馬（ラマ）」などの記事を発表しているように何にでも関心を示し、そのうえコッタ書店が備えていた内外の新聞や雑誌を自由に利

用することができたから、掲載されている記事は硬い論説ばかりでなく、当時の新聞としては驚くほど多彩である。それらのなかには、これまで筆者が知らなかった珍しい事柄も多く含まれているから、本書の記述には、人名や地名の表記、度量衡の説明のほかにも、それらの事柄についてアチコチに誤解があるだろうと思う。ご教示を切にお願いしたい。

リストは自分の意見を主張するとき、相手（読者）を納得させるために数字をあげて説明することが多かった。利用した資料によって数字が合わない場合もあるが、記事のなかの疑問に思う個所と同様に、確かめようがない場合はそのままにするほかなかった。『新聞』が発行された6年半は時代の流れのなかでは一瞬にすぎないから、「空を飛ぶ夢」のように、今日では誰もが空の旅を楽しんでいるが、当時は鶏の羽を使ったから落ちた、鷲の羽を使えばよかった、などと書いている。その反対に「大気圧鉄道」のように、いまにも鉄道の主流になるかと思われていたのに結局普及せず、今日では忘れられている事柄もある。そんなことも考えながら本書を読んで頂けたらありがたい。

最後になったが、筆者のわがままを容れて本書を出版して下さった日本経済評論社の栗原哲也社長と同社出版部の谷口京延氏のご好意に、この場を借りて心からお礼を申し上げる次第である。

　2015年4月

諸　田　　實

人名索引

【ア行】

アイゼンシュトゥック（Eisenstuck, Jakob Bernhard, 1805-71）……178, 179
アシュバートン（Lord Ashburton）……162, 171
アダルベルト王子（Adalbert, Prinz v. Preußen）……69
アームストロング（Armstrong）……147
アラン（Allan）……92
アルキメデス（Archimedes）……220
アンダーソン（Anderson）……123
アンドレー（Andree, CarlTheodor, 1808-75）……ii, 72
イマン v. マスカト（Iman v. Mascat）……157
インガーソル（Ingersoll, CharlesJared, 1782-1862）……14
ヴァスコ・ダ・ガマ（Vasco da Gama, 1469頃-1524）……93
ヴィクトリア女王（Victorian, Alexandrina, (1819-1901 [1837-1901]))……210
ヴィグノールズ（Vignoles, Charles Blacker, 1793-1875）……114, 115
ヴィスコンテ・デゥ・アブランテス（d'Abrantes, Viscomte）……23
ウィートン（Wheaton, Henry）……23
ヴィルヘルム1世（ヴュルッテンベルク国王）……Wilhelm I, 1781-1864 [1816-64]）……136
ヴェーバー（Weber, Johann Friedrich Ernst, 1769-1834）……144
ウェブスター（Webster, Daniel, 1782-1652）……7, 17, 209
ウェブスター（Webster, Thomas）……215
ウォード（Ward）……162
ウォロウスキ（Wolowski）……13
エッサー・スタンダード（Esser Standard）……154
エリクソン（Ericcson）……67, 68
エルンスト1世（Erunst I, 1784-1844）……117
オェールリッヒ（Oehlrich）……54
オコンネン（O'connell, Daniel, 1775-1847）……40
オーエン（Owen, Robert, 1771-1858）……168
オースティン（Austin, John, 1790-1859）……10

【カ行】

カーク（Kirk）……214
ガーゲルン（Gagern, Wilhelm Heinrich August, 1799-1880）……72
ガストヴィック（Gastwick）……108
カッシール（Cassiers）……24
カブリー（Cabry）……110
ガルニエ（Garnier）……13
カンプハウゼン（Camphausen, Ludolf, 1803-90）……207
ギルマン（Guillemain）……199
キューベック（Kubeckv. Kubau, Karl Friedrich Frhr., 1780-1855）……31
ギーネ（Giehne, Friedrich Wilhelm）……222
キーン（Keene）……116

クック（Cooke, W. F., 1806-99）……80, 84
クーパー（Cooper, Thomas, 1759-1839）……14
グラッドストーン（Gladstone, Wilhelm Ewart, 1809-98）……38
クラーゲット（Clerget）……217
クララ（Clara Wieck [Schumann], 1819-1896）……117
グラント（Grant）……63
クリスチァン（Christian）……216
クリストッフル（Cristoffle, Ch.）……172
クリストファー中尉（Christopher）……217
クルチス（Curtis）……161
クレイ（Clay, Henry, 1777-1852）……17
グレイス=ビゾアン（Glais = Bizoin）……137
クレッグ（Clegg, Samuel, 1781-1861）……112, 113, 114
クロフォード（Crawford）……152, 153
ゲーテ（Goethe, Johann Wolfgang v., 1749-1832）……222
ケメラー（Kammerer）……179
ケンブリッジ公（Herzog v. Cambridge）……162
ゴウルバーン（Goulburn）……135
コクラン（Cochrane）……207
コックリル（Cockerill, John）……169
コッタ、父（Cotta v. Cottendorf, Johann Fried-rich Frhr. v., 1764-1832）……222
子（Cotta v. Cottendorf, Johann Georg Frhr. v., 1796-1863）……222, 223, 224, 225
コブデン（Cobden, Richard, 1804-65）……9, 136, 164
コルベール（Colbert, Jean Baptiste, 1619-83）……61

【サ行】
サイセ（Saisset）……157
サイベス（Sibeth）……169, 171
サットン（Sutton, George）……82
サミューダ（Samuda）……112
ジェフリー（Jeffery）……59
シェーンバイン（Schonbein, Christian Friedrich, 1799-1868）……189
シーメンス（Siemens, J. Andressen）……66, 67, 70
シーメンス（Siemens, Werner v., 1816-92）……144, 211
ジャクソン（Jackson, Andrew, 1767-1845 [1829-1836]）……228
ジャービス（Jervis）……92
シュヴァリエ（Chevalier, Michel, 1806-79）……12
シュタインバイス（Steinbeis, Ferdinand）……221
シュモラー（Schmoller, Gustav v., 1838-1917）……13
ジョアンビル（Prince de Joinville, Francois Ferdinand v. Orlean, 1815-）……61
ジョーブ（Jouve）……172
ジョージ3世（George III, 1738-1820 [1760-1820]）……38, 192
シラー（Schiller, Johann Christoph Friedrich v., 1759-1805）……222
スザンナ伯（Comte de Suzannet）……219
スーゼ（Suse）……169, 171

人名索引 235

スタインレ（Steinle, N.）……114
スタントン（Stanton）……153
スタンリー（Stanley, Edward George Geffrey Smith, 1799-1869）……154
スチラット（Stirrat）……161
ストックトン（Stockton）……68
ストッフェラ（Stoffella）……168
ストレリスキー（Strelisky）……81
スペンサー（Spencer, Carl）……162
スミス（Shmith）……63
ゾエトベーア（Soetbeer, Georg Adolf, 1814-1892）……56

【タ行】
ダウディング（Dowding）……215
タクシス（Franz v. Taxis, 1450頃-1517, Johann Baptist v. Taxis, 1516頃-？）……130, 140, 141, 143
タスマン（Tasman, Abel Janszoon, 1603-59）……84
ダムファーリン（Dumferline）……206
ダラム（Durhan, John George Lampton, 1792-1840）……93
ダルコール（d'Harcourt）……12
ダレイオス（ダリウス）1世（Dareios, Darius, I 前558頃-486）……124
チューディ（Tschudi, J. J. v.）……218
ツィンペル（Zimpel）……102
ディーテリッチ（Dieterici, C. F. Wilhelm, 1790-1859）……190
テーゲル（Toegel, Theodor）……221, 224, 226
テセラン（Tesserenc）……112, 115, 119
ディンゲルシュテット（Dingelstedt, Franz v., 1784-1865）……169
デダルス（Dadalus）……219, 220
デデ（Dede）……32
デュパン（Dupin, Francois Pierre Charles Baron, 1784-1873）……209
テーラー（Taylor）……112
デリスル（Delisle）……203
ドゥクヴィッツ（Duckwitz, Arnold, 1802-81）……26
ドゥシャトウ（Duchateau）……12
トゥック（Tuck, H.）……104
ドゥ・フェイ商会（du Fay u. Comp.）……171, 186
ドゥ・ブルーケル（De Brouckere Henri, 1801-91）……12
トレンズ（Torrens, Robert, 1780-1864）……80
ドントン（Donton）……85

【ナ行】
ナッサウ公（Herzog v. Nassau Wilhelm, 1792-1839, Adolf, 1817-1905）……72
ナードホルン（v. Nadhorn）……212
ニケル（Nickel）……116
ネコス、ネコ（Nechos, Nchoh（監）,［前609-594］）……124, 125
ネロ（Nero, Claudius Caesar Augustus Germanicus, 37-68）……168
ノトーム（Nothomb, Jean Baptisye, 1805-81）……25, 227

ノリス（Norris, William）……108

【ハ行】
バイエルン国王、ルードヴィッヒ1世（Ludwig I, 1786-1868 [1825-48]）……118, 136
バイゼ（Beyse）……115
ハウスマン（Hausmann）……41
バウムガルトナー（Baumgartner, And.）……109
バウリング（Bowring, Sir John, 1792-1872）……9, 12, 13, 164
パーカー（Parker）……116
パシャ（Pascha Ibrahim, 1789-1848）……123, 124
メフムトアリ（Mehemed Ali, 1769-1849？）……124
バッキンガム卿（Lord Buckingham）……95
バックホフナー（Backhoffner）……147
バッハホフナー（Bachhoffner）……220
ハノーファー国王、エルンスト・アウグスト（Ernst August, 1771-1851 [1837-51]）……210
パーマストン（Palmerston, Henry John Temple, 1814-1881）……13, 38, 61, 151, 154
パラス（Pallas）……196
ハリス（Harris, Riow）……59
ハリソン（Harrison）……108
ハルスケ（Halske, Georg, 1814-90）……144
ビーアザック（Biersack, Heinrich Ludwig, 1789-1862）……22
ビッケス（Bickes）……215
ビドル（Biddle, Thomas）……169
ヒューゲル男爵（Baron v. Hugel）……218
ヒューム（Hume, Joseph, 1777-1855？）……152
ヒル（Hill, Sir Rowland, 1795-1879）……129, 134, 135, 136
ビューロウ＝クンメロウ（Bulow-Cummerow, Ernst Gottfried Georgv., 1775-1851）……10, 22, 150, 208
ピール（Peel, Sir Robert, 1788-1850）……38, 134, 154
ピルブロウ（Pilbrow）……111
ピンクス（Pinkus）……112
フィールデン（Fielden）……167
フェーゼ（Vehse, Karl Eduard, 1802-70）……225
フェランド（Ferrand）……153
フェルディナンド1世（Ferdinand I, [1835-48]）……109
フォーカンソン（Vaucanson）……171
フォールコン（Faulcon）……48
フォルスター（Forster）……147
フッガー（Fugger, Jakob, 1459-1525）……204
ブライト（Bright, John, 1811-89）……91
ブランキ（Blanqui, Jerome Adolphe, 1798-1854）……13
フランクリン（Franklin, Benjamin, 1706-90）……59
フランクル（Frankl）……173
フランス国王、ルイ・フィリップ（Louis Philippe, 1773-1850 [1830-48]）……61, 117, 118, 228
フリートウッド男爵（Baron G. E. Fleetwood）……116

ブリュッゲマン（Bruggemann, Karl Heinrich, 1810-87）……9
プリンス=スミス（Prince-Smith, John, 1809-74）……12
ブルネル（Brunel）……112
ブレイドウッド（Braidwood）……215
プロッサー（Prosser）……116
フンボルト（Humboldt, Alexander Frhr. v., 1769-1859）……125, 157
ベアリング（Baring）……135
ペイン（Payne, Charles）……83, 204
ベッケル（Bökel, Peter）……201
ペリー（Perry, Matthew Calbraith, 1794-1858）……i, 65
ペリング（Perring）……203
ベルギー国王、レオポルド1世（Leopold I, 1790-1865 [1831-65]）……100, 228
ベルブリンガー（Berblinger, Albrecht）……220
ホイートストン（Whertstone, Sir Charles, 1802-75）……145
ホウィールライト（Wheelwright）……125
ホーエンローエ=エーリンゲン公（Hohenlohe-Ohringen, Felix Prinz v.）……221
ボーデマー（Bodemer）……179
ポーラン（Paulin）……214
ホール（Hall, Bischoff）……227
ボルジッヒ（Borsig, August, 1804-54）……211
ホルスト（Horst, Edvin, v. d.）……27
ボールドウィン（Baldwin, Henry, 1780-1844）……9
ボールドウィン（Baldwin, Matthias）……108

【マ行】
マイニンゲン公（Bernhard, Herzog v. Sachsen-Meiningen u. Hildburghausen, 1800-82）……117
マイヤー（Mayer）……110
マカロック（Mc Cullock, John Ramsay, 1789-1864）……79
マグレガー（Mac Gregor, John, 1797-1857）……9, 164
マーシャル（Marshall）……167
マーチン（Martin, Robert Montgomery, 1803-68）……76, 80, 90
マックイーン（Mac Queen, James, 1778-1870）……161
マルクス（Marx, Karl Heinrich, 1818-83）……222
マルミエ（Marmier）……219
マレ（Mallet）……112
ミナード（Minard）……120
メイスン（Mason, M.）……220
メーリング（Möring）……69
メヴィッセン（Mevissen, Gustav v., 1815-99）……207
メッテルニヒ（Metternich, Clemens Lother Wenzel Furst v., 1773-1859）……31, 224, 228
メドハースト（Medhurst）……112
メルサー（Mercer）……91
モールス（モース　Morse, Samuel Finley Bresse, 1791-1872）……144
モレル（Morel）……125
モンティーグル（Monteagle, Spring-Rice, Thomas, 1790-1866）……164

【ヤ行、ラ行、ワ行】
ヨーゼフ副王（Joseph, Palatin Erzherzog）……174
ライテンベルガー（Leitenberger）……161
ライト兄弟、兄（Wright, Wilbur, 1867-1912）……220
弟（Orville, 1871-1948）……220
ライニンゲン（Leiningen, Karl Furst v., 1804-56）……72
ラグレーニュ（Lagrene）……41
ラップ（Rapp, Johann Georg, 1757-1847）……117
ラドヴィッツ（Radowitz）……68, 69
ラパリエ（Raparlier, de la）……142
ラブーシェル（Labouchere）……38
ラモリシェール（Lamoricièle）……195
ランダース（Landers）……217
リシュロー（Richelot, Henri Jules Franccois, 1811-64）……14
リッチモンド公（Herzog v. Richmond）……162
リッティングハウス（Rittinghaus）……12, 13
リノー（Linaut, Adolph）……123
リー＝スチーブンス（Lee=Steivens）……203
リービット（Leavitt）……76
リービヒ（Liebig, Justus Frhr. v., 1803-73）……150, 154, 155, 157, 158, 228
リリエンタール（Lilienthal, Otto, 1848-96）……220
ルイ14世（LouisXIV, 1638-1715［1643-1715］）……61
レインスター公（Herzog v. Leinster）……162
レセップス（Lesseps, Ferdinand Mrie Vicomte de, 1805-94）……124
レンドン（Rendon, Arouche）……199
レンネ（Ronne, Friedrich Ludwig v., 1798-1865）……170
ロウェス（Lawes）……158
ローエル（Lowell, Francis Cabot, 1775-1817）……168
ロース卿（ロッセ伯、Lord Roß, Graf Rosse）……216
ロスチャイルド（Rothschild, Nathan Meyer, 1777-1836）……144
ローター卿（Lord Lowther）……135
ロビンソン（Robinson）……92
ローリー卿（Laurie, P.）……203
ローリー卿（Raleigh, Sir Walter, 1552頃-1618）……202
ワイルド（Wilde, Th.）……135
ワイマール大公（Friedrich, Karl, Großherzog v. Sachsen-Weimar-Eisenach, 1783-1853）……117
ワグナー（Wagner）……147

定期刊行物索引

【ア行】

アウクスブルク・アルゲマイネ新聞（Augsburger Allgemeine Zeitung,《A. Z.》）……57, 60, 103, 107, 113, 118, 136, 224
アトラス（Atlas）……219
アフトンブラド（Aftonblad）……33
アーヘン新聞（Aachener Zeitung）……12
アメリカ年鑑（American = Almanac）……183
イリノイ新聞（Illinois = Zeitungen）……183
インド通信（Indian-Mail）……92
ウィーン新聞（Wiener Zeitung）……69, 210
ヴェーザー新聞（Weserzeitung）……26
ウルバーハンプトン新聞（Wolverhampton-Chronocle）……184
エクザミナー（Examiner）……11, 72, 79, 105, 167
エコノミスト（Economist）……12, 146
エッサー・スタンダード（Esser Standard）……154
エジンバラ・レビュー（Edinburgh Review）……9
オーストリア・ロイド雑誌（Journal des osterreichische Lloyds）……5, 34, 36, 57
オルガン（Das Organ fur den deutschen Handels-und Fabrikantenstand）……229

【カ行】

海運と貿易新聞（Shipping and Mercantile Gazette）……156
海軍（La Flotte）……61
外国（Ausland）……37, 210
外国文芸雑誌（Magazin fur due Litteratur der Auslands）……175
学界情報（Echo du Monde Savant）……196, 218
黒森マガジン（Blackwood Magazin）……124
ケルン新聞（Kolnische Zeitung）……ii, 12, 13, 14, 145
鉱業雑誌（Mining = Journal）……147
国民的工業のためのアルゲマイネ新聞（Allgemeine Zeitung fur National = Industrie）……179
国家（der Staat）……179

【サ行】

サン・テティエンヌ・ジャーナル（Journal de St. Etienne）……48
シドニー新聞（Sydney-Zeitung）……80
ジャマイカ速報（Jamaica Despatch）……87
シュトゥットガルト農業週刊新聞（Stuttgarter landwirtschaftlicher Wochenblatt）……156
商業記録（Documents commerciaux）……42
商業新聞（Mercantile Gazette）……94
商工業新聞（Allgemeines Organ fur Handel und Gewerbe）……196
上部ドイツ新聞（Oberdeutsche Zeitung）……222
市民と農業者のための実用的・全般的助言（der praktishe Universal = Rathgeber furden Burger und Landmann）……216

植民雑誌(Colonial Magazine)……76, 94
植民新聞(Colonial Gazette)……82
清国通信(China-Mail)……43
スコットランド・ガーディアン(Scottich Guardian)……174
スーゼとサイベスの回状(Suses and Sibeths Ciecular)……169, 171
スタンダード(Standard)……47, 86, 210
租税、商工業法の中央紙(Zentralblatt der Abgaben, Gewerbe-und Handelsgesetzgebung)……207

【タ行】
太陽(Sun)……125
タイムズ(the Times)……9, 12, 61, 86, 87, 88, 103, 111, 123, 150, 151, 152, 170, 171, 207
ダンフリース新聞(Dumfries Courier)……161
地球(Globe)……41
デイリー・ニュース(Daily News)……93
鉄道雑誌(Archiv fur Eisenbahnen)……206
鉄道雑誌(Eisenbahn-Journal)……106, 118, 224, 229
鉄道雑誌(Journal des Chemins de Fer)……108
鉄道新聞(Railway Chronicle)……105
ドイツ・アルゲマイネ新聞(Deutsche Allgemeine Zeitung)……177
ドイツ労働協会新聞(Vereinsblatt für deutsche Arbeit)……221
独立評論(Revue independant)……119

【ナ行】
内外評論(British and Foreign Review)……112, 115, 129
ナシオナール(National)……61
日曜新聞(Dr. Frankl's Sonntags-Blatter)……173
ニュージーランド・ジャーナル(New Zeeland Journal)……85
ニューヨーク・ヘラルド(New = York Herald)……94

【ハ行】
バランシエンヌ情報(Echo Valenciennes)……211
バルト海取引所報(Borsennachrichten der Ostsee)……66, 67, 156
フランケン通信(Frankischer Merkur)……71, 72
フレーザー・マガジン(Frasers Magazin)……168
プレス(La Presse)……62
プロイセン・アルゲマイネ新聞(Allgemaine Prueßische Zeitung)……54, 112, 113, 179
文芸新聞(Literary Gazette)……203
ペーズリー新聞(Paisley Advertiser)……161
ヘラルド(Herald)……202
ベルリン商業雑誌(Berliner Handelsarchiv)……179
ポンチ(Punch)……219

【マ行】
マイニング(Mining)……47
マンスリー・レビュー(Manthly Review)……101, 102

マンチェスター・ガーディアン（Manchester Guardian）…… 91
マンチェスター・ヘラルド（Manchester Herald）…… 32
モニトゥール（Moniteur industriel、『工業の指導者』）…… 13, 14, 121, 162
モーニング・クロニクル（Morning Chronicle）…… 7, 17, 93, 94, 135, 147, 192, 220
モーニング・ポスト（Morning Post）…… 38, 62

【ラ行】
ライプツィヒ・アルゲマイネ新聞（Leipziger Allgemeine Zeitung）…… 33, 93
ライプツィヒ新聞（Leipziger Zeitung）…… 176, 179
ライン新聞（Rheinische Zeitung）…… 222
ランカスター・ガーディアン（Lancaster Guardian）…… 184
リーズ・マーキュリー（Leeds Mercury）…… 146
リトゥルロック新聞（Little Rock Gazette）…… 76
両世界評論（Revue des deu Mondes）…… 41, 61, 120, 125
ルアーブル・ジャーナル（Journal de Havre）…… 45, 48

【著者紹介】

諸田　實（もろた・みのる）
- 1928年　静岡市に生まれる
- 1952年　東京大学経済学部卒業
- 現　在　神奈川大学名誉教授
- 著　書　『ドイツ初期資本主義研究』（有斐閣、1967年）、『クルップ』（東洋経済新報社、1970年）、『ドイツ関税同盟の成立』（有斐閣、1974年）、『フッガー家の遺産』（有斐閣、1989年）、『フッガー家の時代』（有斐閣、1998年）、『フリードリッヒ・リストと彼の時代』（有斐閣、2003年）、『晩年のフリードリッヒ・リスト』（有斐閣、2007年）、『〈新版〉西洋経済史』（共著、有斐閣、1985年）、『ドイツ経済の歴史的空間』（共著、昭和堂、1994年）、『近代西欧の宗教と経済』（共編、同文舘出版、1996年）、『リストの関税同盟新聞』（私家版、2012年）など
- 訳　書　クーリッシェル『ヨーロッパ中世経済史』（共訳、東洋経済新報社、1974年）、クーリッシェル『ヨーロッパ近世経済史』Ⅰ、Ⅱ（共訳、東洋経済新報社、1982、83年）

「新聞」で読む黒船前夜の世界

2015年5月15日　第1刷発行　　定価（本体6500円＋税）

著　者　諸　田　　實
発行者　栗　原　哲　也
発行所　株式会社　日本経済評論社
〒101-0051　東京都千代田区神田神保町3-2
電話　03-3230-1661　FAX　03-3265-2993
info8188@nikkeihyo.co.jp
URL：http://www.nikkeihyo.co.jp
装幀＊渡辺美知子　　　　　　印刷＊文昇堂・製本＊誠製本

乱丁・落丁本はお取替えいたします。　　Printed in Japan
Ⓒ Morota Minoru 2015　　ISBN978-4-8188-2384-6

・本書の複製権・翻訳権・上映権・譲渡権・公衆送信権（送信可能化権を含む）は、㈱日本経済評論社が保有します。
・JCOPY〈(社)出版者著作権管理機構　委託出版物〉
本書の無断複写は著作権法上での例外を除き禁じられています。複写される場合は、そのつど事前に、(社)出版者著作権管理機構（電話03-3513-6969、FAX03-3513-6979、e-mail: info@jcopy.or.jp）の許諾を得てください。